Kenneth N. Waltz

Man, the State, and War
A Theoretical Analysis

人間・国家・戦争
国際政治の3つのイメージ

ケネス・ウォルツ

渡邉昭夫　岡垣知子［訳］

keiso shobo

Copyright © 2001 Columbia University Press
Japanese translation rights arranged with Columbia University Press
Through Japan UNI Agency, Inc., Tokyo.

目　　次

日本語版への序文　1
2001 年版への序文　3
1959 年版へのまえがき（ウィリアム・フォックス）　9
1959 年版への序文　11

第 1 章　はじめに　13

第 2 章　第 1 イメージ——国際紛争と人間行動　27

第 3 章　第 1 イメージからの推論——行動科学と国家間暴力の削減　49

第 4 章　第 2 イメージ——国際紛争と国内構造　81

第 5 章　第 2 イメージからの推論——国際社会主義と第一次世界大戦の到来　119

第 6 章　第 3 イメージ——国際紛争と国際的アナーキー　149

第 7 章　第 3 イメージからの推論——経済，政治，歴史の例　173

第 8 章　結　　論　205

　訳者あとがき　219

参考文献 221
事項索引 233
人名索引 237

※　翻訳にあたり，原文で原著者が〔　〕でくくった箇所は，訳文でも同様にした。訳文中の〔　〕は，訳者による語句の補足である。

日本語版への序文

　私が「戦争原因論における人間，国家，そして国家システム」という博士論文を書いてから約 60 年が経った。この間の歴史には多くの重大な事件が起こったが，アナーキー〔無政府状態〕下における国家の相互作用のシステムは変わっていない。この持続性ゆえに，この本は国際政治を学ぶ者にとって永遠の今日性があるのである。

　『人間・国家・戦争』の構想は，1951 年の春，コロンビア大学で，私の副専攻である国際政治学の口答試験の勉強をしていたときに生まれた。試験準備には自信があったが，私の第 1 試験官がウィリアム・フォックスに代わったとき，私は計画を変更せざるをえなくなった。私は当初，限定的なテーマのリストしか守備範囲に入れてなかったが，彼は，国際政治の分野全体を範囲に入れるよう主張したからである。私は夏には陸軍に戻ることになっていたので，試験を延期しないことにした。

　延期しないかわりに，妻と私は，国際関係におけるパワーをテーマとするあらゆる材料を，見つけられるだけ集めた。幅広い文献に精通しようとするなかで，最初私はこの分野を系統立てる基準を見つけるのに苦労した。どうしてこれほど多くの著者が同じテーマに取り組みながら，国際紛争の原因とその処方箋について異なる結論にたどりつくのか。バトラー図書館で精を出しているときに，私には突然ある考えがひらめき，国際政治を分析する 3 つの異なるレベルと考えられるものをすぐにノートに書きとめた。その考えは，最初，コロンビア大学の年配の教授陣からは懐疑の念で受け取られたが，1954 年に完成した博士論文およびそれに続く 1959 年刊の『人間・国家・戦争──国際政治の 3 つのイメージ』の基礎となった。

　妻の提案で，「分析のレベル」は「イメージ」というエレガントで有用な言葉になった。人々は世界を異なる方法で眺めるという理由からである。「イメージ」という言葉は頭のなかに形成される絵を連想させる。人は国際政治を「見

る」ことはできないので，これは適切な比喩である。私は西欧の理論家が提示する主要な戦争原因は3つのイメージのもとに系統立てることができると考えた。つまり，主要な戦争原因は，人間，国家，国家システムの構造に見出せるのである。『人間・国家・戦争』は，アナーキー下における国家行動の理論を提示するものではなかったが，1979年に最初に出版され，すでに日本語の翻訳が出ている『国際政治の理論』の土台となったものである。

　戦争の原因についての考えを体系づける方法として3つのイメージを私が最初に思いついて以来，国際政治には多くの展開が見られた。核兵器は9つの国家に広がり，これらの国家間の大戦争は終わった。冷戦は終焉し，テロが多くの国家にとっての主要な悩みの種となっている。しかしこれらの展開が国際政治の主体としての国家の優位や国家間関係を支配するアナーキーという状況を風化させたわけではない。国際場裡における国家行動を理解するうえで，戦争を起こす原因としての第3イメージの役割は依然として重要である。『人間・国家・戦争』は，国際政治システムが21世紀に展開し続けるなかで，有用な洞察をなお提供するものである。

ケネス・ウォルツ

2001年版への序文

　私が「戦争原因論における人間，国家，そして国家システム」という博士論文を書いてから約50年経った。これだけの長い年月を経たいま，この原稿を書いたきっかけと執筆過程を思い出すのは愉快なことである。
　1950年に，妻と私がコロンビア大学の大学院生だったとき，私は1年間，2つのきつい仕事に専念した。私のアカデミックな運命を決める2時間の口頭試験への準備と，最初の子供が生まれたときに家族と一緒にいられるよう，軍からの召還を十分に延期することであった。1951年の4月までに私は副専攻である国際関係論の準備を終え，主専攻である政治理論の最後の復習をするために残りの2, 3週間を費やす計画だった。そのとき，私は国際関係論の中心的な試験官になるはずだったナサニエル・ペファー教授の健康状態が良くなく，国際関係論を副専攻とする学生の審査委員会には出ないということがわかった。そこで私はウィリアム・フォックス教授にペファー教授に代わってもらうようお願いし，ペファー教授のやり方として，帝国主義やヨーロッパ外交史といった特定のテーマを集中的にやり，国際法や国際機構といったほかのテーマはほとんどやらないという合意ができていることを説明した。フォックス教授は，何でも知っている学部職員のエディス・ブラックに電話をして，そういったやり方が実際にしばしばなされていることがわかったあとで私のほうを向き，優しい声でこう言った。「でも国際関係論を試験科目にするのなら，分野を細かく分けて少数のテーマに集中するのではなく，分野全体をやりなさい」。
　状況が違っていたら私は試験を秋まで延ばしたかもしれない。口頭試験には3分の2の学生が落ちるという噂だったから，それが賢明なやり方だったかもしれない。しかし，秋までには私は陸軍に戻ることになっていた。大学院生たちは，フォックス教授のことを彼の本の題名『超大国（スーパーパワー）』にちなんで，「スーパーパワー・フォックス」と呼んでいた。教授のその本のタイトルが時代の名となっていたのである。私は妻と一緒に，きわめてつかみ所のな

い，国際関係のパワーという概念を扱う本をかたっぱしから集めた。

　広汎な文献を一気に消化しようとするなかで，私は，表面的には同じテーマを扱いながらも異なったり矛盾する結論にたどりつく著者たちの対照的な見解に当惑した。文献をどうやって理解したらよいのだろう。コロンビア大学のバトラー図書館で席に座っているときに，私の頭に閃光がひらめいた。いまはすっかり黄ばんでしまった紙切れに私は国際政治学で使われる3つの分析のレベルと思うものについてすばやく書きとめた。国際政治学の手強い文献を整理し，自分の頭のなかにたたき込む鍵を見つけたのである。

　ヴァージニア州のフォート・リーで4カ月を過ごすあいだに，私は博士論文のアウトラインを書いた。15頁くらいの長さだったが，ユートピアから地政学，予想される人口爆発まですべてをカバーしており，それらは皆3つの範疇に収まった。軍からの休暇を得てニュージャージー州北部にいたとき，私はフォックス教授にそのアウトラインを送り，会いに行った。教授は，「君がいずれ教えることになる科目にそれは役立つかもしれない」というコメントをして下さった。また，教授は，博士論文のアウトラインを一日かけて3，4頁で書くことを提案し，私はそれを実行した。それから何週間も経って，韓国にいた私のもとに手紙が届いた。それには，学部の正規教員たちは「君のアウトラインを理解はできなかったが，君がこの線で研究を進めていくべきである」ということで合意したと書かれてあった。

　1952年の秋，私はニューヨークに戻ったが，そのときはたとえ職を得ていたとしても講議を担当するには遅すぎただろう。幸運にも，戦争・平和研究所の新しい所長になったフォックス教授が，私に研究所の助手の地位を与えてくださった。私は時間の半分を博士論文に，あとの半分を歴史家アルフレッド・ファークトの原稿の修正に費やすことになっていた。研究所の机に積み上げられたファークトの原稿は優に9インチはあった。1954年の春，私は博士論文を書き終え，国際政治学の通年コースを教え終わった。夏の終わりまでには私はファークトの原稿を出版可能な分量にまで整理していた[1]。そして5年後に私の博士論文は『人間・国家・戦争——国際政治の3つのイメージ』として出版

1　Alfred Vagts, *Defense and Diplomacy* (New York: King's Cross Press, 1956).

2001 年版への序文

された。

　これがこの本の誕生物語である。以下はその内容についての考えである。国際政治の結果をもたらす主要な原因と考えられるものを位置づけるのに，最初私は「分析のレベル」という言葉を使っていた。しかし，妻は，より正確でエレガントな「イメージ」という言葉を使うよう私を説得した。レベルの観点からものを考える者は，レベルを選ぶことは単にテーマや自分の気まぐれに何が合うかの問題だという考え方に陥りやすいため，「イメージ」という言葉のほうがより正確なのである。また，分析的思考が適切な国際政治の問題もあるが，国際政治をより幅広く理解するためには，体系的なアプローチが必要であり，体系的アプローチは，第3イメージの効果に直ちに注意を引き，3つの「レベル」すべての理解を可能にするため，「イメージ」のほうが良い言葉なのである。

　「イメージ」という言葉は頭のなかに，ある絵を描くことを意味する。つまり，世界をある方法で見るということである。「イメージ」が適切な言葉なのは，どうがんばっても国際政治を直接に「見る」ことはできないからであり，理論を構築するには活動の適切な領域を描く必要があるからである。「イメージ」という言葉を使うことはまた，国際政治の結果を説明するには，根本的と思われるものに重きをおくために，われわれの視野から取り除かなければならない要素があることを意味する。第3イメージに第1，第2イメージを関連させるにおいて，私は第3イメージを「国家行動の枠組み」として，また「国家システムそのものの働きについての理論」ととらえた[2]。国際政治の結果を説明するには，国家それぞれの特徴と同時に国家がおかれている状況を考察しなければならないのである[3]。

　「国際システム」と当時呼んだものを，私はのちに国際政治システムの構造としてより正確に定義した。厳密に言えば『人間・国家・戦争』は国際政治の理論を提示したものではない。しかし，研究者や政策決定者にとってつねに主要な関心である概念を発展させ，問題を明らかにすることによって，その土台をつくったとは言える。この本でいちばん長い第4章は，「民主主義による平和

2　本書 211 頁を参照。
3　本書 158 頁を参照。

論」と間違って呼ばれているもの（これは理論ではなく，見解もしくは事実の主張である）の論拠を考察し，その有効性を問うものである。私はここで介入主義の自由主義者と不介入主義の自由主義者を区別し，前者の傾向に見られる危険を警告した。この警告はアメリカ外交政策の立案者によってしばしば無視されるものである。平和とは，とどのつまりは最も気高い戦争原因であり，民主主義が平和的な国家形態であるのならば，他国を民主主義にするすべての手段は正当化されることになる。クリントン政権の目標である「民主主義の推進」を達成するために用いられる手段は，不介入主義の自由主義者を身震いさせるものである。私は第2イメージに対して第3イメージを提示し，ジャン＝ジャック・ルソーの権威を援用して，民主主義による平和論の有効性に懐疑を投げかけた。いかなる種類の国家であれ，アナーキーという状態のなかで確実に平和でいられるためには，国家すべてが一様にかつ恒久的に完璧な国家である必要が出てくるということだ。

　アメリカ人は，自国が普遍的な価値を外国に普及させるものだと長らく信じてきた。このことは2つの結果をもたらした。まず第1に，第一次世界大戦への参戦時や冷戦中のソ連への対抗時のように，アメリカが勢力均衡を維持すべく行動するとき，その政策の正当化は，パワー・ポリティクスの言葉ではなく，世界で自由の力を強化し，民主主義の大義を推進する言葉で表現された。第2に，アメリカ人は，アメリカが世界に影響力を広げ，支配を拡大するのを他国が嫌ったり，恐れたりする可能性があることを信じようとしない。アメリカの現在の力の優位は，たとえ善意であっても，その影で生きている国家にとっては心配の種になるということが，アメリカ人には信じがたいのである。『人間・国家・戦争』は，勢力均衡が，人間や国家の悪徳からではなく，すべての国家がおかれている状況からの結果としていかにして導かれるかを説明する[4]。

　国家が力を均衡させる傾向があるのは，国家間の関係がアナーキーであるためである。国家のほかの慣習や懸念も同じくアナーキーに根ざしている。満足できる均衡状態であっても，将来的には自国に不利なかたちで崩れる恐れがあるならば，戦争はいまにも起こるかもしれない。国家間協力を促すとしばしば

---

[4] とくに本書 182〜204 頁を参照。

考えられている「未来の影」という適切な言葉は，戦争の重要な原因であることがわかる。第一次大戦がその拡大例である[5]。さらに，紛争の原因は人間や国家の性質よりも社会活動の性質にあることがわかる[6]。紛争は，競争，そして協力しようとする努力の副産物である。自助のシステムにおいては，紛争が予想されるため，国家は自らを維持し，守るのに必要な手段に関心を持たなくてはならないのである。競争が激しいほど，国家は絶対的利得よりも相対的利得をより強く求める[7]。

『人間・国家・戦争』の永続性は国際政治の持続性の証拠である。ここ数十年の多くの重要な事件を経ても，国際政治のアナーキーの構造は変わらなかった。それゆえ，この本の今日性は変わらないのである。勢力均衡政治の普遍性，3つのイメージのうちのどれかが原因として持つ重要性，未来の影の影響，絶対的利得に対する相対的利得の重要性，といった主要な問題は，国際政治学を学ぶ者の関心を引き続ける問題である。

ケネス・ウォルツ

---

5 本書第5章，とくに124頁以降を参照。
6 本書157頁を参照。
7 本書182頁，205頁を参照

1959 年版へのまえがき

　『人間・国家・戦争』は，「国際関係のトピック研究」シリーズの第 2 番目の出版物である。このシリーズは，現在の国際関係を理解するうえで既存の知識が貢献できることを示すよう計画されたものである。比較的新しい学究的分野においても，学者は全くゼロから始める必要はない。実際，既存の知識の貯蔵庫を必ず引照することは，学者の責任である。国際関係論に有用なかたちで体系的な在庫管理が最もなされていなかった貯蔵庫は，古典的西洋政治思想である。この意味で『人間・国家・戦争』がこのシリーズに加わるのはきわめて適切である。

　ウォルツ教授は，戦争原因を理解し，中央の権威が欠如しているなかで人間の集団同士の紛争の最後の仲介者として戦争が抑制もしくは除去される条件を明確にするうえで，古典的政治理論がとくに貢献するところについて調べることにした。国際関係の研究者の関心に応えるかたちで古典的政治理論が答えを提供しようとした基本的問題はほかにもあるが，ウォルツ教授が取り組んだ問題ほど中心的なものはない。

　ウォルツ教授の方法は，ある代表的な理論家が出した答えを描き，1 章おきに，現代の社会科学研究や政策分野における選択に対して古典的洞察が示唆するところや応用可能なものを議論するというやり方である。したがって，これは古典の注釈にとどまらずそれ以上のものである。ウォルツ教授は西洋政治思想史のなかの偉大な人物が本当は何を言ったかに関心を払うのみならず，そういった人物が考え，書いたことがどのように重要だったのかに関心を持っている。これは古物収集家の関心ではなく，また純粋に「芸術のための芸術」の観点の著作でもない。

　「トピック研究」シリーズは，大部分，現在コロンビア大学学長であり，当時は同大学の国際関係論教授であったグレイソン・カーク博士によって 1947 年に構成が決められた。しかし，大学行政の負担のため，シリーズの直接編集責

任をほかの誰かに引き継いでもらう必要が生じ，1951年にカーク博士は，私にその責任を引き受けるよう依頼した。この研究シリーズは，カーネギー財団によるコロンビア大学への助成金によって可能になった。「トピック研究」シリーズのさまざまな著者の研究成果に対する責任はカーネギー財団にも大学にもない。シリーズの最初のほうの巻であるアルフレッド・ファークトの『防衛と外交（*Defense and Diplomacy*）』（New York: King's Crown Press, 1956）のまえがきで述べたように，ここにある意見は著者のみのものであり，その功績も責任も当然のことながら著者に帰するものである。

1959年4月6日，ニューヨーク市
コロンビア大学戦争・平和研究所にて

ウィリアム・フォックス

1959年版への序文

　以下は，国際関係についての直接の関心と政治理論に対する長年にわたる関心を反映させたものである。政治理論への関心は，ジョン・ルイスとエワート・ルイスが，理論の魅力を感じるよう私を導き，政治研究におけるその重要性を理解させてくれたオバーリン・カレッジ時代にさかのぼる。のちに，コロンビア大学で，私は幸運にも故フランツ・ニューマンの学生の1人となった。教師としての彼の聡明さと優秀さは，彼を知る人のすべてが，決して忘れることのできないものである。

　私が最も直接深く恩義を負っているのはウィリアム・フォックスである。原稿が初期のあいまいなアウトラインだった段階から，こうして発表する最終稿まで，彼は快く忠告し，鋭い批判をくれた。さらに，コロンビア大学の戦争・平和研究所のディレクターとして，彼は，私が夏と学期中の一部を使って研究と執筆ができるようとり計らってくれた。彼のおかげでこの本がより良いものになったというだけでは言い足りない。彼の励ましと助言がなかったら，この本そのものが生まれたかどうかもわからない。

　いろいろな方から批評を頂けたことも私には非常に幸運だった。コロンビア大学のハーバート・A. ディーン，ジョン・B. ステュアート，ロックフェラー財団のケネス・W. トンプソンは，それぞれ，執筆の途中段階で原稿のすべてに目を通してくれた。ステュアート教授は2度も原稿を読んでくださった。それぞれから頂いた助言のおかげで多くの間違いを犯さずにすんだし，さらに重要なことには，原稿を再考し，かなりの部分を書き直すことになった。もっとも，彼らが受け入れられるような結論につねに至ったとは限らないが。

　私の妻は子供たちを静かにさせ，文章校正をし，原稿を読んで批判する以上のことをしてくれた。1つの章のリサーチのほとんどをやり，すべての章に意見や情報を提供してくれた。また，コロンビア大学出版会には，経験の浅い著者が直面する問題を理解し，それらを克服するうえで，寛大に助けてくれたこ

とに感謝する。

　他人の著作の引用には，私の念頭にありながらも到底達成できないような適切な表現がしばしばあった。自由に引用を許してくださった以下の出版社に対し，著作権のある作品から引用する許可を頂いたことに感謝する。すなわち，ジョン・ホブソンの『帝国主義論』ではジョージ・アレン・アンド・アンウィン社，C. E. ヴォーガン訳のジャン゠ジャック・ルソーの『ヨーロッパ連合による永久平和』はコンステイブル・アンド・カンパニー社，G. D. H. コウル訳のジャン゠ジャック・ルソーの『社会契約論』（エブリマンズ・ライブラリー版）はダトン・アンド・カンパニー社，マーガレット・ミードの『サモアの思春期』(1928年にウィリアム・モロー・アンド・カンパニーの著作権)と『火薬を湿らせるな』(1942年，マーガレット・ミードによる著作権)はウィリアム・モロー・アンド・カンパニー社，T. H. ペアー編の『平和と戦争の心理的要因』はフィロソフィカル・ライブラリー，オットー・クラインバーグの『国際的理解に影響する緊張』は社会科学評議会，である。

1959年4月
スワースモア大学にて

　　　　　　　　　　　　　　　　　　　　　　　　　　ケネス・ウォルツ

第 1 章

はじめに

　ある戦争に誰が勝ったのか問うのは，サンフランシスコ地震で勝ったのは誰かを問うようなものだと言った人がいる。戦争には勝利はなく，敗北にさまざまな度合いがあるのみであるというのが20世紀に多く受け入れられるようになった命題である。しかし，戦争は，その制御や排除が人間の知恵を超えた自然の出来事であるという点で地震に似ているのだろうか。そうだと認める人は少ないだろう。しかし，戦争を除去しようとする試みは，いかに気高く勇気づけられ，根気強く続けても，国家間につかの間の平和以上のものをもたらしたことはなかった。その努力と成果とのあいだ，そして願望と結果とのあいだには明らかに不釣合いがある。平和への願いはロシア人のあいだにも強く，深く流れていると言われ，アメリカ人についても同じことが言えるとわれわれは確信している。そのことはいくぶん慰めにはなるが，歴史および現在の事件に照らし合わせると，願望がそれに必要な条件をつくりだすとは信じにくい。

　社会科学者は，彼らの研究から，現在がいかに過去に固く結びついているか，そしてシステムの部分同士がいかに密接に依存しあっているかを知っているため，抜本的により良い世界をつくる可能性を評価する際，保守的になりがちである。過去に戦争があったところにいま平和が存在しうるかどうかを問えば，答えはたいてい悲観的なものとなる。おそらくこれは質問の仕方が間違っているのだろう。かわりに以下のような質問をすれば，答えはそれほど勇気をくじくものではなくなるだろう。戦争の頻度を少なくし，平和の可能性を増大させ

る方法はあるか。過去よりも将来は，より平和を期待できるのか。

　平和は人々が心に同時に抱く多くの目的の1つである。平和を追求する手段は多い。さまざまな条件のもとで目的は追求され，手段がとられる。まだ政治家によって試みられたり評論家によって主張されたことがない平和への道があるというのは信じがたいかもしれないが，問題の複雑性そのものが，目的に近づく希望をもって異なる方法で活動を組み合わせる可能性を示している。とすれば，政治家の知恵とは，ある政策を最初に試したあと，その次を試し，その時点で必要なことをすることであると結論づけられるのだろうか。その答えがイエスなら，改善への希望は，分析から離れた政策と，思慮から離れた行動にあるということになる。しかし，ある状況を避けようとする試みはすべて，その原因についての考えを示唆している。つまり，平和がいかにより容易に達成できるかを説明するには，戦争の原因を理解する必要があるのである。以下で探求しようとするのは，そのような理解である。モーティマー・アドラーの本の題名を借りれば，われわれの題目は，「戦争と平和についてどう考えるか」となる。以下に続く章は，ある意味では政治理論の評論である。こう述べるのが正当化されるのは，前提を調べ，それらがどういう差異をもたらすかを繰り返し尋ねるかたちで研究を進めるという探求の仕方，および，直接に多くの政治哲学者を扱っているという事実による。アウグスティヌス，マキアヴェッリ，スピノザやカントのように省略されたかたちで扱ったものもあれば，ルソーの場合のように詳細に扱ったものもあり，ほかの場所では行動科学者，自由主義者，社会主義者についての章のように，ある種の思想について述べている。しかし，はるか昔に生きた他人がほとんどを占める思想家たちの思想が，今日の切迫した恐ろしい問題にいかなる関連性を持っているのか。本書はこの問題への解答であるが，どういう方法で議論を進めるかをはじめに示したほうがよいだろう。

　なぜ神は，全知全能なのに，悪の存在を許すのか。ヴォルテールが書いた物語のなかで，単純なヒューロンはこのように問い，教会の博学な人々をとまどわせる。この問題の世俗版，すなわち人間が自分自身に悪の存在を説明することは，興味深いと同時に人を当惑させるものである。疾病や伝染病，偏狭さや強姦，窃盗や殺人，略奪や戦争は，世界の歴史でつねに起こっているように見

第1章　はじめに

える。なぜなのだろう。戦争や悪徳も同じように説明できるだろうか。戦争は単なる大衆の悪徳か。つまり悪徳の説明は，社会のなかの人間がその餌食になる悪の説明と同じなのか。多くの人々はそう考えてきた。

> 神の恩恵によって，害をもたらす可能性があるすべてのものから免除されているが，われわれの愚かさが正道を外れているのは生来のものである。われわれは自分自身の心をハンマーでたたき直すことをやめてはならない［と，ジョン・ミルトンは書いている］。なぜならわれわれにとっての新しい苦悩の種と火花が再び炎として燃え上がるのは火打石によるのだから[1]。

われわれの不幸は，不可避的に，われわれの本性から生まれるものなのである。すべての悪の根源は人間にあり，そのため人間は，具体的な悪である戦争の根源でもある。多くの人々が信条のようにして広く固く信じている戦争原因についてのこの見解は，非常に影響力がある。これはアウグスティヌスとルターの確信であり，マルサスとジョナサン・スウィフトの確信であり，イング司祭やラインホルド・ニーバーの確信でもある。世俗的にいえば，人間というものが，理性と感情とが混ざり合いながらも感情が繰り返し勝利する生き物として定義される以上，この確信は，スピノザの政治哲学を含めて，哲学に影響を与えてきた。その確信は，厳密で厳格なスピノザの著作に影響を与えたのと同じように，自分の同僚を見くびっていたビスマルクの活動においても影響力があったといえるかもしれない。もしある人間の信条がその期待を条件づけ，期待がその行動を条件づけるならば，ミルトンの言ったことを受け入れるか却けるかは，人間の問題において重要となる。そして，もちろん，誰も彼を信じなかったとしてもミルトンが正しいのかもしれない。ならば，戦争が繰り返し起こることを，たとえば経済要因の観点から説明する試みは頭の体操としてはよいかもしれない。しかしそれは重要な成果をもたらさない。ジョナサン・スウィフト司祭がかつて言ったように，「自分を捨てたあばずれ女の窓を壊すようにと，暴漢を突き動かす原則とまさに同じ原則が，偉大な君主をして，強力な軍隊を召集し，包囲攻撃，戦闘，勝利以外，何ものをも夢見ないよう駆り立てる」というのが本当ならば[2]，自分が起こした戦争の理由として君主が挙げる

1　Milton, "The Doctrine and Discipline of Divorce," in *Works*, III, 180.

ものは，自分では自覚していなかったかもしれず，自覚していても到底公言できないような動機づけを隠すための正当化に過ぎない。また，政治家サリーの企てが世界により大きな平和をもたらすためというまじめな意図によるものだったとしても，それはフランスの僧クルセの夢と同じくらい根拠に欠けるものである。つまり，人類を悩ます不幸はほかにもあるのだから，戦争を生み出した原因や驕り，いらだちを言い当てることができない限り，口先だけのものなのである。

　社会的・政治的事件を理解するには人間を見なければならないというミルトンに賛成した者は多いが，人間の本性が何であり，それが何になれるかについての意見は異なっている。実際，その重要な前提に異議を唱える者も多くいる。人間が自分のイメージに従って社会をつくるのか，あるいは社会が人間をつくるのか。哲学が神学の一分野に過ぎなかった時代には，神学・哲学者は，かつての多くの哲学者が政治体制の影響として記述したことを人間の影響であるとした。多くの哲学者のなかでもルソーは，人間は社会的動物なので，社会における人間行動は，人間の動物的情念および（もしくは）人間の理性によって説明できるという見解から，明確な一線を画した。生まれた人間は，その自然状態において，善でも悪でもない。人間の生活を堕落に押しやるのは社会であり，また社会は人間を道徳的にする仲介者でもある。後者の理由で，ルソーは，たとえそれが可能であったとしても，人間が自然状態に戻るのを許そうとはしなかった。ルソーが未開を高貴なものとし，社会の出現を嘆いたという神話は根強いが，これがルソーのさまざまな著作で一貫して著される彼の立場である[3]。人間の行動，人間の本性そのものを原因としてとらえる者もいるが，ルソーによれば，それらは大部分，人間が生きている社会の産物なのである。そして社会は政治組織と切り離すことはできないと，彼は主張する。最小限の裁決の権限を持つ組織的な力さえ欠如するなか，人間が平和裡に共存することは全く不可能である。社会についての研究は政府についての研究と切り離せないし，人間についての研究はそのどちらからも切り離せない。プラトンと同じく，ル

2　Swift, *A Tale of a Tub*.
3　ルソーのさらなる議論については，本書第6章を参照。

ソーは悪い政治体制は人間を悪くし，良い政治体制は人間を良くすると信じているが，これは国家が陶工であり，人間は，芸術家がかたちづくるまま抵抗もできない粘土の塊であるということではない。ルソーが認めていたように，どこに住もうと人間には類似性がある。違いもまたある。その原因を探求するのはこれらの違いを説明する試みである。窃盗や戦争が繰り返し起こることについて懸念を抱いているか否かを問わず，結果の説明は人間のさまざまな社会関係の研究のなかに見出される。そしてその次には政治研究が必要になるのである。

社会における人間をいちばん良く理解できるのは，人間を研究することによってなのか，それとも社会を研究することによってなのか。いちばん満足できる回答は，「それとも」という言葉を外して，「両方」と答えることのようである。しかし，事件の説明をどこから始めるかは重要である。トーマス・マルサス牧師は，かつて「人間の制度は，人類に対する多くの損害の明らかでかつ目立った原因のように見えるが，実際はそれらは軽く，表面的なものであり，泉を腐敗させ，人間生活の流れすべてを混乱させる不純物の根深い原因と比べると水面に浮かぶ羽毛に過ぎない」と書いた[4]。ルソーはこれと同じ世界，そして同じ範囲の事件を眺めていたが，その主要な原因を異なる領域に見出した。

ルソーの導きに従うと疑問が生じる。人間が国家のなかに生きているように，国家も国家からなる世界のなかに存在している。ここでなぜ戦争が起こるかという疑問にのみ注目するならば，政治形態と同時に社会経済的な中身も含めて国家の役割を強調すべきだろうか，それとも主にいわゆる国際社会に注目すべきだろうか。再び，「それとも」という言葉はやめて両方を考えろというかもしれない。しかし多くの人は前者か後者のどちらかを強調し，それによって，食い違う結論に到達することになる。前者を強調するものはある意味でミルトンと同じ路線である。ミルトンが世界の害悪を人間の悪によって説明するように，彼らは戦争の害悪を，いくつかの国家もしくはすべての国家の邪悪な性質によって説明する。そして，その命題はしばしば逆になる。悪い国家が戦争をするならば，良い国家同士は平和的に生きることになる。議論の度合いはいろい

4　Malthus, *An Essay on the Principle of Population*, pp. 47-48（1798年版のch. x）.

ろだが、こうした見解はプラトンやカント、そして19世紀の自由主義者や修正社会主義者の考え方である。良い国家についての記述とそれをどう生み出すかの問題について彼らは異なっているが、根本的な原理については一致している。

マルクス主義者たちは自由主義者の描く世界を部分的に打ち負かすだけだが、ほかの者はそれを徹底的に汚（けが）してしまう。ルソー自身は戦争の主要原因を人間や国家ではなく、国家システムそのものにあると見ている。自然状態の人間について、ルソーは、人間は、他者が自分を破滅させることはできないという確信がいくらかなければ、まともに行動し始めることはできないと指摘した。この考え方をルソーは、「戦争状態」という未完の小論文とアベ・ド・サン＝ピエールの著作への論評のなかで発展させ、アナーキー〔無政府〕状態に存在する国家に応用している。国家は、平和のままでいることを望んでいても、予防戦争を起こすことも考えなければならないかもしれない。良いタイミングで攻撃しなければ、のちに敵の側が有利になったときに攻撃されるかもしれないからである。この見方は国際関係の勢力均衡アプローチの多くや世界連邦計画の分析的基礎となっている。ツキジデスやアレグザンダー・ハミルトンの著作に含意され、マキアヴェッリ、ホッブズ、ルソーが明らかにしたこの見方は、国家行動についての一般的説明であると同時に、国家の対外行動を説明する際に国内構造に目を向ける者を批判するときの強調点でもある。国家を改善することによって平和が訪れると信じる人がいる一方、国家のあり方は他国との関係に左右されると主張する者もいる。レオポルド・ランケは、近代ヨーロッパ諸国の歴史から後者の見解を引き出したり、応用したりした。この見解は他国の国内秩序原理を説明するのにも使われた[5]。

政治家も哲学者も歴史家も、平和時および戦争時の国家行動を説明しようとしてきた。ウッドロウ・ウィルソンは、1916年11月に書いた文書の草稿で、当時戦われていた戦争の原因は不透明であり、中立国はなぜ戦争が始まったか理解しておらず、戦争に巻き込まれても何のために戦っているのかわからないだろうと述べた[6]。しかし、行動するためには、そういった問いに対する答えを

---

5 Ranke, "The Great Powers," tr. H. H. Von Laue, in Theodore H. Von Laue, *Leopold Ranke*. また、たとえば Homo, *Roman Political Institutions*, tr. Dobie, とくに pp. 146, 364-69 も参照。
6 Link, *Woodrow Wilson and the Progressive Era*, p. 257n.

第1章　はじめに

知っているという確信がなければならないことはよくある。ウィルソンは，まもなく戦争目的を知り，満足した。彼は，平和的国家と攻撃的国家を明確に区別し，平和的国家のすべての属性が民主主義国家のものであり，攻撃的国家のすべての属性が権威主義的国家のものであるとした多くのうちの1人として歴史に登場する。著者によって度合いは異なるが，そうすると，戦争の発生は政府の種類によると考えられていることになる。コブデンは，1849年12月に，リーズで以下のようなスピーチをした。

> 戦争の闇黒の雲が立ち込めているところはどこか。どこからそれは生じるのか。もちろん，1人の人間が4000万の農奴の運命を手中にしている北の専制主義から生じるのだ。戦争や暴動の第2の危険がどこにあるかを知りたいならば，それはロシアのあの州，悲惨で堕落した国，オーストリアだ。そこは専制と野蛮の次の段階にあり，そこには再び戦争の最も大きな危険がある。しかしイギリスやフランスやアメリカのように，住民が自治を行っている割合に応じて，戦争は人々の性向ではなくなり，また，政府が戦争を望んでも人々はそれを抑制することがわかるだろう[7]。

人々がつねに関心を抱いているのは平和であるから，大衆によって支配されている政府は，攻撃されない限り戦争をしない，というのである。しかし，イギリスはそれから2, 3年後，攻撃されなかったのにロシアと戦った。そしてコブデンは戦争に反対した結果，1857年に議席を失った。事実と全くかみ合っていなくてもかかる信念は揺るがず，それはたとえば，ウィルソン，また故上院議員ロバート・タフトの言葉のなかによみがえっている。1951年に，コブデンと同じようにタフトは以下のように書いた。「民衆に発言の機会があるときは，彼らは通常，可能ならば平和のほうに結論を下すことを歴史は示している。歴史は，専制的な支配者はつねに，民衆よりも戦争を好む傾向があることを示している」[8]。独特の平和的な国家形態があるというのは本当なのか，ここで疑問がわく。本当だとすれば，それはどのくらい重要なのか。それによってある国々はほかのどの国が信用できるか知ることが可能になるだろうか。すでに良い国はほかの国々をより良くする方法を模索し，すべての人類が平和の喜びを

---

7 Cobden, *Speeches*, ed. Bright and Rogers, I, 432-33.
8 Robert A. Taft, *A Foreign Policy for Americans*, p. 23.

味わえるようにすべきであろうか。ウィルソンは他国の政治的再生を助けるのが道徳的義務であると信じていたが，コブデンはそれは正当化すらできないと考えていた。原因がどこにあるかについては一致しても，彼らは政策についての結論で異なるのである。

　しかし，主要な原因について異なる判断をする者についてはどうだろう。ドワイト・アイゼンハワー大統領は言った。「人々一般は紛争を欲していない。間違った指導者だけが好戦的になりすぎて，民衆は本当は戦いを望んでいると信じているのだと思う」[9]。しかし，明らかにすべての人々が平和を非常に望んでいるわけではないのは，別の機会に彼が以下のように言ったことからわかる。「すべての国の母親たちが自分の子供たちにアメリカ，ヨーロッパ，中近東，アジアのほかのすべての国の子供たちの故郷や希望を理解するよう教えたなら，世界平和の目的は立派に達成できるであろうに」[10]。ここでは，大統領は戦争原因がどこにあるかについて，ミルトンと一致しているようである。ミルトンの悲観主義，あるいはリアリズム（どちらが妥当かはその人の先入観による）はみられないが。攻撃的な傾向は生まれつきのものかもしれないが，それが間違った方向に向けられるのは避けられないのか。戦争はほかのすべての行動と同じく，人間の心と感情から始まる。しかし，心と感情は変えられるだろうか。もし変えられるなら，どの程度，どのくらい早く変えられるのだろうか。また，ほかの要因も関連しているなら，心や感情が変わることはどのくらい重要なのだろうか。これらの疑問や前段落の疑問への答えは明らかではないが，重要である。どうすれば答えをうまく見つけられるだろうか。

　ありうる答えを仮説として立て，それを研究し，経験的に検証しようと提案する者もいるだろう。しかし，これは難しい。第一次大戦時のほとんどのイギリスの自由主義者たちは，ウィルソンと同じように，軍国主義的で権威主義的なドイツ国家の性格のせいでドイツはまたたく間にほぼ全世界に広がった戦争へと向かったのだと主張した。一方，当時の自由主義者のなかには，G. ロウ

9　Robert J. Donovan, "Eisenhower Will Cable Secret Geneva Reports," in New York *Herald Tribune*, July 13, 1955, p. 1 による引用。

10　Eisenhower, address to a meeting of the National Council of Catholic Women. Text in *New York Times*, November 9, 1954, p. 14.

第1章 はじめに

ズ・ディキンソンに最も顕著なように，どの一国も責任を問われるべきではないと主張した者もいた。国の指導者たちが伝統的道徳など少しも考慮せず行動せざるをえなくなるのは，国際システムもしくはその欠如によるのであり，国際システムもしくはその欠陥を理解してのみ，人は戦争が生まれる過程を理解し，正確に見極めることができるという主張であった[11]。しかし，ディキンソンは，国内の属性によって国際政治を説明するという支配的な方法を逆転させたとして自由主義者からも社会主義者からも，激しく攻撃された。こういったことについての見解を受け入れるか拒絶するかは，見解を抗弁する者の手腕か，聴衆のムードによる。これらは明らかに穏当な基準ではないが，データをさらに凝視するだけで，説得力のある説明的理論が構築されると主張するのもばかげている。同じデータの束を見つめても，人々が心に抱くイメージによってデータの選び方と解釈が異なるため，彼らは非常に異なる結論に達することになる。自由主義者たちの仮説を理解するには，われわれは関連しうる多くの要因の相関関係について何とか知る必要があるが，これらの相関関係はわれわれが研究するデータにはないのである。そこでわれわれは相関関係を構築するか，そうだと自分たちで決めてかかる。「構築する」というのは危険な言い方だろう。なぜなら，そのように呼ぶかどうかにかかわらず，われわれは哲学的な前提から逃れられないからである。われわれが心に抱く考えがデータを濾過するフィルターになるのである。データが注意深く選ばれたなら，ガーゼを通る牛乳のように濾過されるだろう。データが手に負えないときは，そのフィルターを別のものに替えて，理論を修正もしくは破棄することになるかもしれない。あるいは，多くのマルクス主義者たちが，資本主義の発展とともに大衆が次第に貧しくなるという見解を救おうとしたときのように，データのさらなる独創的な選択と解釈が生まれるかもしれない。

　もし経験主義者たちが抱く考えによって，経験的研究の頻度や結果が異なるならば，考えそのものを調べる必要があるかどうか問うてみる価値がある。そしてそれが明らかに必要な場合がある。政治研究は，政府の制度や過程に注目する点でほかの社会研究から区別される。政治科学者は，ほかの社会科学の資

11　Dickinson, *The European Anarchy, passim.*

料や技術を使うことに対して背を向けることなく，政府の制度や過程に関心を持つのである[12]。過程に注目することは，国際関係の研究者にとって難しくないが，制度に注目することは相当難しい。というのは，国際関係は本当の意味で政府的な制度が欠けているという特徴があるからであり，それと関連する政治過程に大きく異なる展開がもたらされるからである。それでも伝統的政治哲学には，国内政治に注目しつつも，国際関係の研究者にも関係する大きく重要な意義がある。平和は20世紀の問題であるとしばしばいわれるが，平和はまた，政治哲学者の不変の関心事の1つである。比較的平穏なときには人間は以下のように質問する。「正義と自由がなければ人生のどこがよいのか。奴隷として生きるぐらいなら死んだほうがましだ」。しかし，切迫した危険がともなう国内問題や，空腹や内戦のときには，多くの者はこう問うだろう。「安全の条件を構築し，維持するに足りる権力がなければ，自由など何の役に立つだろう」。正義と自由よりも生命が優先されることを，アウグスティヌス，ルター，マキアヴェッリ，ボダン，ホッブズは自明と考えていた。専制政治のかわりになるものがカオスであり，カオスが万人の万人に対する戦争状態を意味するなら，人が専制政治のほうを甘受するのも理解できよう。秩序なしには自由を享受することなどできないのである。平和の条件を見定め，それを達成する問題は，人間を苦しめ，国際関係の研究者を悩ます問題であるが，とりわけ危機の時期には政治哲学者をも悩ませてきたのである。

　R. G. コリングウッドはかつて，哲学者の著作を理解する最良の方法は，彼らが答えようとしている問いを探し出すことだと述べた。ここでは，国際政治理論の問題を研究する最良の方法は，中心的な問いを提示し，それへの答えを言い当てることだと提案したい。政治哲学では「戦争の主要原因はどこにあるか」という問いに対する答えを探求することがよくある。この問いへの答えは驚くほど多様であり矛盾している。この答えの多様性を扱いやすくするには，答えを以下の3つの項目のもとに整理したほうがよいだろう。人間，個々の国家の構造，そして国際システムである。この整理の仕方の論拠とその国際事象

12　David B. Truman, "The Impact on Political Science of the Revolution in the Behavioral Sciences," in Bailey *et al., Research Frontiers in Politics and Government*, pp. 202-31 を参照。

第 1 章　はじめに

への関連性を先に述べ，続いてこれら戦争原因についての 3 つの推定を，国際関係のイメージとして整理順に番号をつけ，どこに一連の重要な戦争原因があるかによってそれぞれのイメージを定義することにする。

　これまでに述べたことは，1 つのイメージによって構成される見解が，ある意味では異なるイメージ同士のように矛盾するかもしれないことを示している。人間がどうしようもなく邪悪なために戦争が避けられないという議論と，人間は変われるので戦争は根絶できるという議論は矛盾しているが，どちらの場合も人間個人が原因として考えられているので，第 1 イメージに含まれる。同じように，第 3 イメージの分析を受け入れると，世界連邦主義者の間違った楽観主義，あるいはしばしば誤って定義されるレアルポリティーク〔現実主義〕の悲観主義に行き着く。1 つ以外のすべての点においてそれぞれのイメージのなかにさまざまな意見があり，処方箋は分析と同時に目的にも関連しているので，イメージごとに 1 つの処方箋しかないわけではない。しかし，それぞれのイメージと目的のペアに関して，論理的な処方箋と非論理的な処方箋はある。

　ある処方箋に従っても予想された結果が生まれないことを示せるなら，処方箋が間違っていると言える。しかし，実際にその処方箋に従ったということを果たして示せるのだろうか。「国際連盟は失敗したのではない。試されたことがなかったのだ」といった主張をしばしば聞く。そういった主張は反論不可能である。しかし，たとえ経験的に反証が可能であっても処方箋が有効であることを立証する問題は残る。ある病気に際して 10 の異なる薬を試した患者は，いったいどの薬が効いて治ったのか自問するだろう。手柄をどこに認めるかは，非難をどこに帰すかよりもしばしば難しいものである。A 国において国の経済的繁栄度が高まると関税がつねに高くなると歴史研究によって示されるならば，観察者のなかにはこれは高い関税が繁栄の原因であることを示していると考える者もいるだろう。また，繁栄も関税も第 3 要因にかかっていると考える者もいる。そしてさらには何の要因もないという者もいる。経験的アプローチは必要ではあるが，それで十分ではない。事件の相関関係は何も意味しない。少なくとも，それにともなう分析以外に，何か意味があると考えるべきではない。

　処方箋の立証問題に経験的な解決策がないとすれば，どんな解決法があるの

か。処方箋を分析なしに出すことは論理的に不可能である。とすれば，世界平和のすべての処方箋はわれわれの国際関係の3つのイメージの1つ，もしくはその組み合わせに関係していることになる。それぞれのイメージを分析的に理解することによって，処方箋を受け入れたり拒否するほかに，あと2つの可能性が生まれる。(1) 間違った分析に基づいた処方箋は，望むような結果を生まないだろう。処方箋に従った仕方で人間を良くすることで平和が促進されるという仮定は，国際関係の第1イメージが何らかのかたちで有効であるというさらなる仮定に基づいている。後者の仮定を前者より先に吟味すべきである。(2) 処方箋はその分析に論理的に関係していないならば受け入れられない。扁桃腺(へんとうせん)が感染している人間には，盲腸炎の手術を手際よく行っても得るものがほとんどないのと同じである。国家間の暴力が人間の悪によってもたらされているならば，国家を改革しても事態は良くはならない。そして国家間暴力が国際的なアナーキーの産物であるならば，人間個人を変えようとしても達成できるものはほとんどない。つまりある人の予測がほかの人の処方箋を妨げるのである。イメージそのものの有効性が確認できるならば，処方箋を批判的にイメージに関連づけることで，処方箋の有効性をチェックすることになる。しかし，また別の複雑要因がある。国際関係を正確に理解するには，3つのイメージのうちのどれかよりもいくつかの組み合わせが必要かもしれないということである。患者の扁桃腺か虫垂(ちゅうすい)のどちらか一方だけを考えればよいという状況にはないのかもしれない。両方が感染しているのに，どちらかだけを切除することによって患者は死んでしまうかもしれない。つまり，どの1つの原因から起こりうる結果を理解する場合でも，それはその原因のほかの原因との関係を理解することにかかっているかもしれないのである。複数の原因が相関している可能性によってさまざまな処方箋の長所を評価する問題はさらに難しくなる。

　処方箋が評価される基準とは何か。「邪悪な」国家が戦争をし，「善良な」国家同士は平和裏に生きる，したがってわれわれは国家を処方された方式に適合するようにもっていかなくてはならないと主張する人のことを再び考えてみよう。そのような一連の命題の長所を評価するには，以下のような問いを立てる必要がある。(1) 最後の命題（国家を処方箋に適合させること）は実行できるか。できるとすればどう実行できるか。(2) 処方箋とイメージのあいだには論

理的関係があるか。言い換えると，処方箋は原因とされたものに対処するか。(3) イメージは十分か。つまり，分析する者は，単に最も目につく原因かそれとも最も操作しやすいと彼が思うものをとらえるあまり，同じくらいかそれ以上に重要なほかの原因を無視していないか。(4) 処方箋を満たそうとする試みはほかの目的にどう影響するのか。この最後の問いが必要なのは，平和は最も平和的な性向の人間や国家にとってさえも唯一の目標ではないからである。たとえば，人は世界政府と永久平和が同義語だと信じるかもしれないが，また人は，世界国家は世界専制国家であると確信し，永久平和を約束する世界国家よりも戦争の永久の危険をともなっても国民国家システムのほうを好むかもしれない。

　それぞれのイメージをまず批判的に考察し，それからイメージ間の相関関係を考察することによって，たったいま挙げた問いへの答えを出してみよう。以下の章のなかで，第2，4，6章は主に伝統的政治哲学の観点から，それぞれ第1，第2，第3イメージの基本的な説明をする。第3，5，7章では，それぞれのイメージを順番にさらに説明し，例証する。第8章はイメージの相関関係についての短いエッセイであると同時に結論である。

第 2 章

第 1 イメージ
――国際紛争と人間行動

裏切りと狡猾さから，戦争は生じる
――孔子

　国際関係の第 1 イメージによれば，重要な戦争原因は人間の本性と行動にある。戦争は自己中心主義，方向性を誤った攻撃的衝動，愚かさの結果なのである。ほかの戦争原因は二義的であり，これらの要因に照らし合わせて解釈されねばならない。これらが戦争の主要原因であるならば，戦争を除去するには，人間を道徳的に高めて啓蒙するか，精神的・社会的に改造しなければならない。戦争の原因と解決策についてのこの推論は，孔子から今日の平和主義者まで，人間事象についての多くの熱心な研究者の著作のなかで支配的な見方である。これは多くの近代行動科学者たちのライトモチーフでもある[1]。

　第 1 イメージの分析と関連する処方箋が内容的に同じである必要がないのは，少数の例が示すとおりである。ヘンリー・ワズワース・ロングフェローはスプリングフィールドの兵器庫を訪れて，詩的感興を覚えて，以下のような思いを書きとめた。

> 世界を恐怖で満たす力の半分が
> 軍事基地や法廷に当てられる富の半分が
> 人間の心を過ちから救うのに使われたなら，
> 兵器庫や要塞など必要ないのに

1　近代行動科学者たちについては本書第 3 章で詳しく論じる。

この詩に含意されているのは，人々は，正しい政策が何かを知っているときのみ正しい政策がとられると主張するということである。いまはだまされやすく，間違った指導者にすぐ従ってしまうかもしれないが，人々の本能はすぐれている。現在の困難が知識の欠陥に起因するのならば，教育が戦争の救済策だということになる。この考え方は普及している。1930年代に執筆活動をしていた平和主義者ビバリー・ニコルズは，ノーマン・エンジェルが「世界の教育上の独裁者になったなら，戦争は一世代で朝霧のように消えてなくなるだろう」と考えた[2]。1920年代には，知的向上のみに頼ろうとしない立場から，クエーカー教徒たちの会議は，利己主義に代え，犠牲と協力と信頼の精神を身に付けるようにと，世界の人々に呼びかけた[3]。ほぼ同時期に，同じような気持ちで，バートランド・ラッセルは，所有本能の低下が平和の必須条件と考えた[4]。一方，ほかの者は，平和の可能性を高めるには本能を変えるよりも破壊的で愚かな戦争に現在費やされているエネルギーをほかに振り向けることが必要だと述べていた。戦うよりもほかにすることがあるならば，人間は戦いを完全にやめるだろうというのである。アリストファネスはそう考えた。アテネの女たちが自分の夫や愛人を拒絶するなら，男たちは寝床の快楽を選ぶか，わくわくするような戦場の経験を選ぶかの選択を迫られるだろう。アリストファネスはアテネの男と女というものを十分知っているつもりなので，アテネの男たちは戦争よりも女たちとの楽しみのほうを選ぶのはわかりきっていると考えたのである。ウィリアム・ジェイムズも同じ立場である。彼の考えでは，戦争は人間の好戦的本性に根ざしたものであり，それは何百年もの伝統の産物である。人間の本性は変わらないし，本能を抑制することはできないが，それらを方向転換することはできる。軍役のかわりに，世界の若者を石炭の採掘と船員，摩天楼と道路の建設，皿洗いと洗濯に徴集することをジェイムズは提案した。どのくらいの方向転換で十分かについての彼の推測は，アリストファネスよりも非現実的であると同時に，よりまじめに意図されたものだったが，救済策は明らかに同

2　Nichols, *Cry Havoc!* p. 164.
3　Hirst, *The Quakers in Peace and War*, pp. 521-25.
4　Russell, *Political Ideals*, p. 42. この考えはさまざまなかたちで，国際関係に関するラッセル卿の多くの著作で繰り返されている。

じタイプのものである[5]。

　処方箋は異なるものの，これらすべてに共通するのは，より平和的な世界を達成するためには，人間が道徳的・知的態度もしくは精神的・社会的行動において変わらなければならないという考え方である。しかし，人は第1イメージの指摘する原因を除去するための処方箋が実際に可能であると認めなくても，第1イメージの原因分析には賛成するかもしれない。第1イメージの説明を受け入れる人のなかにも，人間の進歩の可能性は非常に高いので戦争は次世代が死ぬまでにはなくなると考える楽観主義者と，戦争によってわれわれは皆死ぬかもしれないが，それでも戦争は起こり続けると考える悲観主義者とがいる。「楽観主義者」と「悲観主義者」は扱いにくい言葉だが，これらより良い言葉は見つけにくい。単に期待される通りにこれらの言葉を定義するのが一般的な使い方だが，その場合，ある特定の人物をどちらに分類するかは，不可能でないにしても難しい。楽観主義と悲観主義にも程度があり，同じ人が何かについては楽観的であるが，ほかのことについては悲観的であることもある。これらの言葉の哲学的意味はより明快で有用である。哲学における悲観主義は，先の章で引用したミルトンやマルサスの言葉によって表されている思想であり，現実とは本来欠陥だらけだという考えである。一時的には悪の力をかなり抑制できるかもしれないが，一般的・永久的に良い結果は，本来的な欠陥から来る悪影響をつねに意識すると，期待できなくなる[6]。一方，楽観主義者は現実が善であり，社会は基本的に調和的であると考えている。彼らによれば，人間を悩ませてきた苦難は表面的で一時的なものである。歴史は瞬間の連続なので，苦難は続くが，歴史の質は変えられる。そして最も楽観的な者は，これが一度にたやすく変えられると思っている。話を期待に戻すと，期待は世界の異なるとらえ方に根づいている。たとえば戦争を除去する努力が究極的に成功する見込みについての悲観主義は，われわれの現在の苦境について何もなす術がないと述べるのと同一ではないということを指摘する必要がある。悲観主義者は，明日に迫っている戦争を延期することについて楽観主義者よりも希望を持っているか

5　James, "The Moral Equivalent of War," in *Memories and Studies*, pp. 262-72, 290.
6　Morgenthau, *Politics among Nations*, pp. 7-8 を参照。

もしれないし，楽観主義者は最終的で完全な成功をもたらすはずの救済策として不十分なものは何もやる価値がないと信じているかもしれない。悲観主義者は，決定的な成功が不可能と信じている点で誹られて当然かもしれないが，その場合の誹りは不名誉として考えられるべきではない。

それぞれのイメージのなかに，原因の定義では一致しながらも，その原因について何ができるかについて一致しない楽観主義者と悲観主義者とがいる。さらに，所与のイメージを批判的に考察しても，イメージそのものが間違っているかもしれないのだから，一般的な期待を生むには十分な基盤にならないかもしれない。このことは，一連のイメージを理解しようとするときに明らかになる。この章では，主に，戦争が繰り返し起こることを理解するためには人間の本性と行動をまず見なければならないという命題に同意し，人間の本性と行動を見ることによって戦争をも含む世界の悪を説明できるような根絶不可能な欠陥を見出す人々を考察する。次章では，同じ原因を見ながらも，たとえ最終的な平和の条件ではないにしても，少なくとも戦争の発生を著しく削減するためにそれらの原因を操作し制御することができると確信している多くの人たちのうちの幾人かについて考察する。

19世紀初期の平和主義者ジョナサン・ダイモンドが「勢力均衡に賛成していえることはすべて，われわれが邪悪だからいえるのである」と書いたとき，彼は楽観主義者と悲観主義者の両方が同意する言葉を書いたのである[7]。楽観主義者は，邪悪が善に変わり，現在の勢力均衡政治の結果である戦争が終わる可能性を見ている。悲観主義者は，人間の本性から勢力均衡と戦争が派生することを認めながらも，人間が自身を矯正する可能性はたとえあったとしてもほとんどないと見ている。かわりに彼らは勢力均衡に名誉ある地位を与えている。ダイモンドの比喩を使えば，それは「トラ」が互いをたたきのめすのを実際に予防するかもしれないからである。予防できない場合がたまにあっても，不完全な予防のほうが全く予防しないよりもましだからである。

楽観主義者と悲観主義者は原因の分析において一致しているが，その原因を

---

7 Dymond, *The Accordancy of War with the Principles of Christianity*, p. 20.

第2章　第1イメージ

取り除く可能性について意見が異なっているため，互いに相手に対して最も辛らつな批評を加える。生前最後の25年のあいだに国際政治の問題についての見解を，そのテーマについての学問上の専門家の誰よりも多く執筆したラインホルド・ニーバーは，理想主義者，自由主義者，マルクス主義者をそれぞれ同じくらい，頻繁かつ効果的に批判した。政治的現実主義は人間の本性への真の洞察なしには不可能であると彼は主張している[8]。もちろん人は，自分自身の理論こそ現実的であると思っている。楽観主義者も同じく，人間についての正しい理解に基づいて自分の理論を述べていると考えている。楽観主義者に対するニーバーの異議は，楽観主義者はすべての人間行動に潜在する悪を見逃しているという考えに基づいている。楽観主義者たちは進歩が直線的につねに段階的に続いて高みへと続いていくと推定しているが，実際は，知識の進歩や技術革新はすべて，善と同時に悪の潜在性も秘めているのである。人間は自然に対する支配を拡大したが，寒さやひもじさからの防護や，労働の削減や余暇の拡大を約束する手段そのものが，ある人間がほかの人間を奴隷化したり破滅させることを可能にするのである。人間は自意識が強いため，自分の限界を知る。人間の限界は生まれつきである。同じように生まれつきなのは，それら限界を克服しようとする欲求である。人間は無限の野心を持つ有限な生き物であり，自らを巨人と思い込んでいる小人である。人間は，自己利益にかられて，経済・政治理論を発展させ，それらを普遍的なシステムだと言い張る。人間は，生まれ落ち，不安のなかで育ち，自分を絶対に安全にしようとする。また，人間なのに自分のことを神だと思っている。悪は自らの内に存在し，悪の本質はプライドの問題として定義できるのである[9]。

　この見方は，もちろん，ニーバーよりもずっと古い。キリスト教の伝統のなかでは，アウグスティヌスによって古典的な言葉で述べられている。キリスト教の伝統の外ではスピノザの哲学のなかでそれが詳しく述べられている。20

8　Niebuhr, *Christian Realism and Political Problems*, p. 101.
9　Niebuhr and Eddy, *Doom and Dawn*, p. 16:「人間の一生のなかでつねに究極的な罪であるのは，不完全な価値を絶対的なものにしようとする人間の努力である。そしてそれによって人間の血なまぐさい紛争がつねに生じる」（ここでも，ほかの場所でも，私が用いたのは，本のなかでニーバーによって書かれた部分のみである）。Niebuhr, *The Nature and Destiny of Man*, I, 137, 150, 177, 181; "Is Social Conflict Inevitable?" *Scribner's Magazine*, XCVII (1935), 167 を参照。

世紀の政治的著書のなかでは、ハンス・モーゲンソーの著作のなかでそれが最も明確に一貫性をもって考察されている。これらの4人の著者は多くの点で異なるが、人間の本性についての前提に基づいて政治的結論を導いている点で一致している。この推論の過程を例証するには、アウグスティヌスとスピノザを用いることができよう。

　アウグスティヌスは人間の動機づけの優先順位のなかで、自己保存の重要性に注目した。最もみじめな者でも「死を恐れ、不幸のなかにあっても死ぬより生きていたいと思うのだから、いかに自然が死滅を嫌うかは十分明らかではなかろうか」と、彼は問う[10]。自己保存への欲求は、アウグスティヌスにとっては、観察できる事実であるが、それは人間の行動すべてを説明するのに十分な原則ではない。しかし、スピノザにとって、すべての行動の目的は主体の自己保存であった。自然法はこの1つの目的が要請するところのものについての陳述に過ぎない[11]。理性に従って生きる人間は勇気と高潔さを示す。つまり、彼は理性の命ずるところに従って賢明に自己保存しようとし、懸命にほかの人間を助け、友情で彼らとつながろうとするだろう。これは実際の行動の記述ではなく、理想としての理性的な行動の記述である。理性の命令に従う人間が勇気と高潔さをもって行動するのはそれが義務だからではない。これらの特質は理性に従った必然の結果である。他者を助けようと努めるのは利他的な行動ではない。全くその反対である。他者への思いやりや他者と協力しようとする欲求は、相互援助や分業が自分自身の生活維持と自己保存に必要であることに気づくことからきている[12]。第1イメージの楽観主義者の場合のように、これは論理的にはアナーキズムを導く。つまり、「人は皆、すべての点で一致すべきであり、わ

10　Augustine, *City of God*, tr. Dods, Book XI, ch. xxvii.
11　Spinoza, *Ethics*, Part IV, prop. xxxvii, note ii:「最高の自然権によって、すべての人間は何が善で何が悪かを判断し、自分自身の気分によって自分にとって有利なことをし、不当な扱いに対し復讐し、自分が好きなものを守り、嫌いなものを滅ぼすよう努める」。*A Theologico-Political Treatise, A Political Treatise,* and *The Ethics* を含む *The Chief Works of Benedict de Spinoza,* tr. Elwes を参照。以後、標準的な参照方法のみでは引用部分の場所が容易にわからない場合のみ、巻とページ番号をカッコのなかに示す。
12　スピノザによれば皆が自己保存のために行動することになるが、自己保存と自己実現は、人間の生活が理性で満たされている度合いに呼応する傾向がある。*Ethics,* Part IV, prop. viii and apps. iv-v; Part V, props, xxxviii-xlii を参照。

れわれは一心一体であり，皆が1つの意思のもとにできる限り自己保存するよう努めるべきであり，皆が1つの意思のもとに皆にとって役立つことを追求すべきである」ということになる[13]。おのおのの人間の真の利益を正確に理解する理性にとって，自分たちを支配したり命令する政治的権威の必要はなく，すべての人々が社会で調和的に生きるよう導かれるのである[14]。

　これはスピノザの政治思想の終わりではなく，始まりに過ぎない。おのおのの人間は自分自身の利益を追求するが，不幸なことにそれは理性の命令に従ってではない。これを，アウグスティヌスは原罪，すなわち人間の理性と意志はどちらも欠陥があるという事実を示す行為によるものと説明した[15]。スピノザの哲学では，この宗教的説明が論理と真理において命題となる。彼は合理的行動のモデルを構築する。すなわち，合理的行動とは，永遠の生を目指す協力的努力においておのずから調和を生み出すような行動のことである。しかし，われわれが見る世界の状況はこのようなものではない。すると，人間に欠陥があるということは，外からの説明を必要としない経験的な事実である。実際，外からの説明はありえない。なぜなら神が自然となったからである[16]。人間は，純粋な理性の指針によってではなく，感情によって導かれる。感情によって導かれる人間は紛争に巻き込まれ，互いに助け合うかわりに，互いに破壊的な仕方で行動する。おのおのが仲間のなかでいちばんになろうとし，自分自身に行った善よりも他者に行った害により多く誇りを持つ。理性は感情をやわらげることもできるが，それは非常に難しいので，人間がありのままの「理性の命令に従って生きるよう促される」と思う人々は「詩的黄金時代か舞台演劇を夢見ているに違いない」[17]。

　政治社会的害悪についてのスピノザの説明は，理性と感情のあいだに見られ

13　*Ethics*, Part IV, prop. xviii, note. 先の分析についてはとくに Part III, prop. lix, note; Part IV, props, xxix-xl; and *Theologico-Political Treatise*, chs. v, xvi (I, 73, 202-203) を参照。
14　Augustine, *City of God*, tr. Dods, Book XV, ch. V を参照：「しかし，善，善良な人間，あるいは少なくとも完全に善良な人間がいれば，戦争は起こらない」。
15　*Ibid.*, Book XI, ch. vii; Book XII, ch. i.
16　*Ethics*, Part I, props. xxvi, xxix:「人間個人とその心および身体は，神の様態に過ぎない。また，神は自然の全体性にほかならない」。
17　*Political Treatise*, ch. i, sec. 5.

る葛藤に基づいている。アウグスティヌス，ニーバー，モーゲンソーは，スピノザの思想にある明らかな二元主義を拒否する。彼らによれば，人は全体的に，つまり心にも体にも欠陥がある。この違いにもかかわらず，政治的害悪を人間の欠陥から推論している点では，彼らは一致している。たとえばニーバーは，人間の人間による搾取は社会を階級に分けることが原因であるというマルクスの主張を却け，階級分裂と搾取は「人間の心の性向」が原因であるとコメントしている[18]。またモーゲンソーは，「人間行動における悪の偏在」がパワーへの人間の根絶不能な欲望から生じ，「教会を政治組織へ，革命を専制主義へ，故国への愛を帝国主義に」変えると考えている[19]。

モーゲンソーの言葉が示すように，国内的害悪の説明として十分なものが国家間の摩擦や戦争を説明するのにも用いられる。アウグスティヌスは，長いリストにわたる喧嘩や強盗から殺人や戦争に至る人間の苦難を，人間の「非常に多くの無益で有害なことへの愛」の責任に帰している[20]。スピノザは国家目標として平和を公言するが，国家は自然の敵同士であるから，つねにお互いに構えていなければならないと考える。それは国家が高貴かつ平和的になることがないからでなく，国家がいつ何時，卑劣で好戦的になるかわからないからである。それは協力が国家の最良の利益に反するからではなく，感情によってしばしば本当の国家利害が人間の利害の場合と同じくぼやけてしまうからである。また，ニーバーは端的に，戦争の原因は「人間の精神に潜む暗い無意識の源」にあると書いている[21]。

彼らのあいだの類似点をさらに考察すると，悲観主義者は，楽観主義者と同じく，戦争は人間が変わりさえすればなくすことができると信じているようである。この考え方はアウグスティヌスが厭世的な知恵でもって書いた以下の言葉に間接的に表現されている。「帝国を超えて敵対国同士のあいだには絶え間なく戦争が起こっているが，たとえそういった国々がなかったとしても，帝国

---

18 Niebuhr, *Christianity and Power Politics*, pp. 145-46. Gregg, *The Power of Non-Violence*, pp. 131-32 を参照：「恐怖と欲望は，資本主義と同様，戦争の根源である」。この言葉をニーバーやモーゲンソーの言葉と比べると，分析における楽観主義者とその批評家の類似性が明らかになる。
19 Morgenthau, *Scientific Man*, pp. 194-95.
20 Augustine, *City of God*, tr. Dods, Book XXII, ch. xxi; Book XIV, ch. ii を参照。
21 Niebuhr, *Beyond Tragedy*, p. 158.

の広がりそのものによって，もっと不愉快な戦争が起こっていただろう」[22]。政治形態が二義的な要因であるという考え方は，ニーバーによってより直接的に示されている。「いかなる歴史上の共同体であっても理想的なのは，共同体においては個人的な，そしてある共同体と別の共同体のあいだでは集団的な，命と命の兄弟のような関係である」。しかし，「共同体内の平和」でさえ「つねに部分的には強制的であり，共同体同士の外的平和は競争的な闘争によって台無しになっている」。国内的にはアナーキー〔無政府状態〕の危険を克服するために寡頭政治が必要であり，対外的には外敵を防ぐにはパワーが必要である。この２つの必要性は罪から生まれ，必要性としてそのまま残る。「なぜなら人間は，純粋・自発的に，国のためになすべきことをなすほど善良ではないからである」[23]。スピノザが理性とそれを曇らせる人間の感情を並列したところを，ニーバーは愛とそれに勝る罪として提示した。罪が原因であり，愛が罪に打ち勝てるならば，その解決策になる。「懺悔に基づく許しの愛のみが国家間の敵対を癒すのに足りるのである」[24]。

批判的評価

　第１イメージの悲観主義者は，楽観主義者の理想を達成できる可能性を否定しながらも，その妥当性を受け入れる。だからこそスピノザは，人間が真に合理的であったなら可能であろう平和的アナーキー状態の享受を考え，ニーバーは，キリスト教のエデンの園の神話，もしくは黄金時代のストア派の神話を，歴史上不可能であると同時に死を免れない人間への啓発の源である行動基準を描くものとして，受け入れるのである[25]。だが，不可能な理想の妥当性とは何か。人間が目標について一致できるならば，またそれを追求するうえで完全に

22　Augustine, *City of God*, tr. Dods, Book XIX, ch. vii.
23　Niebuhr, *Faith and History*, pp. 219-20; *Moral Man and Immoral Society*, p. 93 を参照：「自分自身の限界と社会生活の必要性から妨げられているパワーと名声への欲求を持つ一般市民は，代理として自分の国家にそのエゴを投影し，無法の欲求にふけっている」。
24　Niebuhr, *An Interpretation of Christian Ethics*, p. 128; *Christian Realism and Political Problems*, pp. 116-17 を参照。
25　たとえば，Niebuhr, *An Interpretation of Christian Ethics*, p. 148; *Faith and History*, pp. 143-44.

合理的だったなら，与えられたいかなる問題にも最良の実際的解決策をつねに考え出し，それに従うだろう。人間が真に愛情に満ちているならば，いつでも快く「もう一方の頬（ほお）を差し出す」だろうが，そのようなことは実際はないことがわかるだろう。これらの条件法の陳述のどちらも人間の実際の行動を記述するものではない。人間は完全に合理的でも真に愛情に満ちているわけでもないし，また悲観主義者が付け加えるところによると，そうなる可能性もない。そのためモーゲンソーは，「人間の本性の本質的善良さと無限の順応性」の仮定を否定し，政治行動を，ときには単に盲目的で，ときにはあまりにずる賢く自己中心的な人間行動によって説明する。それは「中国，インド，ギリシャの古典的哲学者たちが政治の法則を見つけようとしていたときから変わっていない」，否定も回避もできない人間の本性の産物である[26]。

政治的害悪を，人間の生まれつきの悪と善への可能性の観点から定義される固定化された人間の本性に帰すのは，アウグスティヌス，スピノザ，ニーバー，モーゲンソーの思想において絶えず繰り返されるテーマである。ある重要な理由で，このような論法は正当化できる。人間が自分の本性と正反対の仕方で行動するというのは明らかにばかげているからである。世界史上の事件はそれをつくった人間から切り離すことはできない。しかし社会的事件の因果分析における原因としての人間の本性は，どう定義されるにしろ，その同じ本性が無限に多様な社会的事件を説明できなければならないという事実を考えると重要性が低くなる。人間の邪悪さや愚かさの証拠を単純に指摘して，人間は悪いと説明することは誰でもできる。犯罪や戦争のような望ましくない事件を，この邪悪さや愚かさと関連づけるのは単純な仕事である。これは第１イメージの有効性を示すのには不十分であるが，事件に照らし合わせてイメージをチェックすることによってイメージのそのような特定の解釈に反論するのは，不可能でないにしても難しい。そう試みようとすると，事実と価値判断のごったがえしのなかで動きがとれなくなる。強姦や殺人や窃盗のような人間行動の証拠は，人間が悪であることを証明するだろうか。慈善，愛，自己犠牲といった行動で示される反証事実はどうか。所与の社会における犯罪量は，そのなかにいる人間

---

[26] Morgenthau, *Politics among Nations*, pp. 3-4. Niebuhr, *Beyond Tragedy*, p. 30 を参照。

が悪いという証拠だろうか。あるいは，その条件下で犯罪がさほど多くないことのほうが驚きだろうか。ひょっとして，人間が善であり，生来難しい条件に驚くほどよく適応しているがゆえ，犯罪も戦争も非常に少ないのかもしれない！ とすれば，人間が愚かだったり悪であるからある事柄が起こると述べるのは，著者の気分次第で受け入れられたり拒否されたりする仮定だということになる。証拠をどう理解するかはわれわれの理論によるのだから，それは証拠によって証明も反証もできない主張である。エミール・デュルケームが指摘したように，「心理的要因はあまりに一般的過ぎて社会現象の行方をあらかじめ方向づけることはできない。心理的要因はある社会的形態をほかの形態よりも求めるわけではないため，そのどれも説明できない」[27]。心理データに基づいて社会形態を説明しようとすることは，心理至上主義の誤りを犯すことになる。すなわち個人行動の分析が，無批判に集団現象を説明するのに使われるのである。

　人間の本性を理解することなしには政治理論はないとしばしば言われる。この格言を応用して，ニーバーは，例外なく「パワーをパワーでもって均衡させることになる政治戦略は，罪深い人間の性格」のため必然であると書いている[28]。この言葉に賛成するかどうかの問題はさておき，賛成か不賛成かがどれだけ重要なのかを問うてみよう。人間の本性は，ある意味では1914年の戦争の原因であったかもしれないが，同じように，それは1910年の平和の原因であった。この間，多くのことが変化したが，人間の本性は変わらなかった。とすれば，人間の本性は，もし人間が全く異なった生き物であるなら政治的支配は全く必要ないだろうという意味においてのみ，原因であることになる。このことは，なぜ競争に負けたのかを聞かれて，「遅く走りすぎたから」と答えた走者を想起させる。この答えは正しいが，あまり有益ではない。もっと有益な答えが可能かもしれない。かわりに走者に，どのような訓練をし，どのような種類の靴を履き，前の晩にどのくらいよく眠れ，きちんとペースを守ったかどうかを聞くべきかもしれない。こういう質問への回答は，その選手の生来の能力には触れ

27　Durkheim, *The Rules of Sociological Method*, tr. Solovay and Mueller, p. 108.
28　Niebuhr, *Christianity and Power Politics*, p. 4.

ないが，将来のより立派な成績への手がかりになるかもしれない。運動選手の身体的特徴を考慮せずに彼の健康維持のための処方箋をつくるのはばかげているが，彼の成績に影響する恒常的な要因にとらわれると，操作可能な要因から注意がそれてしまうかもしれない。同じように，人間の本性は，基本的なもしくは主要な戦争原因であるかもしれないが，われわれがここで考察の対象とした人々によれば，それは人間の努力によって変えることのできない原因なのである。

　スピノザは人間の行動を心理的要因に言及することによって説明することを主張した[29]。しかし，原因を探求することは差異を説明する試みでもある。人間がつねに戦争しているならば，あるいはつねに平和状態にあるならば，なぜ戦争や平和が生じるのかについての疑問は生まれない。戦争と平和の時期が交替するのはなぜか。人間の本性が戦争を起こすのに一役買っていることは疑いないにしても，人間の本性によって戦うこともあれば戦わないこともあるという単純な言い方以外，それ自体で戦争と平和の両方を説明することはできない。そしてこの言い方のあとは必然的に，なぜ人間は戦うときとそうでないときがあるのかを説明しようとすることになるのである。人間の本性が戦争の唯一の原因であり，もし第1イメージの悲観主義者が考えたシステムのように人間の本性が固定されているならば，平和を望むことはできない。しかし，人間の本性が戦争の原因の1つに過ぎないならば，たとえ人間の本性が不変のものだと仮定しても，われわれは平和の条件を適切に探究できる。

　第1イメージの悲観主義者たちが打ち立てたシステムに対して，こういった批判はどのくらいダメージを与えるのだろう。悲観主義者たちが実際に推定された人間の本性から直接的に具体的な政治的結論を引き出す試みでは，たしかに非常にダメージが大きかった。その試みは無理である。しかし，その方法でほかのとても重要なことができる。デュルケームが，心理的要因は具体的な社会形態を必要としないので，どんな社会形態も説明できないと指摘するところ

---

29 「私がここで示していることはすべて人間の本性の必然性，つまりすべての人間が自己保存しようとしているという普遍的な努力に起因しているということを知らしめたい」とスピノザは書いている。政治においてスピノザが努めたのは，「人間の本性の条件そのものから実践に最もうまくかみ合うものを引き出すこと」であった。*Political Treatise*, ch. iii, sec. 18; ch. i, sec. 4.

を,アウグスティヌスやニーバーが逆に,心理的要因がすべてを説明するのだと答えるのは容易に想像できる。「カエサルや聖人は,人間の性格の同じ構造から可能になったのだ」とニーバーは書いた。そしてまたこうも言う。「人間の本性は非常に複雑なので,科学的調査や普通の人間的接触にともなうほとんどすべての仮説や偏見を正当化してしまう」[30]。これはデュルケームの批判的意図のうちの,ある部分を認め,別の部分を否定している。なぜある国では人間が奴隷化され,別の国では比較的自由なのか,なぜある年には戦争があり,別の年は比較的平和なのかを人間の本性では説明できないかもしれない。しかし,すべての社会・政治形態が必然的に不完全なのは説明できる。そのため,ニーバーはマルクスがブルジョワ民主主義の矛盾をさらけ出したのを賞賛すると同時に,政治形態の変化によって地上にユートピアが生まれるというマルクス主義の幻想を批判している[31]。アウグスティヌスは,戦争は世界国家のなかでも起こるのだから,政治組織は無関係だと示唆するかわりに,政治的解決策は不完全であるが,にもかかわらずそれは必要であるという考えを伝えようとした。アウグスティヌスとニーバー,スピノザ,モーゲンソーの基本的前提は,政治的に達成できるものの限界を認識するのに有用である。

しかし,デュルケームの批判のなかの妥当なところは,悲観主義者が示す一連の傾向によって示されている。まず,一方では内容抜きに政治経済の形態を考えること,次にはその内容を与えるために人間心理を超える因果関係の領域を導入することである。前者はニーバーのアウグスティヌスに対する批判によって示されている。アウグスティヌスは原罪がもたらす結果として政府が必要となると主張するが,どのような社会・政治制度がよいのか,その相対的順位を区別してはいない。アナーキーのもたらす帰結について鋭く認識しているため,彼は専制政治すら進んで受け入れようとする。この点に関して,ニーバーの批判は率直で説得力がある。アウグスティヌスは,「アナーキーの危険を市民の利己主義に見ていながら,専制主義の危険を支配者の利己主義として認識していない。そのため支配者の身勝手を結果的に制御する必要性をうやむやに

---

30 Niebuhr, *Christianity and Power Politics*, p.157; *Does Civilization Need Religion?* p. 41.
31 Niebuhr, *Christianity and Power Politics*, ch. 11.

してしまった」と，ニーバーは書く[32]。しかしニーバー自身もときに似たような習性を露呈する。たとえば，経済における自由と支配について，および経済と政治の関係についての彼の論評は，政治経済の問題や形態の緻密な分析からというよりも，彼の神学上の立場から引き出されたものである。一般的な論評は堅実だが，彼の具体的な主張はしばしば独断的であり，人が賛成するしないにかかわらず，その論拠を理解するのは難しい。1つの要因に対して徹底して持続的注意を向ける場合によくあるように，人間の限界についてのニーバーの注目は，すばらしい洞察を生んだが，簡単に覆せるような見解にもつながった[33]。そして，ニーバーがアウグスティヌスの人間についての見方を受け入れながらもその政治的立場には不賛成であったのと同じように，人間の本性についての似た定義をもとにしながらも，異なる結論にいたることはあるのである。

　国際関係における第1イメージの分析の重要性を理解するためには，悲観主義者の2つめの傾向がより重要である。スピノザは人間の生来の素質に言及することで政治現象を説明できると考えているが，同時に，条件が異なれば人間行動も異なることを明確にしている。相手と団結していない限り，人間は相手に対してつねに構えていなければならない。国家のなかに住んでいるときは，人間は少なくとも多少の平和と安全を享受することが多い。政府の抑制がなければ，人間は絶滅するまで互いを殺しあうと，アウグスティヌスは指摘する。秩序だった政府の有無によって，死から比較的安全で幸福に老年まで生きる可能性まで大きな差が出るのである。アウグスティヌスとスピノザはこの点を明確にはしていないが，暗に気づいている。ニーバーとモーゲンソーは，諸原因

32　Niebuhr, *Christian Realism and Political Problems*, p. 127. *Christianity and Power Politics*, pp. 50ff.を参照。

33　Niebuhr, *The Irony of American History*, ch. v; *The Children of Light and the Children of darkness*, ch. iii; *Reflections on the End of an Era*, passim を参照。トンプソンも似たような指摘をしている。Thompson, "Beyond National Interest: A Critical Evaluation of Reinhold Niebuhr's Theory of International politics," *Review of Politics*, XVII (1955), 185-86; and "The Political Philosophy of Reinhold Niebuhr," in Kegley and Bretall, eds., *Reinhold Niebuhr, His Religious, Social and Political Thought*, pp. 169-73. アーサー・シュレシンジャー・ジュニアは，現代の政治家とその政策についてのニーバーの見解の本質的でない部分を強調するいくつかの例を示している。Schlesinger, "Reinhold Niebuhr's Role in American Political Thought and life", in *ibid.*, pp. 137-43.

を互いに関連させる問題に，より直接的に取り組んでいる。ニーバーは主要原因を副次的原因から明確に区別している。「正義と平和の問題についての純粋に政治的もしくは経済的なすべての解決策は，紛争と不正義の具体的で副次的な原因を扱う。他方，純粋に宗教的なすべての解決策は，究極的で主要な原因を扱う」と断言する。ある種の解決策の擁護者は別種の解決策を排除することが多いが，どちらの種類の解決策も必要なのである[34]。たとえばニーバーは，アウグスティヌスに対する批判のなかで，キリスト教の教義を現実的に理解するためには，人は，社会制度や政治制度の長所の度合いに関心を持たなければならないことを明確にしている。どの制度も完全ではないが，民主主義の不完全さは全体主義の不完全さよりもはるかにましである。完全な正義は不可能であるから，人間は，可能な一時しのぎ策をはかりにかけて，少しでもより多くの正義や自由，安全や繁栄を約束するものを求め，それが減るのを少しでも避けようとする。ニーバーにとっては，世俗的な完全性がありえないからといって，アウグスティヌス派のように制度の問題に無関心でいることが正当化されるわけではない。この無関心ぶりは，形態や政策の内容においては異なっても，ルター，ホッブズ，カール・バルトに一様に見られる[35]。

　少しでもより多く，もしくは少しでもより少なく，という制度の問題について熱心で実際的な関心を持つと，「副次的な」原因が議論の中心に移るというおもしろい効果がある。ニーバーは，彼のいう基本的原因から，「あまり期待しすぎるな」という処世訓を引き出していると，人は言うかもしれない。しかし，副次的な原因の特定から，彼は「異なる条件のもとで何を期待するか，望ましくない結果を最小化し，別の結果を達成するためにはどのような条件を変えなければならないか，そして一般的に良心的な市民や政治家にとっての行動規則とは何か」といった別の結論を引き出している。

　紛争の「主要」原因にあまり関心を持ちすぎると，国際政治の現実的分析から離れてしまう。基本的原因はすべての原因のなかで最も操作不可能なものである。実際の行動の違いを説明する原因は，人間の本性そのものとは別のとこ

---

34 Niebuhr and Eddy, *Doom and Dawn*, p. 6; *Leaves from the Notebook of a Tamed Cynic*, pp. 88-91 を参照。
35 Niebuhr, *The Nature and dstiny of Man*, I, 220-22; *The Self and the Dramas of History*, p. 119.

ろに探すべきである。ニーバーはこれに気づき,「近代文明に特有の苦境は,ある意味では人間の本性の罪深さや人間の欲望によってもたらされるのではない。政治秩序においては集団的人間の欲望は当然のことと見なされるべきである」と書いている[36]。しかし,パワーは政府のもとに組織でき,ある集団や国家の主張は別の集団や国家の主張によって抑制できる[37]。副次的な原因を正しく理解することで,平和への本当の機会が訪れる。主要原因と副次原因の不均衡は,モーゲンソーにも同じように見られる。戦争は人間のパワーへの欲求から起こり,平和は世界政府から生じると彼は述べる[38]。そしてモーゲンソーはニーバーと同じく,世界政府は現在不可能なので,勢力均衡政治が不可避的に必然となると説得的に主張する[39]。

「リアリスト」とその批判者とのあいだの引き続く論争について若干の批評をすることで,第1イメージの悲観主義者についての批評の実際的意味がよりはっきりするだろう。これまでの議論ではモーゲンソーをいくぶん軽く扱ってきたし,この激しい論争はモーゲンソーをめぐってのものなので,以下ではモーゲンソーとその批判者とに注目することにする。

モーゲンソーは,調停者となるものが誰もいない状況で,希少資源をめぐる競争が起こると,パワーへの闘争が競争者のあいだで続いて起こること,そして結果的にパワーへの欲求は人間の本性としての悪への言及なしに説明できることに気づいている。パワーへの闘争は単に人間が物を欲するから生じるのであり,人間の欲求に悪が存在するからではない。彼はこれを紛争の2つの根源のうちの1つと呼んだが,それについて論じるときでさえ,彼は無意識のうちに「もう1つの紛争原因とそれに付随する悪——動物的本能,すなわちパワーへの欲求」のほうへと引きずられているようである。それは以下のような彼の言葉に示されている。「政治的成功を測る基準は,他者に対してどれだけ自分のパワーを維持し,増加させ,もしくは示せるかの程度である」[40]。パワーはそ

---

36 Niebuhr and Eddy, *Doom and Dawn*, p. 8.
37 Niebuhr, *Discerning the Signs of the Times*, pp. 71, 104; *Moral Man and Immoral Society*, p. 272.
38 Morgenthau, *Scientific Man*, pp. 187-203; *Politics among Nations*, pp. 477, 481.
39 Morgenthau, *Politics among Nations*, Part IV.
40 Morgenthau, *Scientific Man*, pp. 192, 196.

れ自体で最終目的のように見えるが，政治的不和の第一次的原因をより強調すると，競争的闘争に成功するために必要な道具としてパワーを認めることになる。しかし，モーゲンソーは，人間に本来備わっているパワーへの衝動を，パワーへの闘争が起こる偶然の条件よりも基本的な前提として考えている。このことは，「パワーが考慮に入ってくる世界では，合理的政策を追求するいかなる国家にも，パワーをあきらめるかパワーを欲するか，いずれをとるかの選択の余地はない。もし選択の余地があったとしても，自分のためのパワーへの欲求が，あまり見栄えはしないが同じくらい切迫した道徳的欠陥でもってわれわれに直面するのである」という彼の言葉に示されている[41]。

　ここで2通りの考え方がある。まず第1の考えは，選好をめぐる闘争が競争的状況において生じ，競争者が用いる手段を制限できる権威が欠如するなかで，実力が導入される。第2の考えは，パワーへの闘争は，人間が生まれつきパワーを追求する存在であることから生じるというものである。この二重の説明が国際政治に示唆するものは何か。第2の考え方を受け入れる者は，人間は本性上パワーを求めるものだという理由から，国益をパワーの観点から定義する。第1の考え方を受け入れる者も国益をパワーの観点から定義するが，この場合は一定の条件のもとでパワーが国家目的を守るのに必要な手段であるからである。一方では，パワーは目的であり，他方ではパワーは手段である。パワーが必要な手段ということになれば，パワーは必然的に目的の性質をもいくぶん帯びることになるので，この2つの考え方の違いは不鮮明になってしまう。第1，第2の説明のどちらを採用しても，あるいは2つを一緒にしても，到達する政策論にはほとんど差はないかもしれないが，分析者を混乱させ，その批評家を当惑させるかもしれない。

　リアリストたちは2つの学派のあいだのはっきりした二分化を受け入れがちだった。これはまえに引用した，すべての政治的リアリズムの基礎には，人間についての洗練された見方があるというニーバーの言葉にも，また「人間の不合理な本性，自己中心主義，頑迷さ，暴力的傾向のせいで，不運にも文明社会にもたらされた気の毒なきつい仕事」という，政府の仕事についてのケナンの

41　*Ibid.*, p. 200. 強調は引用者。

定義にも示唆されている[42]。近代政治思想が2つの学派，つまり，人間と政治についての楽観的な哲学を持つ理想主義者と，世界を「人間の本性の結果である」と見るリアリストに分けられるということは，モーゲンソーの主張において明白である。また，理性と科学が進歩するにつれ，政府は次第に不要になると考える者と，「人間の本性には取り去りがたい自己中心主義，プライド，堕落の要素があるため，理性や『科学的原則』に政治についてあまり重要な役割を与えるのを拒む者」とのジェラルド・シュトゥルツの区別においてもそれは明白である[43]。

政府，政治的操作，勢力均衡は，部分的には人間の感情と不合理さのために必要となるかもしれないが，それらはほかの理由のためにも必要である。政治的アプローチを2つに分類することは，紛争原因とその帰結としての政治の必要性についての基本的な主張が不完全であるため，誤解を招きやすい。この二分化はリアリストに対する批評家もしばしば受け入れている。ジョン・ハーツの『政治的リアリズムと政治的理想主義』の書評のなかで，クィンシー・ライトは，自称リアリストについて，以下のように評している。「国家が最高の価値としてパワーを追求するといわれるとき，ではパワーが国家の最高の価値であるべきかという哲学的問題が直ちに生じる。『リアリスト』はこれに対して肯定的に答え，国家は国益を追求すべきであり，最高の国益は国家のパワーを増大させることだと主張する。しかし，ここで彼らは，自明の理ではなく，倫理的規範を主張しているのであり，その倫理的規範は論争の余地がないものではない」[44]。モーゲンソーへの批判としてこれは受け入れられるが，ハーツへの批判としては受け入れられない。そして，モーゲンソーへの批判としても，モーゲンソー自身が陥っている混乱に甘んずる誤りを犯している。先に引用した，人間性に根ざしているパワーへの衝動が世の害悪の主要な原因であるというような話法に与するならば，モーゲンソーは，人が好みによって受け入れたり拒

---

42 Kennan, *Realities of American Foreign Policy*, p. 48.
43 Morgenthau, "Another 'Great Debate': The National Interest of the United States," *American Political Science Review*, XLVI (1952), 961-62; Stourzh, *Benjamin Franklin and American Foreign Policy*, pp. 1-2.
44 Wright, "Realism and Idealism in International Politics," *World Politics*, V (1952), 122.

否できる規範的主張をしたといえるかもしれない。しかしハーツの分析によれば，国家はアナーキーの状態から生まれる「安全保障のジレンマ」に直面しているため，相対的なパワーの優位をめざすのである[45]。パワーは，人間が本性によって追求するように導かれる最高の価値というよりも，有用な道具になりうるものとして考えられている。とすれば，パワーが「国家の最高の価値」であるべきかどうかは重要ではない。むしろ，それがいつ最高の価値になり，いつ単なる手段になるのかが問われるべきである。

　人間の本性についての仮定から政治哲学を引き出そうとすると，倫理的行動と非倫理的行動の区別の基準がないまま，国策における倫理の役割という難問に行きつかざるをえない。この難問は，モーゲンソーが提案する外交政策への指針である「国益」に内容を与える問題に取り組む批評家の論評に現れている。グレイソン・カークは，「この［国益の内容についての］難しさの1つの源は，多くの政策立案者が［アメリカ外交政策の歴史のなかの］いわゆるユートピア時代に，アメリカの国益を道徳的原則の観点から表現しようとしたことを認めようとしないところにある。それは彼らが理論的に混乱していたからではなく，彼らがわれわれの国益は，特定の道徳的・法的原則を，国際的行動の指針として可能な限り幅広く受け入れることにあると，本当に信じていたからである」[46]。特定の政治家が「特定の道徳的・法的原則を，国際的行動の指針として可能な限り幅広く受け入れ」ようとしたときに，われわれの国益をそのように表現していたと「本当に信じていた」かどうかは個人的な関心事に過ぎない。それよりも重要なのは，その政治家が，国内政治において役立ち，受け入れられる道徳的・法的原則の観点から考え，行動することができる国際政治状況なのかを問うことである。「国益」は皆が支持する。いかなる政策も，自国を傷つけるが他国にはためになると言って提起されるはずはない。問題は，どの利益が正当かを決める評価にかかわるものであり，また，どの政策が目的にかなうか決める実際的なものである。これらの問題を解決するには，人間についての理解と同じくらい政治についての理解が必要であり，政治と人間いずれか一方につい

45　Herz, *Political Realism and Political Idealism*, ch. ii, sec. ii
46　Kirk, "In Search of the National Interest," *World Politics,* V (1952).

ての理解は他方についての理解からは導き出すことができない。

　モーゲンソーはしばしば彼の政治的論評のなかで，賞賛すべき教養と洞察力を示した。彼は国際的アナーキーの示唆するものを巧みに分析し，国内的に可能な行動と対外的に可能な行動とを区別した。しかし，批評家たちがモーゲンソーの人間についての見解と彼の政治理論とのあいだに彼が想定していた関係を理解しがたいのは，批評家たちが悪いからだとはまんざら言い切れない。

結　論

　人間の邪悪さや誤った行動が戦争を導き，善良さが普遍化すれば平和となるというのが，第1イメージを要約する言葉である。悲観主義者にとっては，平和は目的であると同時に理想主義者の夢であるが，人間個々人が改心しさえすれば恒久的な世界平和が可能となるという仮定を文字通りにとらえた者もいる。人間は善良なので，社会・政治問題は存在しないというのは本当だろうか。個々人が心を改めれば，社会・政治的害悪は治るだろうか。問題は明らかに「善良」という言葉にある。「善良」はどう定義されるのか。「互いに完全な調和のなかで自然に行動できる人々は善良である」というのは同語反復だが，にもかかわらず啓蒙的な定義である。楽観主義者も悲観主義者も同様に，第1イメージの分析家は，(1) 紛争を認識し，(2) なぜ紛争が起こるのかを問い，(3) それを1つもしくは少数の行動上の特徴のせいにした。

　第1イメージの楽観主義者は，政治上のナイーブさを露呈しているために，新しくより良い世界を構築しようとする彼らの努力を台無しにしている。彼らがうまくいかないのは，人間についての，単純で心地はよいが間違った見方に直接関係している。第1イメージの悲観主義者たちは，楽観主義者の架空の城を取り払う点では巧みであったが，それにとって代わるべき住居を建てる企てにおいては，魅力のないものしかできず，あまり成功しなかった。彼らは，人間は多くの平和主義者や自由主義者が考えるような立派な存在ではないと指摘することによって，人間の能力についての楽観的な定義に基づく政治理論に対抗した。ニーバーとモーゲンソーは，楽観主義者に「あなたたちは人間の本性について考え違いを犯したために政治を誤解したのだ」という。彼らによれば，

これが自由主義者の真の誤りなのである[47]。しかし，これは多くの自由主義者の誤りの1つであるというべきである。すべてとは言わないが自由主義者のなかにはより重要な誤りに陥っていて，人間の本性の因果関係における重要性を強調しすぎる者もいる。まえに引用した言葉のなかでニーバー自身が指摘するように，人間の本性は非常に複雑なので，われわれが考えるすべての仮定を正当化してしまう。にもかかわらず，第1イメージの悲観主義者は，理性を社会・政治問題に応用することへのあまりに多くの期待に対し，最小限，貴重な警告を提供している。この警告は，近代史のなかではあまりにも無視されてきた。そしてこのことは，第1イメージの分析が有用になりうる結果を生んだ1つの例である。

　アウグスティヌスとスピノザ，ニーバーとモーゲンソーは第1イメージの有用性を示しながらも，その応用の限界も明確にしている。人間が善良になれば戦争が発生しなくなるとか，人間が邪悪なので，戦争やそれに似たような害悪がなくなることはないのだという立場をとると，社会・政治構造をどうすればよいかについて考えることになる。人間の本性を変えることで問題が解決するならば，そういった変化をどうもたらすのかを見つけださなければならない。もし人間の邪悪な資質が戦争を導くならば，人間の邪悪さを抑制するか，それを補償する方法について心配しなくてはならない。人間行動の改善が世界に平和をもたらすと期待する者の場合，個人の行動は物質的な条件よりも宗教的・精神的感化によって決まるという確信のもとに，社会・政治制度の影響は葬り去られてしまっていることが多い。一方，戦争を人間の生まれつきの欠陥と関連づける者の場合は，逆に物質的な条件によって決まると考えられている。貪欲な人間を制御するには説教よりも力が必要である。問題となっている著者が世俗的傾向を強く持つ場合はとくに，社会・政治制度が中心的議題になりがちである。不変の人間の本性によってすべてが理解されなければならないという前提そのものが，人間の本性から離れて注意を転ずる助けになる。なぜなら，社会・政治制度は変えることができるのに対し，人間の本性はその仮定条件を

47　Niebuhr, *Reflections on the End of an Era*, p. 48; Morgenthau, *Scientific Man, passim*. 国内政治および国際政治における自由主義思想のさらなる分析については，本書第4章を見よ。

変えられないからである。

第3章

第1イメージからの推論
―― 行動科学と国家間暴力の削減

> 何をすべきか知るのと同じくらい為すことが簡単だったなら，礼拝堂は教会であっただろうし，貧しい人間の掘っ立て小屋は王宮だっただろう。
> ―― ポーシャ（ヴェニスの商人，第1幕第2場）

　政治的取り決めや行動の最も重要な原因は，人間の本性と行動に見出されるという主張が，第1イメージの分析として分類した人たちのあいだに見られる最小限の合意である。彼らは，政治にとって重要なものは政治の表面下にあるのだとそろって確信している。楽観主義者も悲観主義者もどこを見るかについては合意しているが，見た後では，その見たものを異なったかたちで描き，互いと相容れない結論に至る。人間に諦めをつけた悲観主義者たちは，処方箋を政治的救済法に向ける。第1イメージの統一性は，戦争原因を人間に見て，それを変えようとする者たちによって完全に守られている。これは明らかに，平和主義の主要な前提におそらく知らず知らずのうちに賛同して，戦争は人間が何らかのかたちで良くなるまでは終わらないと主張する人がとる批判的立場である。多くの近代行動科学者たちがこの思考方法に近似していることは，あまりよく認識されていないが，これは理解できることである。楽観主義者と呼ばれた人たちは，過去において宗教的・道徳的訴えを信じ，にもかかわらず伝統的な教育システムの改善にとりくんだ。今日，近代行動科学者たちは多くのより複雑な道具を信じている。人間の本性についての仮定は，通常さほど厳格ではなく，解決策の個人主義的色彩はより薄い。過去の楽観主義者が感情的なア

ピールに訴えがちだったのに対し，近代社会科学者は調査をする。悲観主義者たちが人間に見切りをつけたのに対し，社会科学者たちは自分の研究成果を社会行動のための処方箋にするのである。

　この章で考察する文献は，行動科学者が戦争と平和のテーマについて著作したものを広い意味で代表するものであるが，集団としての行動科学者を代表するものではないよう，意図的にしてある。心理学者全員のなかで戦争の問題を手がけた者は比較的少ないが，これを手がけた学者たちは，自身の専門分野からの貢献について控えめな見解をとる可能性がいちばん少ない人たちである。この種の論文の執筆者は，彼らの実験材料であるマウスたちが人間のつくった迷路のなかで懸命に出口を発見しようとしている姿からしばらく目を転じて，戦争という問題に取り組んでみたが，自分自身が実験用のマウスと同様に不可解な迷路に入り込んでしまったことに気づくのである。人間の最も喫緊の課題の解決に対して何を貢献できるかと尋ねられた場合，心理学研究に自分の人生をささげた学者が肩をすくめて，心理学はほんの限られた貢献しかできないとはなかなか言えないのは理解できるが，そのように言う人も少しはいる。たとえばエドワード・トルマンは，『戦争への衝動』のなかで，またハーバート・ゴールドハマーは『戦争の心理学的分析』のなかで，戦争と平和に対する心理学的アプローチの限界を十分に認識し，この章で私が行っているのと同様の批判を彼ら自身が提起している。しかし，日の目を見る彼らの主張のほとんどはもっと傲慢でナイーブである。第1イメージの分析の応用性をさらに深く検討するために，この章では，社会のなかの人間に応用される科学は戦争も含む社会問題を解決できるという，近代社会科学者たちの主張について真剣にとりあげよう。

　世界平和のための計画はあまたある。世界平和を発展させようという強い動機を持つ者が，戦争が続く唯一の理由は，政治家が彼らの話に耳を傾けようとしないからだと確信することはよくある。行動科学者たちも，その自信に関しては彼らと同じであるが，別の点では異なっている。彼らが持っているのは計画ではなくて方法であり，その方法が社会問題への答えを生み出すと彼らは確信しているのである。この確信は新しいものではない。「政治家の義務は，自

分が魅力的だと思う理想に向けて社会を推し進めることではもはやなく，その役目は医者としての役目である。衛生を保って病気の発生を防ぎ，発生した場合にはそれを治そうとすることである」と，1895年にエミール・デュルケームは書いた[1]。ジョン・デューイはそれに哲学者として支持を付け加えた。哲学の新しい役割は，「具体的な社会的害悪を理解し，匡正(きょうせい)する方法として使えるような思想や理想」を考案することであると，彼は予告した。哲学の義務は「人類の害悪の原因を見つけるうえで助けになるような方法に，たとえささやかなかたちであっても」貢献することである[2]。多くの政治学者たちも同じ態度をとった。たとえば，1930年にハロルド・ラズウェルは，以下のように述べた。「威嚇，説教，議論という政治的方法は，紛争が生じたときにそれを解決するのが政治の役割だということを想定している。予防の政治学の理想（そして，予防の政治学は，それ自体理想である）は，効果的な方法で社会の緊張レベルを確実に削減することによって，紛争を除去することである」。ラズウェルによれば，要はもはや政府組織を変化させることではなく，人の心，とりわけ社会で最も影響力のある人々の心を方向づけし直すことである。将来の予防政治は，医学，心理病理学，生理学的心理学，およびその関連分野と連携するだろう[3]。政治学が行動科学に席を譲るのは，国内の場合と同じく，国際領域の場合でもそうである。「政治精神科医は，最小限の人件コストで人間の活動が展開できるようにするのが望ましいという前提で，われわれの不安定な世界における人間の不安の原因を把握しその結果を緩和する仕事全体のなかの1つの項目として，戦争と革命の問題に取り組む」とラズウェルは書いている[4]。

ラズウェルは行動科学者たちの野望を見事に要約している。ローレンス・フランクの言葉によれば，社会が患者である。社会という患者は，それを構成する個人を治療することによって治るとする者もいれば，その不完全な解消法として，戦争につながることが多い緊張を現在生んでいる社会的取り決めを改善することによって治るとする者もいる。イギリスの心理学者 J. T. マッカー

---

1 Durkheim, *The Rules of Sociological Method*, tr. Solovay and Mueller, p. 75
2 Dewey, *Reconstruction in Philosophy*, pp. 107, 142.
3 Lasswell, *Psychopathology and Politics*, pp. 198-202.
4 Lasswell, *World Politics and Personal Insecurity*, p. 26.

ディーは，第一次世界大戦のまっただなかで，「予防精神医療が結実しつつある」と述べ，「したがって，同じような努力によって究極的に戦争を予防できるかもしれないという希望を抱くのは不合理ではない」と述べた[5]。同じ方法だが異なる学問的見地から，アメリカの文化人類学者クライド・クラックホーンは，次の世界大戦のただなかで「世界平和の中心的問題」は，「攻撃的衝動」を最小化し，抑制することであると見た[6]。

　しかしながら，戦争というテーマについての行動科学の文献を調べると，原因予測と救済策の推定が，理解はできなくはないものの驚くほど多様であるばかりでなく，原因分析と救済策の処方の両方ががっかりするほどあいまいで非現実的であることが判明する。戦争と平和の問題に長く関心を持ってきた社会学者であり，社会心理学者であるL. L. バーナードは，「戦争を予防するためにはいかなる危険な社会的状況を実際に正すべきなのかを知る必要がある」と力説する。しかし，このテーマについての彼の本は長大であるにもかかわらず，これらの条件が何であり，それに対して何ができるのかについては，未来の研究者が決めることとしてほとんどやり残されている[7]。バーナードがあいまいにしたところを，ほかの者たちは，具体的なかたちでリアリズムの欠如としてより鮮明に露呈する。それゆえシカゴ大学の心理学および精神医学の元教授であり，現在はメンタルヘルス研究所の所員であるジェイムズ・ミラーは，ロシア人に扮した1000人の訓練された社会科学者をソ連に潜入させ，最新の世論調査の技術を使ってロシア人が何を考えているのかを調べれば，平和は大きく前進すると考えている。ゴードン・オールポートは，国連代表団が会議に行く途中に託児所のプレイグラウンドを通っていかなくてはならないように国連総会，安全保障理事会，ユネスコの入り口を整えることを主張する。さらに，また別の心理学者J. コーエンは，国家の統治において女性が男性にとって代わったら，平和は促進されると信じている[8]。

5　MacCurdy, *The Psychology of War*, p. 11.
6　Kluckhohn, *Mirror for Man*, p.277. 同じ考え方が，同じ言葉を使って，彼の"Anthropological Research and World Peace," in *Approaches to World Peace*, p. 149 に出ている。
7　Bernard, *War and Its Causes*, p. 222. また，とくに彼の終章"What Can Be Done about War?"を参照。

第3章　第1イメージからの推論

　これらは，われわれが考察している文献のなかで何度も出てくる助言の種類を例証するために引用した。しかし，これらの助言は，それが引き出されるもとになっている体系的な分析が考慮されるまで何の意味も持たない。ミラー，オールポート，コーエンは，明らかに具体的な方策をとることを提案し，それが彼らのより一般的な目的を達成するのに役立つことを望んでいる。では彼らのより一般的な目的とは何か。それは，戦争と平和のテーマについての行動科学の文献を見てもはっきりしない。行動科学が世界平和に対して多大な貢献ができると説得しようとする小冊子は多い。また，これらと同じ主張をしたうえで，乳児保護，人々の心理，異なる部族の習慣の多様性，文化や社会と個人行動の関係についての知識の多くの詳細を付け足す，より長い業績もある。しかし，過去，現在，未来の国際政治の問題に行動科学を関連させる体系的な試みは欠落している。

　にもかかわらず，行動科学にもいくつかの異なるアプローチがある。人々のあいだの理解の促進は，平和の増大を意味すると広く考えられているが，同じくらい広く考えられているのは，人間個人を社会によりよく適応させると，不満や不安が減り，戦争の発生率が減るということである。政治指導者の決定的な影響力にのみより多く注目して，支配者がもっと十分に訓練され，より注意深く選ばれるべきであると力説する者もかなりいる。戦争が起こるのは，人間が戦争に期待を抱くからであり，戦争を廃止するには人間の期待が変えられなければならないと主張する者もいる。そして最後に，行動科学の貢献を，現在の政府がより科学的に目標を定め，手段を選ぶ手伝いをすることに限定する者もいる。国際的な理解を促進すれば平和が促進されるという思想を一瞥すれば，国際関係論の行動科学的アプローチへの手っとりばやいイントロダクションとなる。

　「われわれはすべてを知ることはできないが，より多くを知れば知るほどよ

8　James G. Miller, "Psychological Approaches to the Prevention of War," in Dennis *et al.*, *Current Trends in Social Psychology*, pp. 284-85; Gordon W. Allport, "Guide Lines for Research in International Cooperation," in Pear, ed., *Psychological Factors of Peace and War*, pp. 148-49; J. Cohen, "Women in Peace and War, " in *ibid.*, pp. 91-110. オールポートの提案は，かつて平和主義者ビヴァリー・ニコルスが行った提案を思い出させる。それは，軍縮会議のたびに，ぞっとするほど負傷した兵士のマネキンをテーブルの真ん中におくべきだという提案である。*Cry Havoc!* p. 5.

い」[9]。この言葉は，犯罪や病気抑制の問題へと同様に，戦争抑制の問題にも当てはまる。戦争除去の問題に応用された場合，この言葉は特別の意味を持つことが多い。その意味とは，以下のジェイムズ・ミラーの言葉で明らかである。「他者の欲求，目的，性格についての無知が恐怖心を招き，結果的に攻撃性の主要な原因の１つとなる」[10]。そのような一般的命題が実際の戦争と平和の条件にどう関連するのだろうか。たとえば，叱責されたときに笑う日本人のくせが，そのような習慣を知らないアメリカ人には，全く不適切なものとして解釈されるのは当然である。しかし，そのような誤解がどうやって国家間の戦争をもたらすのだろうか。そして，もしその過程が説明できたとしても，それがすべての，あるいはほとんどの戦争を説明すると断言できるだろうか。逆に，国際理解はつねに平和を促進するだろうか，あるいは，ときに国家は互いをまさによく理解していないからこそ平和でいられるのだろうか。われわれがソ連と冷戦関係にあるのは，共産主義社会を十分に理解していないからなのか，あるいは彼らを正確に理解するようになればなるほど彼らが嫌いになったからなのか。さらには，文化人類学者や社会心理学者が全く自らも知らない理由のためなのだろうか。

　明らかに，平和と知識のあいだには，さほどはっきりした相関関係はない。ローレンス・フランクは，育児から世界平和までのさまざまな問題に関する行動科学のデータと洞察を提示しようと試み，これを明らかにした[11]。宗教的友愛，征服，もしくは世界連邦を通しての世界秩序への伝統的なルートには，同一の共通の欠陥があると彼は指摘する。それは皆，同一の信条，同一の国家，あるいは同一の哲学が世界を支配するようになることを提案するということである。文化人類学者であるフランクは，かわりに多様性の積極的価値を強調する。すべての文化には弱さがあると同時に，すべての文化には固有の長所がある。多様性は世界をより良く，より刺激的な住処にする。多様性を減らそうと

9　Klineberg, *Tensions Affecting International Understanding*, p. 92.
10　Miller, "Psychological Approaches to the Prevention of War," in Dennis *et.al., Current Trends in Social Psychology*, p. 284.
11　Lawrence Frank, *Society as the Patient* のなかの 1916~46 年の彼の論文集を参照。ここでの引用はその本のなかの "World Order and Cultural Diversity," pp. 389-95 からである。

第3章　第1イメージからの推論

するかわりに，その理由と価値を理解すべきである。そして，対処の仕方はいくぶん違っていても，同じ「人生の課業」に皆立ち向かっているという，本質的な類似性を理解するようになれば，相互の賞賛ではないにしても相互寛容の基礎ができたことになる[12]。

しかし，ローレンス・フランクが戦おうとしている幻想，すなわち他者と文化が非常に異なっているという幻想よりも，同じ目的のための競争によって，多くの戦争は説明されてきた。文化的親近性が流血を減らさなかったことは，西ヨーロッパの歴史で十分に例証されている。また，知識の増加がより共感的な理解をつねに導いてきたともいえない。全くの逆である。フリードリッヒ・フォン・シュレーゲルは，外国旅行によって他国の人々についての知識を増やしたが，その結果，後世の多くのロマン主義者と同じく，多様な価値観への寛容さではなく，ナショナリスティックな熱情が増したのである[13]。アルフレッド・ミルナーは，エヴリン・ベアリング卿に仕えるためにエジプトに着いてまもなく，国際的憎悪や懐疑は，国家間で「互いによりよく理解させること」によって削減できるという希望を表明したところ，エヴリン卿は経験知を伝えながら，こう答えた。「親愛なるミルナー君，国家が互いをよりよく理解すればするほど，互いをより憎むようになると思いますよ」[14]。政治学者カール・ドイッチュは，その裏づけとなる証拠を要約して以下のように結論づけている。「多くの感情的，文化的，政治的に敏感な個人は，外国に逗留すると，ずっと強いナショナリズムと，自国の言葉，文化，人々への忠誠心を主張する反応を見せる」[15]。

フランクは，ほかの文化についての知識の増加を力説する。彼は知識の増加によって，すべての人々が共通の「人生の課業」に直面する際に，生産的で平和的な協力の堅実な基礎として役立つような謙虚さと寛容が生まれることを期

12　Kluckhohn, *Mirror for Man*, p. 273 を参照：「文化人類学者の解決策は，多様性のなかの統一性である。すなわち，一連の世界の道徳原則に同意しながらも，世界平和を脅かさない活動については，すべて尊重し，大目に見ることである」。
13　Hayes, *The Historical Evolution of Modern Nationalism*, pp. 103-4.
14　Oliver, *The Endless Adventure*, III, 177n.
15　Deutsch, "The Growth of Nations: Some Recurrent Patterns of Political and Social Integration," *World Politics*, V (1953), 185.

待している[16]。しかし，知識の増加によって謙虚になる人もいれば，より傲慢になる人もいる。平均的に言って，知識の増加は，寛容さを十分に増加させるのだろうか[17]。そうなるとは思えないので，そうなるべきだと言えるのみである。フランクの訴えは，人々はもっと寛容であるべきだというものであり，寛容への訴えには科学的な根拠があるというのが彼の議論である。しかし，残念なことに，それは妥当性があるとは言えない。

われわれはまだ「知識から平和へ」という命題の意味を語りつくしていない。フランクの論文では，知識はさらなる寛容さへの道となる。ほかの著作では，異文化を研究して得られた知識は，戦争がもはや公認の社会的制度ではなくなるように，さまざまな社会を改善する（あるいは1つの偉大な社会をつくる）のに使われるべきであるとされている。議論の筋道は以下のようなものである。戦争は社会的制度に過ぎず，人間の本性の産物では必ずしもない。このことはある社会では戦争が存在しないという事実によって証明される。制度は社会的発明なので，ある制度を取り除きたいならば，それに代わる別のものを発明しなければならない[18]。人々が決闘をするのは，社会に決闘の習慣が存在する場合のみである。戦闘による審理が陪審による審理に道を譲るのは，人々が古いシステムの悪い影響を認め，より良いものを発明するときである。戦争は，決闘や戦闘による審理のように，「若者が名声を高めるか仇を討つのを許す，人間社会の多数派に知られている発明に過ぎない」[19]。しかし，戦争を決闘と同じくらい時代遅れにするような社会的発明をどうやって生み出せるのか。マーガレット・ミードが答えを出している。「われわれがすべての人間の多様な才能を活かすような世界を構築したいならば，他文化の学校に行って，それを分析

16　再びクラックホーンを参照：「世界の多様性がいかに大きくても，すべての人々によって共有される，基本的な共通目的への忠誠において，世界はなおかつ1つである」。Kluckhohn, *Mirror for Man*, p. 289.

17　また，どれだけの増加が十分な増加なのか。この疑問については本書第6章で考察する。よりよい理解を通して国際協力を促進する難しさとその可能性については，政治に精通している2人の論客，レイモン・アロン（Raymond Aron）とオーガスト・ヘクシャー（August Heckscher）による，フランス人とアメリカ人の会議についてのレポート"Diversity of Worlds"によく示されている。

18　Mead, *And Keep Your Power Dry*, pp. 182-83, 211-14, 242.

19　Mead, "Warfare Is Only an Invention—Not a Biological Necessity," *Asia*, XL (1940), 402-5.

第 3 章　第 1 イメージからの推論

し，研究成果を合理的に説明しなければならない。機械の世界が中世の手工業と違うのと同じように，世界的規模で編成された，古い世界とは違う世界をつくるようなモデルやパターンをわれわれは見つけなければならない」。できるだけどこからでも何でも学ばなければならない。取り返しのつかないかたちで機会を失うまえに，急速に消滅しつつある原始的部族の知恵を引き出すために，それを研究しなければならない。「熟練の技術者がねじりや圧力や張力を用いるように，文明を分析し，制度や習慣を基礎にして高度に技術的な仕事を理解する多数の男性と女性を」訓練しなければならない。「中国の母親が，赤ん坊の長所を伸ばすために赤ん坊に何を話し，どうやって赤ん坊を抱くのかを，また，ロシアの母親が赤ん坊の長所を伸ばすために赤ん坊に何を話し，どうやって赤ん坊を抱くのかを知らなければならない」。「イギリス人，オーストラリア人，フランス人，ギリシャ人，アビシニア人，中国人，ロシア人，ブラジル人，そしてドイツ人，日本人，イタリア人，ハンガリー人が何を貢献できるのかを」問わなくてはならないとミードは説く[20]。

　これらすべてが何のためなのか，立ち止まって問うたほうがよい。それは平和のため，あるいは，より正確には，われわれの価値をできるだけ平和的に守るためである。しかし，赤ん坊言葉をささやいている中国の母親から，世界平和にいったいどうやってたどり着くのだろう。暴力的な紛争の発生を削減するのに，ハンガリー人，ブラジル人，サモア人について学んだことをいったいどう使えばよいのだろう。ミードは，すべての個人に開かれている機会が最大化し，攻撃的傾向が効果的に妨げられるような新しい社会を建設するために，得られるすべての情報を用いてほしいと思っている[21]。十分に文化人類学が発達していれば，平和のための社会建設の仕方を教えてくれるという彼女のユートピア的な前提をいったん認めたとしても，知識が効果的に働くという彼女の第2の前提については何が言えるだろうか。彼女が訴える変革はどうやってもたらされるのだろうか。彼女が述べる1つの方法は教育である。しかし，カート・ルウィンが述べるように，「社会が教育を変えるのはたやすいが，教育が社

20　Mead, *And Keep Your Power Dry*, pp.9, 235, 249, 256, 259. また，本書第1章の20頁で引用したアイゼンハワー大統領の言葉の2番目を参照。
21　*Ibid.*, pp. 139-40, 187, 240, 256.

57

会を変えるのは難しい」。モーゼは、奴隷の世代が死に絶え、新しい世代が自由に生きられるように、イスラエルを40年間、荒野のなかで導いた。国全体の永遠の文化的再教育をより早くやる方法などないかもしれないと、ルウィンは言う[22]。ルース・ベネディクトは、同じ見解をより肯定的に表現する。「制度によって最も自由な活動余地を与えられても、人間は微小な変化をする以上には発明的になれない。部外者の見地からは、いかなる文化の最も急激な革新も、些細な修正に過ぎない」[23]。そして、奇妙なことに、この結論はミード自身によっても予測されていた。1928年に最初に出版された本のなかで、彼女は、文化における大きく広範な変化は「時間の仕事であり、そこでは個々人は無意識で取るに足らない部分にかかわっている」と書いた[24]。ここでの問題とは、この14年間にミードが考えを変えたことをとりあげて彼女の一貫性のなさを批判することではない。大切なのは、ミードの初期の態度がより現実主義的であったこと、そして、ほかの社会科学者たちが、少なくとも戦争以外のほとんどの問題について著作するときに、最も多く採用したのはそのミードの著作だったという点である。文化人類学者は、行動科学者すべてのなかで、「大きな絵」を視野に入れていることがいちばん多い。彼らはまた、秩序だった社会変化が急速にもたらされることなどを最も期待させない人たちでもある。

決闘との類推は、19世紀平和主義者にとってと同様に、今日の人類学者にとっても間違いのもとになった。人類学者の業績が世界平和を約束するものであるならば、人類学者たちの言うことを聴くことによってわずかずつでも平和へ向かって前進できるかもしれないというのであった。ルウィン、ベネディクト、そしてより保守的であった若い時代のミードは、科学的に集められたデータが重要な社会変化を生むために用いられるという期待については用心深かった。ミードが発した次のような警告は教訓的であった。文化の比較研究によって、彼女は思春期が反抗期であるとは限らないことに気づいた。サモア社会ではそうでないのである。思春期のいらだちは、人間の本性によるのではなく、文化のパターンで説明される。ならば、アメリカの両親がサモアの風習に学ん

---

22 Lewin, *Resolving Social Conflicts*, pp. 4, 55.
23 Benedict, *Patterns of Culture*, p. 76; pp. 226, 229, 251 を参照。
24 Mead, *Coming of Age in Samoa*, p. 154.

第3章　第1イメージからの推論

で子供たちの適応の手助けをしないのはなぜなのか。ミードの次の言葉がそのよい答えになっている。「アメリカの親が，自分の子供に，サモア社会でのように，成人の身体を見たり，その身体的機能を自ら経験することをアメリカ社会で許容される以上に許すとしたら，危なっかしい実験をすることになる。その子は，いったん自分の家という保護区域を越えて外に出ると，そのような行動は醜く不自然だと見る世間の目にさらされて，挫折してしまう」[25]。そのような実験をあえてする親は，益でなく害を与えるのだ。もしすべてのアメリカ人の家族，あるいは大部分の家族が同じような風習を取り入れるならば，アメリカの子供たちはより幸せな青春を過ごせるのだろう。しかし，優秀な人類学者としてミードは，そんなことは起こらないと考えた[26]。たいていの家族は，何世紀にもわたってつくられてきた習慣に反するような行動を意識的・自発的に受け入れたりはしないので，新奇なやり方を受け入れた少数の家族があっても何の効果もないし，その家族の子供たちを傷つけるだけに終わるのである[27]。

　皆が実際に従った場合に合理的である解決策は，少数によってのみ取り入れられた場合には，役立たないというだけでなくむしろ悪いかもしれない。これが社会のなかで親が子供を育てる方法について言えるのならば，社会を平和のために再構成する試みの場合でも同じように言えるのではなかろうか。戦争は，思春期のいらだちと同じように人間の本性に根ざすもの，というわけではない。比較人類学がこれを証明している。しかし，国際社会から戦争を根絶するのは，人間から思春期の欲求不満を根絶するよりもたやすいのだろうか。ベネディクトやルウィンのようにそのプロセスはとてつもなく長い時間がかかるというだけで十分なのだろうか。タイミングの問題，つまり家族や国家のように独立した単位のあいだに同時行動を起こす難しさを，付加的な複雑要因として考慮に

25　*Ibid.*, p. 145.
26　*Ibid.*, p. 154：「しかし，不幸にもわれわれの思春期を悩ませる条件は，われわれの社会の骨肉そのものなのであり，それらが簡単な操作では変えられないのは，われわれが話す言葉を変えられないのと同じである」。
27　親は何ができるのだろう。ミードは，親が子供たちに，何を考えるべきかではなく，どう考えるべきかを教えなければならないと言う。選択をする重荷を受け入れ，寛容になることを教えるべきであると言うのである（*Ibid.*, p. 161）。しかし，これには，新しいセックスの習慣を教えるのと同じくらいのイノベーションが必要になるのではなかろうか！

入れなければならないのではないか。もし一国あるいは少数の国家が、行動科学者を政策担当の地位につけたならば、世界平和の見込みはどのくらい増えるのだろうか。そのような状況では、いかにして「火薬を湿らせないでおく」かについての忠告のほうが、すべての国家によって受け入れられた場合に国家間の平和を約束する妙薬への関心よりも重要かもしれない[28]。

　実行可能性という問題を提起することによって、2つの不変的かつ普遍的な困難が明らかになる。変化に必要な時間と、変化のタイミングである。同じくらい非常に重要な、その中間の困難もある。すなわち、たとえ1つの社会の変革であっても、政策科学者はそれをどうやって始めるのかという問題である。ラズウェルが要は政府を再組織することではもはやなく、心を正しい方向に向け直すことであると言うとき、それは政府組織がより重要性の低い仕事だからなのか、あるいは、少なくともいくつかの国家においては、政府組織はすでにかなりうまく処理されているからなのか。ラズウェルが願わくば変えたいと思っているのはソ連の教育システムなのだろうか、あるいはソ連の政府システムなのだろうか。この質問は何の意味もない。しかし、なぜ何の意味もないのかの理由はおもしろい。ソ連政府をまえもって変化させないことには、ソ連の教育が変わることは考えられないからである[29]。もしソ連の子供たちに行動科学者たちが処方するような種類の教育を提供できるならば、たとえば20年先にはソ連政府の変化を望めるかもしれない。しかし、「もし」は操作化できないし、行動科学によって成り立っている学問分野はそれを操作化する方法を示すことはできない。

　これまで3つの問題をとりあげた。1つ目は速さの問題である。われわれがどのような変化が必要かを正確に科学的に決めたと仮定しても、人々や社会を

28　もちろん、行動科学者たちは、ミードが本の題名で示唆し、時折述べているように、これをどうするのかについて忠告できるかもしれない。*And Keep Your Power Dry*, p. 214 および Mead, "The Study of National Character," in Lerner and Lasswell, eds., *The Policy Sciences* を参照。

29　上記のルウィン（Lewin）を参照。こういった難しさを考えれば、ラズウェルが、世界秩序のまえに世界政府がなければならないとしたのも説明できる。少なくとも以下の文が示すのは、そのことのようである：「世界の安定的秩序の必須条件は、平和的方法によって自らを宣伝し、最大限に使われる必要はめったにない軍事力を独占するエリートを支えるシンボルや習慣である」。*World Politics and Personal Insecurity*, p. 237. 本書70〜73頁を参照。

第3章　第1イメージからの推論

平和のために改変するのにどのくらいの時間がかかるのだろうか。また，2つのレベルにおける政治的問題とも呼べるものがある。ある1つの社会のなかである制度はどう変わるのか。そして2つ以上の社会を扱う場合に生じるさらなる複雑さをどう扱うのか。これらの難しさは，以下の議論で示されるように，行動科学の文献のなかで幅広く考察されている。議論は先の3つの重要な考察をおおざっぱに反映するかたちで，3つの部分に分類される。

　1. イザヤ・バーリンは政治哲学における新しい展望を，「問題の答えは合理的解決策にではなく，問題そのものを除去することにあるとする考え」として特徴づけた[30]。行動科学の文献ほどこの見方の良い実例となるものはない。ねずみ捕りに注目するのをやめて，ねずみを繁殖させる条件に注目できないかと，精神科医の人類学者であるアレグザンダー・リートンは問う。われわれに必要なのは「原因追及に対する内科医の執念であり，症状のみをいじくり回すことではない」と彼は言う[31]。しかし，医者が原因でなく症状を扱うことはたしかにある。たとえば医者が大げさな処方をし，原因がまだそこにあるまま，問題を取り除くのではなく，原因の埋め合わせをするのに甘んじて，人々は不幸せな状況のなかで人生の大半を過ごすこともある。その慣行はめずらしいものではない。フランク・ロイド・ライトは，地震が頻繁に起こる場所に建てられるホテルを設計する問題に直面したときに，「ほら，地震のせいで建物が崩壊している。原因，つまり地震を取り除け。そうすれば君のためにとても素敵なホテルを設計してあげよう」とは言わなかった。政治の世界においても，状況へのこのような適応はよく用いられる。アメリカとイギリスの政府は，かなりうまく働いた機械的組織の例としてとりあげられよう[32]。警察力も，積極的美徳を持つ，そのような機械的発明である。もっとも，リートンの論理が厳密に応用されたならば，社会がねずみを従順な白ねずみに教育するのに専念すべきところ，警察官が，共同体の資源を「ねずみ捕り」に振り向けているのを非難せざ

30　Berlin, "Political Ideas in the Twentieth Century," *Foreign Affairs*, XXVIII (1950), 356-57.
31　Leighton, *Human Relations*, p. 161.
32　長期にわたって多くの人間が生産的に協力できるのは，伝統的に2つのことにかかっている。利害と感情の共同体が存在することと，その秩序を維持する機械的装置を用いることである。行動科学者たちは基本的原因に注目する傾向があるため，機械的装置の不可欠な役割や積極的貢献を見逃すことが多い。彼らには，機械的装置は原因よりも症状を扱うものであるように見えるのである。

るをえなくなるが。

　たしかに視力を補正するにはめがねや望遠鏡を使うよりも，目そのものを治療してもらうほうが好ましい。ライトの問題は明らかにずっと単純化できたはずだし，もし物理科学者が地震の問題をまず解決していたならば，より少ないお金でより素敵なホテルを建てただろう。そして，政府と警察力を整備することよりも，行動科学者たちにとっては人間を改善するのがずっと好ましいのかもしれない。しかし，これが可能だとしても，それがどのくらい時間がかかるのかを問わねばならない。ジェイムズ・ミラーは，1848年からの15年が，平和な時代をもたらすのにちょうど十分な時間であるかのように話している[33]。T. H. ピアーも同じような単純さをさらけ出している。戦争志向の態度は特定でき，態度は社会的学習を通して形成されるので，変えられると彼は述べる。マオリ族や，日本人や，ロシア人によって証明されたように，「文化的パターンはすぐに変えられるので」これを達成するには，ほとんど時間はかからない[34]。歴史的証拠を詳細に調べない限り，この言葉は説得力があるように見えるかもしれない。しかし，すべての社会的変化には，時間と力の関係がある。一般的に，力が大きければ大きいほど，社会的変化はより速く起こる。マオリ族と日本人は両者とも，彼らにとってはほぼ全く新しい強力な文明の影響を急に受けた。その影響下で，彼らは過去の習慣の多くを変えたが，ほかの多くは残した。マオリ族と日本人の場合，物理的強制力が文化的影響によってできた力を補完した。ロシア人の場合はより物理的強制力のみに近かった。いずれにせよ，時間と力の要因両方の観点からいって，どのような変化がいったいどのような手段によって生まれるのか予測するのは難しい[35]。

　ミラーとピアー，そして最悪のときのミードが陥った誤りは，古い合理主義の誤謬，すなわち管理を知識と同一視することである。彼らは戦争をどう終わ

33　Miller, "Psychological Approaches to the Prevention of War," in Dennis *et al., Current Trends in Social Psychology.*

34　Pear, "Peace, War and Culture-Patterns," in Pear, ed., *Psychological Factors of Peace and War*, p. 21.

35　私が知る限り，計画と予測の問題についての最も鋭く誠実なコメントはチェスター・I. バーナードによるものである。Chester I. Barnard, "On Planning for World Government," in *Approaches to World Peace*, pp. 825-58.

らせるかをいったん知れば、問題は解決したと同じだと思っている。つまり、問題はすべて、知ることであり、行動することでは全くないと思っているのである[36]。もし戦争が未熟さや不安[37]、もしくは神経症や不適応[38]、あるいは社会化の過程で直面する欲求不満[39]、さらにはそういった原因の何らかの組み合わせによって起こるのだったとしても、そして行動科学者たちがこれらの原因を除去するために何をすべきかを教えてくれるとしても、まだ仕事は半分以上残っている。世界平和のために、われわれは共同体レベルで「国際関係においてよりよい理解と行動能力を人々が持つように」仕向けなければならないと、アレグザンダー・リートンは力説する[40]。「戦争へと発展する緊張はまだ除去されていないが、人々はそれを防ぐ新しい手段を試みるのが遅い」と、有名なイギリスの精神科医ジョン・リックマンは書いている[41]。「精神的健康なしには平和はない」という彼の言葉に賛同して、オットー・クラインバーグは自著にそれを引用している[42]。人々を改造し、社会を改造できれば、われわれは平和を手にすることができる。これがいま引用したいくつかの例に込められている期待である。その手の期待といったものは、それに平和への願望の基礎をおく者をしてユートピアンたらしめるといった体のものである。しかし、もう1つ別の考え方もある。楽観主義の前提を受け入れながら、その楽観的な調子を拒絶

---

36 H. V. Dicks, "Some Psychological Studies of the German Character," in Pear, ed., *Psychological Factors of Peace and War*, p. 217 を参照：「巨大な破壊的軍事力を使う可能性がある人々を理解し、制御するようにならない限り、われわれは文字通り絶滅の危機にさらされている」。また、ユネスコの緊張対処プロジェクト（現在進行中の活動の要約リストについては、Klineberg, *Tensions Affecting International Understanding*, pp. 215-17 を参照）が戦争を予防する効果的行動とどう結びついているかを考えるのがいかに難しいかに気づくべきである。オールポートが提案する研究テーマのリストについても同じことが言える。Allport, "Guide Lines for Research in International Co-operation," in Pear, ed., *Psychological Factors of Peace and War*, pp. 155-56.
37 Harry Stack Sullivan, "Tensions Interpersonal and International: A Psychiatrist's View," in Cantril, ed., *Tensions That Cause Wars*, ch. iii を参照。
38 John Rickman, "Psychodynamic Notes," in *ibid.*, ch. v を参照。
39 Dollard *et al.*, *Frustration and Aggression*, とくに pp. 88-90; John Dollard, "Hostility and Fear in Social Life," in Newcomb and Hartley, eds., *Readings in Social Psychology* を参照。
40 Leighton, "Dynamic Forces in International Relations," *Mental Hygiene*, XXXIII (1949), 23.
41 Rickman, "Psychodynamic Notes," in Cantril, ed., *Tensions That Cause Wars*, p. 203.
42 Otto Klineberg, "The United Nations," in Kisker, ed., *World Tension*, p. 281.

する人もいる。たとえば，ジョージ・キスカーは，ミラーやピアーと同じ論法で議論を出発させる。平和のためには，人間の「心を理解」しようと努めなければならず，人間の「動機づけ」を扱ってこそ，「問題の根本」に近づく，と彼は論じる。また，世界平和のためには，われわれ自身の家をととのえ，心を正しくすることが先決であるという[43]。しかし，キスカーは心理学者として，次のように結論する。最初の必須事項として澄み切った思考を第1の要件とすることは，全く何の解決策にもならないことを認めざるをえない，と。そしてこう述べる。

> この世の常として，知性や優れた判断力の影響力は続かないので，そのような知性や良い判断力が，近い将来支配的になると信じる理由はほとんどないと言われてきた。人類の心理的・社会的未熟さにかんがみると，われわれの時代の人間が自分自身に折り合いをつけ，他者と平穏に暮らせるようになると望むのはナイーブである[44]。

　知識と管理とを簡単に同一視すると，バラ色だが不毛な楽観主義か，最も暗い悲観主義に陥る。どちらにしても，当初は政策科学の有望性を約束するかに見えたものはたちまちに色あせてしまう。

　2. 平和的世界を構築する処方箋のなかで，ミードは「われわれ」という人称代名詞を使い続ける。「われわれは……世界を構築したいならば」，「われわれがその仕事に取りかかるなら……」，「……モデルやパターンをわれわれは見つけなければならない」，等々と[45]。「われわれ」とは誰で，どうやって平和な世界のために必要とされる変化をもたらすのか。クラインバーグは，人間の心が大切だと強調するユネスコに同意しても，誰の心が重要なのかという問いには答えられないままであると指摘する。「国際紛争に関係する緊張は，一般大衆の心に生じるのか，あるいは，それぞれの国の対外政策に責任がある指導者たちにそれが影響するときのみ重要なのか」[46]。両方とも異なる仕方で重要である，

43　Kisker, "Conclusions," in Kisker, ed., *World Tension*, pp. 303-5, 313.
44　*Ibid.*, p. 316.
45　本書56〜57頁を参照。
46　Klineberg, *Tensions Affecting International Understanding*, p. 4.

というクラインバーグの答えは適切である。エリートは，一般大衆から選び出され，彼らと意見や偏見を共有しているのだとしても，ガブリエル・アーモンドが言うように，「政策エリートやオピニオン・エリート，つまり大衆を組織し，さまざまな集団にアクセスする効果的手段を持ち合わせているような明確な階層」があるのである。「エリートを動員できる者が大衆を動員できるのだ」とも言えるのかもしれない[47]。エリートの役割を勘案すると，行動科学者の説く手法を応用する機会を提供するかのように見える。実際そのように考えた人もいる。

　行動科学のいくつかの成果や結果により広く精通することが，多くの政治的・社会的指導者が日々の仕事を遂行するうえで役に立つと単純に主張すれば，行動科学者の考えは正当化される。しかしもっと多くを意味することもしばしばである。国連のデンマーク元常任代表であったウィリアム・ボルバーグは，世界平和を得る方法は，政府を運営する人たちを訓練し，選ぶために，行動科学者たち（ここでは主に心理学者と精神科医）が知っていることを応用することであるという，かなり普及している見解を明確かつ端的に述べている[48]。人間は平和を欲している。それにもかかわらず，戦争が起こる。ならば，どこか組織に何らかの欠陥があるに違いない。ところがボルバーグは，国際レベルの組織にどこか間違ったところがあるかもしれないという仮説を捨てて，欠陥は大国の指導力にあったのだと結論づける。精神的に不健全な人間が，われわれの一生のうちで2度も，世界の大半を恐ろしい戦争に陥らせるような大風を巻き起こすような地位を獲得したのである。「20世紀半ばという，科学がわれわれの問題のほぼすべてを解決した時代に，支配やイデオロギーのための戦争をする必要があるだろうか」と，ボルバーグは問う。ボルバーグの答えは否である。彼は，希望を精神医学の専門家の能力向上に見出している。精神医学の専門家は，「私のイデオロギーか，あなたの死か」という指導者は，「実際は彼自身の子供っぽい自己中心主義と戦っている，執念に取りつかれ，支配欲の塊のようなゆがんだ人格の持ち主，つまり精神患者であるが，武器を持っている」

47　Almond, *The American People and Foreign Policy*, p. 138.
48　Borberg, "On Active Service for Peace," *Bulletin of the World Federation for Mental Health*, II (1950), 6-9.

のだと気づいている，と彼は述べる。しかし，それに対してどうすればよいのか。「あなたの人間としての義務および科学者としての義務は，あなたの自由になるあらゆる科学的手段によって，その指導者が権力の座に居残るのを妨げることである」と，彼は精神医学の専門家に言う。ジョージ・キスカーはさらに議論を進め，まず心理的な無能力者が権力の座につかないようにすべきであり，政治指導者は，感情，政治的操作，あるいは歴史的偶然以外のものを基礎に選ばれなければならないことに気づくべきである，とする[49]。

これができれば，ヒトラーやムッソリーニ，フランコのような人物や，アメリカの議員のいく人かさえ選別除去できるかもしれない。こうすることによって確実に政府は改善され，平和の見込みも増加するかもしれない。しかし，「われわれ」とは誰であるかは別にして，われわれが世界の政府にその計画を受け入れるよう説得するのは可能であろうか。そして，新しいヒトラーともいえるような狡猾漢がほかの国の選別除去の網目を通り抜けたらどうするのか。精神医学の専門家の持てる「あらゆる科学的手段」を使って彼を除去すべきであるとするならば，暴君殺害（tyrannicide）が科学的方法のなかに含まれなければならないことになる。あるいはおそらく，専門家によるテストが正確ならば，ある国は，十分な確信を持って，新しく奴隷化した国に対して予防戦争を起こすのを進んで正当化できるようになるだろう。1860年代の心理学者たちは平和と安定のために，ビスマルクとナポレオン3世は消え去るべきであると同意したかもしれない。また，パーマーストーンとジョン・ラッセル卿を追放せよと主張する者もいたかもしれない。しかし，心理学者の忠告に従ったならば，戦争を予防するよりも，戦争を引き起こすほうが多かったであろう。

それは，明らかに，ボルバーグが意図するところではない。彼は無害のための助言をしているのである。彼は，ユネスコ憲章の序文を書き換えることに

---

[49] Kisker, "Conclusions," in Kisker, ed., *World Tension*, p. 310. キスカーの言葉は，プラトンや歴史上の多くの「科学的」アプローチを連想させる。行動科学の文献にはこういった考え方の例がかなり多くあり，そのいくつかは本章でも出てくる。際立った例は，ラルフ・リントンによる以下の言葉である：「本当に成功している社会というのは，その構成員が害のない象徴に満足し，不都合なく彼らに報酬を与えられるような目標に向かって努力するよう訓練する社会である」。Ralph Linton, "Present World Conditions in Cultural Perspective," in Linton, ed., *The Science of Man in the World Crisis*, p. 206.

第3章　第1イメージからの推論

よって，平和を提唱している。「戦争は人間の心のなかで生まれる」というかわりに，「平和の擁護がなされなければならないのは，戦争を起こすか否かの決定に最も影響力のある人々の心のなかである」と彼ならば言うであろう。われわれは，指導者たちに，社会科学，とりわけ心理学ができることを説明しようとすべきである。彼らが心を変えれば，平和が得られるのだから。

世界平和へのそういったアプローチは，なぜ戦争が起こるのかの問いに対するすべてのもしくは大部分の答えはわかっているので，あとはすべて政策担当者にそれを聞かせることであるという，単純な前提に基づいている。このアプローチの信奉者はあまたいる。2つの例を引用しよう[50]。ハドレー・カントリルはユネスコ会議の個別および共同成果物を紹介しながら，以下のように書いている。

　もし高度な政策に責任を持っている人々が，共同宣言のなかに込められているこれら8人の社会科学者の合同の忠告に基づいて行動でき，また行動するならば，世界中の人々がいま経験している緊張は，現在そう見えるよりもかなり早いスピードで確実に少なくなると私は確信している[51]。

ゴードン・オールポートは，自身の世界平和への貢献の1つの結論で，以下のように警告している。

　「頭の固い」政治家が，ここで提示されている指針を，不毛な理想主義を表すものとして軽蔑するならば，彼自身が最も非常識な人間であることを露呈することになる。どの分野でもそうであるように，社会分野における科学的事実を無視すると必ず危険をともなうからである。$E=MC^2$ というアインシュタインの等式は，衒学趣味としてかつて退けられたが，その公式は原子力エネルギーの解放を導いた。社会科学の「衒学趣味」は，その応用力が理解され，政策担当者に運用されるならば，平和構築と国際協力に多大な貢献をなすであろう[52]。

50　この例はより政治指向の者たちのあいだにも見られ，なかでも世界政府の提唱者がその最も明白な例であることを指摘できよう。
51　Cantril, ed., *Tensions That Cause Wars*, p. 14.
52　Allport, "Guide Lines for Research in International Cooperation," in Pear, ed., *Psychological Factors of Peace and War*, p. 154; p. 143 を参照：「政策決定者は……記録に残されている社会科学者の忠告につねに心を開くことができるし，また，そうすべきである。そしてそれが良い忠告の場合は，それに従うべきである」。

頭が固いかどうかはともかく,私が政治家だったなら,どの指針に従うべきかを知るのは非常に難しいと考える。これはある行動科学者の忠告の多くがほかの行動科学者のものと矛盾するからだけでなく,1人の人間もしくは1つの集団の合意としての忠告のほとんどが,どうしようもなくあいまいであるか,従うのが全く不可能であるからである。カントリルの8つの「共同宣言」を例にとってみよう。それは,国家の独善に反対する教育システムを提案するものである。それは,国家が他国の立場に立って自分自身を見るべきであると考え,社会科学の分野におけるより国際的な研究を支持している。こうしたかなり具体的な提案のまえに,より一般的な2つの提案がある。すなわち,社会正義を最大化すべきである,また,平和のためには,国家の緊張と攻撃性を御しやすい大きさに保ち,それらを建設的な目的に振り向ける必要があるのだから,「社会組織とわれわれの思考方法における根本的変革が必須である」[53],というのである。この提案では,政府がそれに従った場合,どのようにそれが近未来あるいは遠い未来に世界平和をもたらすのか,わかりづらい。そして平和をもたらす可能性があるものについては,実際的な指針は何ら提示されていない。

　要するに,指導者を通してのアプローチには2つの問題が生じるといえる。どのような忠告を彼らに与えるのか,そしてすべての重要な国々の指導者たちがそれに従うことをどう保証するのか。これまで考察した例では,行動科学者は,最初の問題がきわめて重要であるかのように書いている。実際には,このあと議論するように,2番目のほうがより重要なのである。

　3.　行動科学者たちのあいだでは,解決策が効果を現すまえには,まず国家が何らかのかたちで進んで協力する必要があるとする傾向が際立っている。これは「高度な政策に責任を持っている人々が……合同の忠告に基づいて行動でき,また行動するならば」というカントリルの言葉に反映されている。ジョン・スワントンはさらにこれを明確にし,以下のように書く。「もしさらなる世界組織なしに,地上の国家が平和的に困難を解決し,暴力に訴え続けるすべての国家がそのような解決策を強化するような協力に同意できるならば,そしてその本物の決意の十分な証拠があるならば,戦争の主な葉脈は断たれるだろう」[54]。

53　Cantril, ed., *Tensions That Cause War*, pp. 17-21.

カントリルは，さまざまな国の政策担当者への忠告の内容が何であるべきかよりも，どの集団のものであれ，合同の忠告を彼らが採用するほうがもっと難しいのだという事実を見逃している。スワントンはすべての困難を「もし」の節のなかに入れる。彼らが想定するように，国家間もしくはその統治者間の全員一致で持続的な合意がまず必要ならば，どうやってそのような合意を得るのかについて，彼らは何か言えるだろうか。あるいは，合意ののち，どうやっていくのかを教えられるだろうか。行動科学者があまりに頻繁に述べてきたのは，「もし人間（もしくは社会）がすべて分別があり，合理的でさえあったならば，平和なのに」ということである[55]。彼らは続いて，全く完全にではなくても，それに近い状態に達したならば行動科学は助けになるのだから，それは有用である，といったように書く。ここが彼らを批判せざるをえないところである。言い換えると，問題が解決したあとで，はじめて彼らの方法が有効になるとされるのである。

これを補完する，おそらくさらに広く普及している幻想がある。それは，世界政府がまえもって存在していれば有効となるような解決策を行動科学者が提案するとき，彼らは世界平和の目的を前進させているという幻想である[56]。これは暗示のかたちでなされることが多い。フランスの社会学者ジョルジュ・グルヴィッチは，国際的緊張は主に人工的なものだと見なし，国家が互いに相手についての無知をやめるよう強制し，「すべての国家のラジオ，映画，出版，教科書から，真実の曲解，間違った噂，国家の性格についての不正確な表現など

---

54 Swanton, *Are Wars Inevitable?* p. 33.
55 K. T. Behanan, "Cultural Diversity and World Peace," in Dennis *et al.*, *Current Trends in Social Psychology*, p. 69 を参照：「世界平和の破たんが許されないならば，それは人類の知的・道徳的結束と，価値についての共通の見解に基づいて構築されなければならない。共通の見解は，すべての人々の心に，人生とその問題についての合理的で科学的な見通しが普遍的に発達することによってのみ生まれる」。
56 この変形としては，国民政府が何らかのかたちで改善された場合のみ，それが有用になるという見込みをもって忠告することである。エイブラム・カーディナーを参照：「社会的行動のために経験的に引き出された命令が勝利するのは，より大きく民主主義が勝利し，社会をまとめたりバラバラにして破壊する力の心理構造について洞察を得たいと人々がより望んだ後のみである」。Abram Kardiner, "The Concept of Basic Personality Structure as an Operational Tool in the Social Sciences," in Linton, ed., *The Science of Man in the World Crisis*, p. 122.

を」取り除こうとしている。これは「おそらくユネスコによる何らかの国際的協調行動」によってなされるであろう[57]。相当の協調行動が必要となるのは明らかである。政府の主要な属性を欠いている国際組織によってこれが可能になるなどと想像できようか。できない。しかし，グルヴィッチは，彼が提案するプログラムのこの部分について，ほかの例と同じく，明らかに社会学的に考えている[58]。ゴードン・オールポートの推論も似ている。「戦争の不可欠な条件は，人々が戦争志向の指導者のもとで，戦争を起こすまえに戦争を予想し，それに準備しなければならないということである」と彼は書いている。ならば，戦争を終わらせる方法は，戦争を予想することをやめることである。「指導者と追随者，親と子供の予想を変えることによってのみ，戦争をなくせるだろう」。予想の変化がどうもたらされると彼が考えているのかわかるまでは，これには多少当惑させられる。オールポートが言うには，国連は，「予想を変えることに打ち込み，紛争の平和的解決を可能にする手段を提供する。国連の成功は，人々や指導者が本当にそれが成功すると予想すれば，すぐに確実になる」。そして彼は，「国際組織は戦争を除去できると人間がしっかり確信するならば，最終的にそうできるだろう」と結論づける[59]。国家がほかにいかなる不一致があろうと決して戦わないという，魔法のように完璧で永続的な合意を達成する以外，あるいは伝統的に政府が持っていたパワーを国連が持つ以外，この予想がどうやって実現するのか，オールポートが書いたものはどれも，その点を明らかにしていない。

行動科学者のなかには，彼らが提案する心理的もしくは社会的解決策を実現するために，将来的な世界政府の必要性を暗に示唆する者もいれば，これを明確に唱える者もいる。いかなる戦争行為を導く原因にも計り知れない複雑さと矛盾があることに行動科学者は気づいているために，世界政府が必要であると

---

57 Georges Gurvitch, "A Sociological Analysis of International Tensions," in Cantril, ed., *Tensions That Cause Wars*, p. 252.

58 たとえば，教育政策についての問題をめぐるフランスでの政治的議論の長い歴史をグルヴィッチが思い出したなら，彼は楽観的でいられたであろうか。その議論は，戦間期には，教師の国民的・軍事的態度を公式に疑うことに根ざしたものであることが多かった。

59 Gordon W. Allport, "The Role of Expectance," in Cantril, ed., *Tensions That Cause Wars*, pp. 48, 75, 77.

第 3 章　第 1 イメージからの推論

いう結論に追いやられるのかもしれない。「恐怖が戦争を好み，安全の感覚が平和を促進するということ，戦争が憎しみによって，平和は愛によって動機づけられるということ，あるいは戦争は競争と攻撃性の習慣によるものであり，平和は協力の習慣によって促進されるものであるということは，非常にゆるやかな，一般的な意味でのみ言えることである。国家への愛は明らかに戦争の顕著な動機づけであり，恐怖と憎しみは平和を促進するのに用いることもできる」とマーク・メイは指摘する。このことは，国家が互いに平和的な歴史を持つ場合は，矛盾する心理的態度に基づく多くの要因があるというメイの観察からきている。それらは，戦争の恐怖，敗北と戦争の結果への不安，共通の敵に対する恐怖に基づく友好関係，宗教的もしくは教育的な力によって促進される平和主義，共通の文化的つながりに基づく友好関係，のすべてである。であれば，平和は矛盾する感情や動機づけが混じり合ってできあがっているということになる[60]。

　メイの主題は，「社会的態度や意見，とりわけ戦争と平和にかかわる社会的態度や意見を決定する条件は，大部分，社会的条件づけの産物である」というものである。しかし，どのような種類の社会的条件づけが，歴史事実上，平和の時期を生んだ軍事力や感情の特殊な組み合わせを多くの国家に生み出せるのだろうか。メイにとって，困難をしのぐ方法がたった 1 つある。平和を欲するならば，より大きな集団への忠誠心を学ばなければならない，ということである。そしてわれわれが忠誠心を学ぶまえに，われわれが忠誠を誓う対象がつくられなければならない。独立主権国家間の平和に対して社会心理学が提供する希望はほとんどない。強力な中央集権的権威，すなわち世界政府が平和の「心理的」基礎になる[61]。最後の文の「心理的」という言葉の奇妙な使い方を除いて，メイ

60　May, *A Social Psychology of War and Peace*, pp. 220, 225. Freud, *Civilization, War and Death*, ed. *Rickman*, p. 90 を参照。
61　May, *A Social Psychology of War and Peace*, pp. 21, 30, 228-34. これは，世界政府を平和の経済的基礎と呼ぶようなものである。メイは，「心理学的」という言葉を包括的な意味で使っている。平和の「心理学的」基礎はこうして，彼の頭のなかでは，政治的なものであれ，ほかのものであれ，必要とされる基礎すべてということになるのである。このことによって，「心理学的」という言葉の正確な意味は失われるが，心理学者としての彼の守備範囲には，大半の心理学者が考えるよりも多くの関連要因がもたらされることになる。

71

は，心理学と社会心理学はそれらが働く政治的枠組みに依存しなければならないと明確に述べている。ラザースフェルドとナプファーも同じ論点を同じ理由で指摘している。「戦争に対する憎悪に関して言えば，ここ2, 3 年を見ると，国家が戦争をしたがらないことによって，他国の攻撃性が単に助長されるだけかもしれないことがわかる。国家間の競争意識を駆り立てる社会心理的力はあまりに強いので，『あらゆる場所のすべての人間』や『国際協力』の理想へのあいまいな忠誠によってそれを抑制することはできない。人々が新しいアイデンティティーと超国家的忠誠心を構築できるような，具体的な国際的権威が必要と思われる」。いったんそのような展開になれば，マスコミのようなほかの技術が有利に使える，と彼らは付け加える[62]。

同じ結論を導く密接に関連した理由は，先に強調したように，政策科学のすすめる方法は非常に時間がかかるという事実である。このことは E. F. M. ダービンによって非常に明確に力強く主張されている[63]。「戦争は，変容した個人の攻撃性が，集団生活のなかで，また集団生活を通して表現されるためである」というのが彼の主題である。個人の性格は，遺伝的な性質並びに環境にも由来するものなので，「われわれの不変の遺伝的要素が発達する環境のほうを変えることによって，大人の行動の性格を変えること」が可能かもしれない，というのである。われわれは，「自分の権利を守りながらも，他者に平等の権利を進んで容認し，紛争解決において第三者の判断を受け入れ，いじめず，屈辱も受けず，法を守るためのみに戦い，建設的で公正な社会の積極的かつ友好的な成員でいる男女の世代」を育てられるかもしれない[64]。これは可能かもしれないが，われわれの努力が国際関係の進路に影響をもたらすまで，早くても数世代はかかるだろう。「当面は，これが存在するすべての希望ならば，われわれは6つほどの戦争で滅びるだろう」[65]。しかし，これが希望のすべてではない。

---

62 P. F. Lazarsfeld and Genevieve Knupfer, "Communications Research and International Cooperation," in Linton, ed., *The Science of Man in the World Crisis*, p. 466.
63 Durbin and Bowlby, *Personal Aggressiveness and War*. 以下の議論は pp. 40-48 に基づいている。
64 国際関係の問題に文化人類学者や心理学者の研究成果を応用しようとした政治学者の結論を参照：「人間の心の理論の目標は，単に自分たちを奴隷にする目的を持った者に抵抗する意志を人間から奪おうとするのではなく，暴力の脅威をまえにその抵抗力を強化することでさえある」。Dunn, *War and the Minds of Men*, p. 11.

なぜならば，ここで展開した理論は，「社会研究のためのほかの多くの重要なことのなかでも，政府の価値の理論を示唆している」からである[66]。ダービンによれば，人間の根本的攻撃性が戦争の原因である。人間を変えることによってその原因を取り除けば戦争をなくせるが，人間をすぐに変えることはできないし，どのみちわれわれは攻撃性のすべての要素を除去することなどは望めない。したがって，われわれは最初に，原因ではなく，症状，つまり少数の攻撃的な者を強力に抑制するアプローチに頼らなければならない。このことはダービン自身の言葉で要約する価値がある。

> したがって，見たところ，戦争の頻度と暴力を減らすには，たった2つの方法しかない。1つは，新しいタイプの感情教育によって，人間の性質のなかの究極的な戦争原因を除去することをめざした，緩慢かつ治癒的で平和的なものであり，もう1つは症状，つまり攻撃的国家に対する軍事力による抑制を目指した，直接的で威嚇的なものである[67]。

しかしこの時点で，これ以上何が「原因」で，何が「症状」なのか言えるのだろうか。たとえば，1つの政治構造が平和をもたらし，別の政治構造が戦争をもたらすとすれば，後者は戦争の「原因」であると的確に言える。この論法はまさに，「戦争がしたくてうずうずしている」人間と，非常にうまく順応しているため正しい理由のためにだけ戦う人間（ダービン流にいえば）とを区別し，前者の存在が戦争「原因」（あるいは別の表現では「基本的原因」）であると述べる心理学者が用いるものである。もし進んで戦う人間がいないなら，戦争はない。この論法からすると，人間が全員戦わないように操作することによって，戦争の「基本的原因」に取り組める。同じように，われわれは，「フランス国内

65　Freud, *Civilization, War and Death*, ed. Rickman, p. 95 を参照：人間が変化すれば平和が訪れると信じる者は，「粉の挽き方があまりにも遅いため，小麦粉ができるまえに人間が飢えで死んでしまうような製粉場を思い起こさせる」。
66　Tolman, *Drives toward War*, p. 92 を参照：「政治学と心理学は一体となって，われわれが自己保存のために連盟を結ぶ必要性を教えるべきである」。
67　再び Freud, *Civilization, War and Death*, ed. Rickman, p. 88 を参照：「戦争を終わらせる確実な方法は1つしかない。それは，共通の同意によって，あらゆる利害対立に結論を出す中央の統制機関を設立することである。これには2つのことが必要である。1つは最高裁判所の創設，もう1つは十分な執行力をもってそれに注力することである」。

では人間は戦争をしないが，フランスとドイツとのあいだでは戦争をする」といえる。とすれば，国家および国際レベルの異なる政治組織によってこれを説明しなければならない。政治構造を操作することが，結果的には戦争の「基本的原因」に取り組むことになるのである。

結　論

　科学が研究の積み重ねで発展する可能性を立証したことを，ガリレオは自分の最も重要な貢献の1つと考えた。たとえば，彼のある著作のなかで「証明するのに成功した事実」に言及したあと，「そしてより重要だと考えるのは，ほかの人々が遠い場所を探求する方法と手段が，この広大で非常にすばらしい科学に開かれたことである」と，彼は付け加えている[68]。自然科学は先達の力を借りて，より高いところに到達できる。行動科学者も，同じように前進できるという希望，そしてときには確信，をしばしば表明する[69]。しかし，今日までのところ，彼らは前進していない。多くはこれが真実であることを認め，それを，たとえば物理学や生物学と比較して，学問分野として若いせいであるとする。この説明は，基礎研究と研究道具の改善の時間がより多くあれば，組織化された社会問題のデータが次第に増え，行動科学はそれを応用することによって，自然科学の成果に優に匹敵するような社会の変革を達成できるだろうという期待を暗に含んでいる。

　社会科学者は研究の蓄積をめざしながらも，過去のパターンを繰り返す傾向をよりはっきりと示す。そのため，この章の中心部分で引用した例には啓蒙哲学者の方法を思い出させるものもあれば，19世紀自由主義者の楽観主義を想起させるもの，人間を挫折させる制度はすばやく捨て去られ，より役立つものにとって代わられるというマルクス主義者の安易な前提にかつて見えたもの，また，近代平和主義者の胸を打つ信条を思い出させるものもある。この順番で思想のパターンの繰り返しの例を少し引用することによって，より方法論的かつ

---

[68] Galilei, *Dialogues Concerning Two New Sciences*, tr. Crew and De Salvio, pp. 153-54.
[69] 確信を持った希望の例として，Leiserson, "Problems of Methodology in Political Research," *Political Science Quaterly*, LXVIII (1953), 567 を参照。

形而上的な批判によってほかの者が明らかにしてきた社会科学の限界が示されよう。

ヘルベティウスは,「人間が可能な限り最も幸せな方法で共存するために発明した方法の科学」である道徳は,「人々がより多くの知識を獲得するにともなって進歩する」と考えた。そして同じ確信を持っていたディドロは,そのような知識を深め,普及させるために百科全書を考案した[70]。これは,上で述べた行動と知識を同一視する立場に最も似ている。そして,この2つの立場は,時代は違うがゴードン・オールポートが平和のためには「すべての人々の抱負,信条,習慣における統一性と類似性の百科全書」がなくてはならないと述べる内容において一致している[71]。17世紀の科学の成功によって18世紀の科学的政治学が生まれた。その思想はヒュームの論評に見出すことができ,より最近ではニーバーやカスルリーといった批評家によって新しくされることになったのである[72]。

19世紀自由主義者との類似性も鮮明であることが多い。ノーマン・エンジェルは,戦争は非経済的な試みであるという古典的経済学者の確信を広める目的を果たしてきた。エンジェルは,古典的経済学者が考えたように,国内でたたき込まれた教訓を守れば,戦争が起こることはもはやないと信じていた。その条件の幅を広げても,社会学者W. フレッド・コットレルが同じ幻想の餌食になった事実を覆い隠すことはできない。平和が可能になる5つの模範的な状況を区別したあとで,彼は,エリートにとって戦争は報われない行動様式だということが明らかであるような状況が最も有望だと宣言する。最後の段落で彼は,彼の要点と私の要点の核心をついている。「平和への現在の必須事項のなかで,

---

70　Helvétius, *A Treatise on Man*, tr. Hooper, p. 12n. ディドロが,百科全書の目的を,とりわけ「教養と同時に徳と幸福とを人々に与えるため」と記している論文を参照：Diderot, "Encyclopédie," in *Oeuvres complètes de Diderot*, ed. Assézat, XIV, 415.

71　Arne Naess, "The Function of Ideological Convictions," in Cantril, ed., *Tensions That Cause Wars*, p. 289 に対するオールポートのコメントである。トーマス・マンの『魔の山』では,19世紀自由主義者を鋭く特徴づけ,マッツィーニをモデルとしているセッテンブリーニが,いま述べた者たちに共通の幻想にあおられて仕事をしながら同じようなプロジェクトに人生の大半を費やした。

72　引用可能な多くの者のなかからカスルリー（Casserley）を挙げるのは,彼の批評が根本的なものであり,彼の著作がアメリカの社会科学者たちにあまり知られていないからである。彼の *Morals and Man in the Social Sciences* を参照。

現在その存在が疑われる唯一のものは,価値の追求において,戦争が平和に劣っているということをすべてのエリートが明確に理解しているかどうかである」[73]。行動科学者は,方法論的に多少弱い19世紀の自由主義者のように見えることが多い。コットレルの文章を続けて読むと,彼とマルクスとの関係,そして両者が啓蒙主義の科学的政治に負っていることも明らかになる。「しかし,たとえこの評価が間違っており,戦争が現在の状況下で行われることが明らかになったとしても,いま強力なエリートから戦争を選ぶ能力を奪うために,構造やそのほかの条件がどう変わらねばならないか,あるいはエリートが戦争を選ばないようにするためにいま存在する条件がどう変わらねばならないかを研究によって示すことができる。おそらくエリートたちはいま,戦争の結果についての何らかの計算をもとに決断すると思われる」と彼は続ける。知識は管理を導く。管理が可能なのは,制度は無限に操作可能であり,ゆえに人間も無限に操作可能だからである。(あるいは逆に人間が操作可能なゆえに制度もそうなのか)。少なくとも1つの点についてより現実主義的なマルクスは,力と変化の関係に気づいていた。大きな変化は難しいので,人間が「時代のがらくた」を除去するには革命が必要である,と彼は考えた[74]。しかしマルクスは,主要な力が一度作動し始めると,予測したり管理するのは不可能であるという事実を見逃していた点で間違っていた。究極的に,コットレルとマルクスは政治の合理主義者であり,マルクスは社会主義革命に続く理性の有効性を過大評価し,コットレルもまた,彼が提案した人間のあり方に革命がもたらされることについての理性の有効性を過大評価していた。

　最後に,平和主義者と多くの行動科学者が共有している特質を考慮すると,精密な国際政治理論が欠如しているなか,見つけられる原因や提案される救済策は,しばしば,われわれを囲む世界の客体や事件よりも,気分や訓練に密接に関係しているという一般的な点がわかる。アレグザンダー・リートンのような平和主義者の訴えは,根の深い戦争原因を取り扱うためのものである。ある者は精神の領域から,また別の者は精神医学の技術でもってこれにアプローチ

---

[73] Cottrell, "Research to Establish the Conditions for Peace," *Journal of Social Issues*, XI (1955), 14, 20.
[74] Marx and Engels, *The German Ideology*, tr. Pascal, p. 69.

する。平和主義者は，待ち，人間が神の意図したように行動することを静かに期待するか，かつて山を動かしたといわれ，おそらく再び動かせるであろう信仰に他者を回心させようとする。信仰と勇気と人格が必要なのである。行動科学者も時折，それがそれだけ必要かについて，同じくらい問い，同じくらい不十分な答えを示してきた。たとえばヘルムート・カリスは，平和の手段を特定しようとし，以下のように書いている。「われわれの社会的関係に科学的知識を応用する勇気と人格をわれわれが持つや否や，文化の創造者である人間は，同時に，人類のために，生活における最大のご褒美を得る文化的方法を見つけることができてしかるべきである」[75]。

　これらすべての要点は，行動科学者に可能なすべての貢献がすでになされたにもかかわらず，なお欠けているということではない。むしろ，それらの多くの者によってなされた貢献が，国際的行動の政治枠組みの重要性を理解していないことによって，無益になったということである。そのような状況では，より平和的な世界構築のための処方箋が実際的価値を持つのは偶然のときだけである。

　すべての人間が完全に賢く，自己管理できるならば，戦争はなくなるだろう。すべての欲求を満足させ，すべての人間の潜在的な破壊的衝動のはけ口を提供するような共同体が普遍的に構築されるならば，戦争はなくなるだろう。しかし，ここで示されている原因の分析は不十分であり，不十分な分析に基づく処方箋は，役立たない夢想家のものである。役立たない夢想家が目覚めたとき，彼らはジョージ・キスカーのように悲観主義者になるか，分析を拡大して関連する因果要因をより多く含めるかである。政治構造との関連性は，メイやダービンのように，世界政府をまず設立するという規定を平和のための社会心理学的提案に加える人々によって評価されている。彼らの何人かが気づいていないのは，それによって，解決策が社会心理的というよりも政治的になるということであり，必要とされる世界政府のようなものを関係者が設立する方法を考案しない限り，何の解決策も提案していないということである。社会心理学的リ

75　Callis, "The Sociology of International Relations," *American Sociological Review*, XII（1947）, 328.

アリズムは，ここで政治的ユートピアニズムを生んだことになる。もう一方の極端は，政治の役割を単純に無視し，反政治的解決策があたかも真空状態のなかで作動するかのようにそれを提案する者である。実際に彼らは「これらの提案が戦争の問題を解決するのは誰かがそれらを受け入れたときのみである」という。どちらの手順をとってもうまくいかない。

固定された原因と操作可能な原因とを区別できないことそのものも，少なくとも部分的には，社会行動の政治的文脈を無視することの結果である。この章では，ラズウェルの「予防政治」が特定の政治システムの存在を想定していることを指摘した。おそらくその想定が明白になされていないことが多いために，多くの行動科学者が国内政治から国際政治へと彼らの才能を移す際に，その妥当性が彼らの見解のなかに失われてしまうのである[76]。戦争と平和のテーマについての行動科学の文献をざっと調べれば，この事実に気づくはずである。たとえば，クラインバーグは，戦争の理解とその防止に寄与できる行動科学者の過去の活動を調査するなかで，政治について全く述べていない。オールポートは，心理学と精神医学が，まさにいまの国際関係を理解するのに十分であると考え，「長期的な原因としては，社会的，歴史的，経済的影響が決定的であることは多いが，政治的影響はそうではない」と付け加える[77]。クラインバーグの調査のまえがきのなかで，ドナルド・ヤングは，以下のように書いている。「1つの国の国境内の個人間および集団間の関係について学んだことは，適切な方向づけをし直すことによって，国境の複雑な効力が関係している場合であっても人々の行動理解に応用できると信じる理由はいくらでもある」と[78]。しかし，どのような方向づけのやり直しが「適切」なのか考慮されることはめったにない。そのような「適切な方向づけのやり直し」なしには，行動科学者の洞察は，ばらばらに散らばっているたくさんの真珠やガラスのビーズのようなものであ

---

76 クラックホーン（Kluckhohn）の *Mirror for Man* とリートン（Leighton）の *Human Relations* を評するアーモンドの言葉を参照：「文化人類学者たちが，近代国家の国際関係に彼らの仮定を当てはめる際，彼らは近代政治学についての専門知識があまりにも欠けている」。Almond, "Anthropology, Political Behavior, and International Relations," *World Politics*, II (1950), 281.

77 オールポートは Sullivan, "Tensions Interpersonal and International," in Cantril, ed., *Tensions That Cause Wars*, p. 136 を批判している。

78 Klineberg, *Tensions Affecting International Understanding*, p. viii.

る。その価値は大きいかもしれないが，象眼(ぞうがん)にはめ込まれるか紐につなげられなければほとんど役立たない。

　数学と経済の関係が示唆に富んだ例えになる。ほとんどの経済学者は，数学が，経済学者が種々のデータを扱う能力を向上させたと同時に，経済理論に重要な貢献をしたことを認める。貢献が可能なのは，経済学者が数学者になるか，数学者が経済の問題と理論についての十分な知識を進んで得ようとする場合である。数理経済学の草分けであり，経済学者になるまえは著名な数学者だったアルフレッド・マーシャルは，数学の定式化を試みるまえに，経済理論に夢中になっており，そのときでさえ数学的分析の役割を過度に見くびり続けていた[79]。数学は経済学に貢献してきたが，経済学にとって代わってはいない。経済学への貢献は価値あることだが，経済学にとって代わるのは不可能である。しかし，極端なところでは，行動科学者は，戦争と平和は政治的問題ではなく，個人と社会の適応の問題であると主張している。そしてさほど極端でない人は，自身の洞察を進言するまえに，政治的問題や国際関係理論を研究する気があまり湧かないことを露わにする。むろん彼らがすべて悪いのではない。経済理論の主要部分を見分け，望むならば研究することは簡単にできる。しかし，とりわけ国際関係論の分野における政治理論は，見つけるのがより難しい。これは，理論の重要性がここではより低いということではなく，より難しいということを意味するか，あるいは難しいというより，すっきりした解決策への応用に簡単につながるような理論を求める者にとっては，それはさほど感銘を与えるものではないと言ったほうが妥当だろう。

　行動科学者のなかには，戦争の問題を最終的に解決するために何ができるかは適切な政治的条件の確立にかかっており，当面できることは不安な世界のなかで政府が平和維持もしくは戦争に勝利するのを助けることであると，明確に述べてきた者もいることは認めなくてはならない。国際政治の構造の重要性がより完全に理解される度合いに応じて，達成可能なことの限界は狭まる。同盟国といかに協調して仕事するかといった具体的な問題に直面する行動科学者は，われわれが検討してきたような種類の誤りを犯す可能性がより少ないことが

79　Hutchison, *A Review of Economic Doctrines*, pp. 63-74.

はっきりとわかる。このことも，行動科学者が十分に政治を考慮に入れれば入れるほど，平和に貢献しようとする努力は，より賢明で慎み深いものになるという，いまの論点を例証するものに過ぎない。

第4章

第2イメージ
——国際紛争と国内構造

> 世界のイメージのなかでどうとらえられようと，外交政策は国内政策の避けられない一面である。
> ——チャールズ・ビアード『アメリカの外交政策』

　第1イメージは国家の影響を排除することはなかったが，国家に与えられる役割は人間の行動よりも重要性が低く，また，人間の行動の観点から説明されるべきものとされた。第1イメージによれば，国家が行動するということは換喩である。やかんの水が沸くのを意味してやかんが沸くと言うように，その国内に住む人々が行動するのを意味して国家が行動すると，われわれは言うのである。先の章では，容れ物（国家）ではなく中身（人間）に注目したが，この章ではその重点のおき方を変えて，前者（国家）に注目することにする。この比喩を続けると，蛇口から出る水は，化学的には容れ物のなかの水と同じであるが，水がいったん容れ物に入ると，異なったかたちで「行動する」ようになるのである。水は蒸気に変わってエンジンを動かすのに使うことができるし，水が閉じ込められて過度に高い温度に熱されると，破壊的な爆発の道具にもなる。人間の本性がなければ戦争は存在しないであろうが，ならば日曜学校も，売春宿も慈善団体も暴力団も同じく存在しないであろう。すべてが人間の本性と関連しているので，何かある事象を説明するには人間の本性以外のものを考えなければならない。説明されるべき事象があまりにも多く，あまりにも多様であるため，人間の本性が唯一の決定要因になることはありえないのである。

　心理学によってすべてを説明しようとする試みは，結局のところ，心理学で

は何も説明できなかったということになる。また，分析に社会学を持ってきても，それは単に心理学中心主義の誤りを社会学中心主義の誤りに代えるだけである。たとえば，スピノザは，個人の行為の原因を推測する際に，社会構造の役割に言及するのを忘れるという誤りを冒したが，社会学者は社会学者で，戦争と平和の問題に取り組む場合に，個人的および社会的行動が生じる場合の政治的枠組みについての言及をすべて見落とすという誤りをしばしば冒した。結論は明らかである。戦争と平和を理解するには心理学や社会学の成果を補完し，それに秩序づけを与えるための政治分析が必要になるということである。ではどんな種類の政治分析が必要なのか。戦争の発生と不発生についての可能な説明として，国際政治を考えることもできるし（戦争は国家間で起こるのだから），国家そのものを考えることもできる（戦闘が実際に行われるのは国家の名においてであるから）。前者のアプローチについては第6章まで待つことにするが，第2イメージによれば，国家の内部組織が戦争と平和を理解する鍵である。

　第2イメージの1つの説明は以下のように示される。戦争はしばしば関係国それぞれの国内統一を促す。ならば，国内闘争に明け暮れている国家は，偶然の攻撃を待つかわりに，国内平和をもたらすべく戦争を起こすこともできる。ボダンはこのことをはっきりと見通し，「国家を維持し，騒乱，反乱，内戦から国家を守る最良の方法は，臣民を互いに友好的にさせておくことであり，その目的のために，臣民が一致して共通の大義を持てるような敵を見つけるべきである」と結論を下している。そして彼は，「市民の敵に対抗するよりも優れた，あるいは効果が確実な内戦への対策は見当たらない」としたローマ人の例が，とりわけこの原則が適用できる歴史的証拠だと考えていた[1]。ウィリアム・ヘンリー・セワード国務長官が，国家の統一性を促進するために，スペインとフランスに宣戦布告する可能性も含めた精力的な外交政策をリンカーンに強く勧めたとき，彼もこの論理に従っていたのである[2]。19世紀の第3四半世紀の有力なロシアの将校であったミカエル・スコベレフが，対外的に大きな軍事的成功を収めない限りロシアの王政は滅亡すると主張したときも，テーマは異なっ

1　Bodin, *Six Books of the Commonwealth*, tr. Tooley, p. 168 (Book V, ch.v).
2　"Some Thoughts for the President's Consideration," April 1, 1861, in Commager, ed., *Documents of American History*, p. 392.

第4章　第2イメージ

ていたものの，論理はほとんど同じであった[3]。

　戦争を起こす国家の対外行動を説明するのに国内的欠陥を用いる方法には，多くの形態がある。そういった説明は，一般的に悪いと考えられている政府の種類に関連していることもある。たとえば，専制君主のせいで臣民の生活物資が欠乏していると，対外的な冒険的行為につながるような緊張が生まれると考えられることがよくある。あるいは政府そのものが悪いと考えられていなくても，政府内の何らかの欠陥によって説明されることもある。たとえば，市民の権利を守るために政府に課された制約は，外交政策を策定し遂行する妨げとなると論じられてきた。こういった制約は，もともとの目的は称賛に値するものであっても，世界の平和維持のための政府の効果的行動を困難にしたり不可能にするという不幸な結果をもたらすこともある[4]。そして，最後の例として，地理的あるいは経済的困難，あるいは非常にあいまいでどう名付けていいかわからないような困窮状態の観点から説明できるかもしれない。たとえば，まだ「自然の」国境まで到達していないとか，国境が自国の安全のために必要であるとか，自国が権利を持つ範囲まで国家を拡張するのに戦争が正当もしくは必要でさえある，などと国家が主張することである[5]。このテーマのバリエーションとしては，今世紀非常に人気がある「持たざる者」の議論がある。この議論は，なぜ「恵まれない」国々が戦争をするかを説明するのと，平和を恒久化するために必要と考えられる補償的調整を「持てる」国々に促すのと，両様に使われてきた[6]。

　上に挙げたのは，第2イメージの一部，すなわち国家の欠陥が国家間戦争の原因であるという考えをさまざまな仕方で示す例である。しかし，国家の欠陥

3　Herzfeld, "Bismarck und die Skobelewepisode," *Historische Zeitschrift*, CXLII (1930), 296n.

4　Sherwood, *Roosevelt and Hopkins*, pp. 67-68, 102, 126, 133-36, 272, とくに931を参照。また，Adams, *The Education of Henry Adams*, p. 374のなかのヘイ国務長官の言葉も参照。この場合の欠陥は，国が平和的政策を施行する能力を低下させると思われているものである。ほかの例では，欠陥は，国が戦争をする傾向を高めるものと考えられている。

5　バートランド・ラッセルが1917年に書いた以下を参照：「国境が民族的境界とできるだけ一致して初めて，良い国際システムが望める」。Russell, *Political Ideals*, p. 146.

6　Simonds and Emeny, *The Great Powers in World Politics*, passim; Thompson, *Danger Spots in World Population*, とくにPreface, chs. I, xiiiを参照。

を除去するだけで永久平和の基礎が築かれるとまでは信じなくても，いくつかの国家もしくはすべての国家の欠陥によって戦争が説明できると考えることは可能である。この章では国際関係のイメージは，主として前向きなかたちでとらえられている。すなわち，考察の対象とされるのは，国家を改造することによって戦争を減らしたり永久に根絶できるという命題である。しかし，どうすれば国家の構造は変わるのか。何が「良い」国家の定義の基準となるべきなのか。国際関係のこのようなアプローチを採用する人々のあいだには，こうした問いについていろいろな定義の仕方がある。カール・マルクスは「良い」国家を，生産手段の所有権の観点から定義する。イマニュエル・カントは抽象的な権利の原則の観点から定義する。ウッドロウ・ウィルソンは民族自決と近代民主組織の観点から定義する。それぞれの定義において異なる項目が最重要として選び出されるが，いずれもすべての国々が改革された場合にのみ，世界平和が訪れると主張する点においては一致している。つまり，処方された改革が世界平和への十分な基礎と考えられているのである。むろん，これでこの命題のすべてが論じ尽くされるわけではない。たとえばマルクスは，国家は，社会主義になるとやがて消滅すると信じていた。戦争が国家間の暴力的紛争と定義されるならば，戦争の問題は，国家の消滅とともに存在しなくなるだろうと考えたのである[7]。カントは，共和国は，国家そのものによって制定された法律によって統治されるべく進んで合意すると信じていた[8]。ウィルソンは，より良い国際理解，集団安全保障と軍縮，国家の世界連邦など，平和に必要な多くの要件について力説した。しかし，歴史は，平和のためのそういったいかなる企画においても，非民主主義国家の確実な協力は望めないということをウィルソンに示すことになったのである[9]。

　これらの人々は，処方された方法による国家の改革が世界平和のための必要条件と考えた。そのような例はたくさん挙げることができる。古典経済学者のなかにも，また社会主義者，貴族制論者，君主制論者のなかにも，さらに民主主義者，経験主義者，現実主義者，観念論的理想主義者のなかにも，自分たち

7　本書第5章，120~22頁を参照。
8　本書第6章，152~54頁を参照。
9　本書112~14頁を参照。

が望ましいと考えるような国内組織の形態が普及した場合にのみ平和は達成されると信じた人がいる。平和を構築するために必要とされる国家の組織形態に関する処方箋は，戦争をもたらす際の国家の役割についての彼らの分析を反映したものである。異なるいろいろな分析を詳細に比較することもできるが，われわれの目的は，その分析の内容を比較することよりも，原因分析を対策についての処方箋に変える際に無意識のうちになされる前提を特定し，批判することである。その目的のためにわれわれは，19世紀自由主義者たちの政治思想をとりあげて吟味する。国内的条件が対外行動を決定するというのが彼らの主張なので，彼らの国内政治についての見解をまず考察する必要がある。それによって対内的政治行動と対外的政治行動の戦略の関連性を見出せるようになるだろう。

国内政治――自由主義の見解

　ホッブズによれば，自己保存が人間の第1の関心事であるが，競争によって敵対心や不信感が生じ，また自己中心的でプライドが高く，復讐心に燃えている人間がいるため，自然状態にある者は皆，自己の安全について恐れ，自分自身が傷つけられるまえに他者を傷つけることをねらっている。自然状態においては，人生は不愉快なものなので，人間は，個人では見出せない安全を集団のなかに見出すべく，国家をあてにする。国家は，恐ろしい自然状態への対策である。ホッブズにとって，社会は存在せず，一方には手におえない個人，そしてもう一方には政府があるだけなので，国家は強力でなければならない。ホッブズは，自由を，制約がないこととして定義したが，人間が自由を享受しようとするならば一定の自由を犠牲にしなくてはならないし，同時に，生き残りたいというますます強くなる衝動を満足させなければならない。

　ホッブズのこの分析では，個人，社会，そして国家という3つの主要な変数がある。最初の2つの変数は，国家が責任を引き受けるべき機能の範囲と種類を決定する。個人についての理論では，国家は従属変数になる。18世紀後半から19世紀のイギリスで主流であった思想に属する人たちは，ホッブズと同じように個人中心に考えたが，人間の本性についてのホッブズの見解を通常は拒

否し，利己的動機づけによる行動の社会的結果についての彼の意見をつねに却けた。彼らの大半は，まず一方では，一般的に人間はかなり善良であるとし，他方では個人の行動が自分本位であったとしても，万人の万人に対する戦争にはならず，政府の介入の必要がほとんどない，安定的で秩序だった進歩的社会が導かれるような自然調和が存在すると考えたのである。

いかなる社会経済システムであっても問われる2つの最も重要な質問は，「どのように機能するのか」と，「どうすれば円滑に機能するのか」である。これらの問いに対して，19世紀イギリスの自由主義政治論者たちの一致した答えは，個人の自発性が社会経済システムの原動力であり，自由市場における競争が調節装置であるというものであった。個人の原動力が強調される点は，それほど詳しく論じる必要はない。それは，イギリス自由主義の基礎を公式化したアダム・スミスを見ても，その頂点に達したジョン・スチュアート・ミルを見ても明らかである。「進歩の唯一無尽蔵で永遠の源は自由である。なぜなら，自由によって，個人の数と同じだけ多くの改善可能な，独立した中心があるからである」というミルの結論は，それに先立つスミスの意見を敷衍したものである。すなわち「自分の状況を改善しようとするすべての人間に共通の，持続的で絶えざる努力，公的・国家的そして私的な富が由来する原則は，政府が無節制になり，行政が大きな誤りを犯すにもかかわらず，進歩に向けて物事が自然に向上し続けるのに十分なくらい強力なことが多い」とスミスは述べた[10]。個人は社会における進歩の源であるだけでなく，それ自身，つねに進歩しているのである。「より多くの人間が公共の場で生活すればするほど，道徳的政策に対してよりよく従うようになる」，「人間の本性がその完全性に達するまで，日に日に以前よりも有徳になる」と，ジェレミー・ベンサムは書いた。完全性の域に達するのは無理でも，完全性へ向かっての進歩は，川が川下に向かって流れるのと同じく，絶え間ないものである[11]。そのため，個人に対する制約は，単に個

---

10 J. S. Mill, On Liberty, p. 87 (ch. iii); Smith, *The Wealth of Nations*, pp. 389-90 (Book II, ch. iii); *The Theory of Moral Sentiments*, p. 218 (Part IV, ch. ii) を参照。頁については，*The Theory of Moral Sentiments, Lectures on Justice, Police, Revenue, and Arms* と *An Inquiry into the Nature and Causes of the Wealth of Nations* の要約を含む Schneider, ed., *Adam Smith's Moral and Political Philosophy* からの引用。

11 Bentham, *Deontology*, ed. Bowring, I, 100-1.

人にとってうるさいだけでなく，社会的進歩の源泉そのものを汚染してしまうことになる。

　ベンサムがつくったパンフレットの表紙にある「干渉しないでくれ」という標語は，19世紀の自由主義者たちが，統治者たる者に向かって市民をして叫ばせ続けたものである[12]。しかし，人間は，完全性の域に向かって前進しているのかもしれないが，その最終地点には達していない。そして，政府はその法律で人間を制約するが，それだけが人間がほかの人間に対して加える唯一の制約ではない。そう考えると，19世紀の自由主義者や功利主義者でさえ，彼らが最初に考えていたよりも政府の役割は大きいと考える必要があるのではなかろうか。

　自由主義者はゴッドウィンのように，人類の道徳的資質と知的能力についての楽観的な推論に従う原則に基づいて政府の役割を制限したが，かたや功利主義者のほうは効率性の観点からのみ政府を制限しがちであった。政府はいかにして最大多数の最大幸福に最も貢献できるのだろうか。所与の役割は市民個人によって・・・・より良くなされるのか，あるいは市民個人のために・・・・より良くなされるのか。その問いに対するベンサムとその弟子による答えが，のためによりも・・・・・・，によってのほう・・・・・・が多いのは，主にアダム・スミスの影響によるものである。ここで重要なのは，もとにある分業の原則のほうではなくて，財の生産と配分における分業の結実は，政府の監督なしに集積され，公平に配分されるという新しい議論のほうである。かつては，製造業者，商人，農民は，いずれも，公共の福祉のためにでなく自分自身の私的善を追求するという事実から，混乱を避けるためには政府の規制が必要であるという結論が導き出された。しかし，政府が一般的利益のために監督しないとすれば，誰がそれをするのか。スミスの答えは，一定の条件のもとでは，人間の意志と無関係な市場の力がそれをするというものである。市場メカニズムのみによって，生産が効率よく運営され，財は公平に分配されるというのである。

　自由市場の規制装置を過度に信頼することによって，よき国家とは制限され

12　Bentham, "Observations on the Restrictive and Prohibitory Commercial System," in *Works*, ed. Bowring, III, 85.

た国家であるという自由主義的な定義を引き出すこの論法は，人間には無限に完成へと向かう可能性があるという，自由主義思想とよく関連づけられる前提を受け入れない人々によってさえ主張されることがある。「したがって悪徳は，正義によって削減され制限されれば，有益な鋳造物となる」と，バーナード・マンデヴィルが「私悪すなわち公益」という副題をつけた有名な『蜜蜂の寓話』からの対句にある。私欲によって，人間は自分の財産を増やそうと一生懸命に働くよう促されるが，それは社会すべてにとって良いことなのである。人間の悪徳そのものが社会の進歩に貢献し，たしかに不可欠だというのである[13]。これがまさに予定調和原則の典型であり，際限ない数々の災難にもかかわらず，ありうるなかで最高のこの世界のなかではすべてが善のためであると言い続けたパングロス博士という人物を通してヴォルテールが風刺した，盲目的信仰である[14]。しかし，欲に突き動かされて人間がまずは自分の善のために，そしてやがては社会の善のために一生懸命働くようになると言うならば，同じく欲望に突き動かされて人は自分のためだけを考えて，ごまかしたり，嘘をついたり，盗んだりするようにもなるかもしれない。そこで政府の役割が生じるのである。アダム・スミスの同時代人であるモレレ神父が自由主義者のシェルバーン卿宛ての手紙のなかで書いたように，「自由は自然状態であり，制約は逆に不自然な状態であるから，泥棒や殺人者が絞首刑にされ続けさえすれば，自由を返上することによってすべてのものが再び存在を認められ，すべてが平和になる」[15]。犯罪人は罰せられなければならないのである。政府は，最低限，人々とその財産の安全を守るために存在する。この命題に対しては，財産の定義においては大きな違いがあるものの，自由主義者と功利主義者のみならず，社会における人間の問題を真剣に考えたことがある人はほぼ皆賛成する。

　正義は政府の第一の関心事であるが，正義を狭い法的意味にとった場合，そ

13　Mandeville, *The Fable of the Bees*, p. 11. その序文を参照：「人類が生来持っている罪深い欠点を治すことができるなら，それほど巨大で有力で礼儀正しい社会にまで高められることはなくなるだろう」。

14　「Aの幸福が善であり，Bの幸福が善で，Cの幸福も善ならば，これらすべての善の総和も善であるはずである」という，1868年に書かれた手紙のなかのミルの言葉は，すべての功利主義者に多少異なった言葉で見られる予定調和原則を要約したものである。Mill, *Letters*, ed. Elliot, II, 116.

15　*Letters de l'abbé Morellet a Lord Shelburne*, p. 102.

れは究極の関心事でもあるのだろうか。自由主義者や功利主義者がそう考えていたことを示す多くの言葉がある。しかし，厳格に制限される国家についての彼らの信念をより説得力あるかたちで示すためには，彼らを悩ませた社会的事実に彼らがどう対応しようとしたかを指摘するのがよい。たとえばアダム・スミスは，雇用者階級が寡占的手段によって，地主階級や労働者階級を犠牲にして，自己の利益を最大化するために経済的地位につけ込む傾向があるのを不快に思っていた。スミスの観察によれば，同業者たちが一堂に集まることは「歓楽や気晴らしのためでさえ」めったにないが，「〔集まれば彼らのあいだの〕会話は公衆に向けての陰謀か物価を上げようというたくらみで終わってしまう」。では，政府の役割は何か。同業者が一緒になるよう仕向けるようなことをすべきでない，とスミスは考える[16]。スミスは，当時の不自然な不平等性は大半，政府の介入の産物であると確信するあまり，政府の機能のうちで最も狭く定義される警察機能以外はすべて非難した。そのあげく，買い占めや買いだめを禁止する法律は彼の理想とするシステムの基礎である自由市場の維持のための手段であったにもかかわらず，それらの存在を取り仕切る法律の廃止を説くところまでいったのである[17]。問題の定義の仕方は異なるが，リカードにも同じような関心が明らかに見られる。リカードは，スミスの雇用者のかわりに土地所有者をとりあげ，ほかの2つの階級とは利害が異なるとして問題にしたのである。土地所有者の収入は自分の努力によってではなく土地への人口圧力が高まることによって増大する。そのため，彼らは労働と資本の生産増加を糧にしている寄生虫に見えるのである。では，その救済策は何か。穀物法を廃止し，政府の借金を削減し，人々にマルサスの真の原則を解き明かすことである。しかし，犯罪人を捕まえる以外の政府の活動はすべてばかばかしく危険であるといちばん強く主張したのは，ハリエット・マルティノーの著作である。皆が読み，聞き，理解できるようなかたちで新しい経済原則を明らかにする目的で書かれた彼女のある1つの物語のなかに登場する外科医は，政治経済の現実を理解すると，診療所や捨て子病院での慈善活動をやめるのみならず，毎年慈善事業に20

---

16 Smith, *The Wealth of Nations*, pp. 375-77 (ch. xi, conclusion); p. 368.
17 Hutt, "Pressure Groups and Laissez-Faire," *South African Journal of Economics*, VI (1938), 17.

ポンドを寄付するような友人の行為は誤りだからやめるよう説得するのである。マルティノー女史は, そうすることは, 通常慈善的と呼ばれる行動よりも合理的で勇気あるものなので, より高貴なのだとしている。そして政府は大衆の非難を恐れないならば, それに従うであろう。このような意見は理解しがたいとしても, その論理は難しくない。慈善活動は, 計画性のなさに報奨を与えるばかりか, 将来への備えを持たない者を増やすことによって, 貧困をなくすどころか, かえってそれを増加させるというのである。この物語の教訓を学べなかった人もそれを徹底的に理解できるよう, マルティノー女史は, 最後を以下のように締めくくっている。

> 消費者の数は生計維持のための資金に比例すべきである。そのためには人口増加を奨励するものはすべて撤回されるべきであり, 人口増加を予防する措置は全面的に容認されるべきである。つまり, 慈善事業は身体的欠陥を救済するためにではなく, 精神の啓蒙のために向けられなければならない[18]。

これは良きマルサス主義であるが, 良き政治ではない。しかし1830年代の急進主義者たちはこういった原則を政治的なプログラムに変えようとしたのである。チャーチスト運動は, 普通選挙権, 工場法, より自由主義的な貧困法等, 確実で直接的に結果をもたらすような改革を要求したが, 急進主義の代弁者であるジョン・スチュアート・ミルは, 上流・中流階級の選挙権を正当化し, 提案された8時間労働の法をあざ笑って, 賃金が低く, 仕事が手に入らないならば, それは競争が規制されていないからではなく, むしろ貧困階級がマルサスの教えを無視したからであると主張した。急進的なプログラムは, 国家教育システムの制定という, 重要で積極的な政策を1つ加えた以外, 大概は, 必需品の税金を除いたり, 軍隊におけるムチ打ちを禁止したり, 穀物法を廃止するといった, 消極的なものであった[19]。これら積極的および消極的な側面は, 功利主義・自由主義の基礎として先に認められた2つの原則を忠実に反映している。自然の利益調和が行きわたるよう, 国家の行動を禁止することに努力が向けら

---

18 Martineau, *Cousin Marshall*, ch. viii and Summary of Principles, in Martineau, *Illustrations of Political Economy*, Vol. III.
19 Stephen, *The English Utilitarians*, Vol. III, ch. 1, sec. iii.

れたのである。

　しかし，国家に割り当てられた機能は，自由放任経済と自由主義社会が必要とする条件を維持するのに十分であろうか。必要条件，すなわち自由に競争するほぼ平等な単位と，道徳的に責任を持ち知的に注意深い個人については，しばしば語られる。競争する単位がほぼ平等である限り，その成功は，消費者の需要を相対的に効率よく満たせるか否かによって決まる。スミスは，政府の介入が不自然な不平等性の主原因であると主張する際に，少なくとも過度な歴史的一般化を行っていたことがまもなく判明した。政府の介入がないなかで，もしもある単位が他者を凌ぐようになれば，公正な競争あるいは経済的な競争が，不公正な競争あるいはパワーをめぐる競争にとって代わられないだろうか。財産が潜在的にパワーであることに気づいた者にとっては，経済的不平等性は，ある人々を他者に対するパワーにおいて優位にするということになる。自由主義者のなかにはこれに気づいた者がいた[20]。とすれば，一定の分野において，生き残る製造業者とはいちばん効率的な者というよりは，単に自分の競争相手を破産に追いやるだけの十分な資源を持った者ということなのかもしれない。ジョン・スチュアート・ミルは，まさにそういった状況に関心を持った。実際，彼は，「雇い主の側の不公正な競争」に対して戦っていると彼が言うプレイトロック協同製作場に10ポンドを寄付した。雇い主たちは，新しい競争相手を追い出すのに十分な期間だけ，赤字を出しながら商売を続けることができるように見えた。ミルは，これを「資本の専制」と呼ぶのが正しいと考えた[21]。ミルは私的解決策のほうを良しと言い続けたが，それで十分なわけではないことには気づいていた。そのことは土地問題の彼の扱い方のなかでとくに明らかである。リカードの消極的な救済策とは逆に，ミルは，土地価格が労せずに上がるという問題は，税金をかけて解決してしまえばよいと考え，国家を皆に共通の大地主として進んで是認しようとさえした[22]。

　ジョン・スチュアート・ミルという人物のなかで，功利自由主義は，国家行

20　たとえば，Godwin, *Political Justice*, I, 19; II, 465; J. S. Mill, *Letters*, ed. Elliot, II, 21.
21　J. S. Mill, *Letters*, ed. Elliot, II, 21.
22　J. S. Mill, "The Right of Property in Land," in *Dissertations and Discussions*, V, 279-94; *Political Economy*, ed. Ashley, Book II, ch. ii, secs. 5, 6.

動の禁止から，どのような国家行動が望ましいかの処方へと力点を移していった。そして，足かせのない社会は，自由市場の規制装置が効果的に機能する前提として述べられた条件を自動的に実現・維持するわけではないということがいったんわかると，国家行動はむしろより望ましいということになった。ミルはこのことについて理解していることを，たったいま引用した2つの政策事項についてのコメントのなかで明らかにしている。そして，自由放任の消極的な原則が破壊という必要な仕事を成し遂げるや否や，それは「無効とならねばならない」と，カーライル宛てに書いたとき，ミルは，そういった具体的問題が根本的な理論的問題を示唆していることを明らかにしたのである[23]。ではそれは何にとって代わられるのか。ミルは政策の処方箋を，行為の主体のみに影響するものと他者に影響するものの2つの種類の行動の区別に基づいたものにしようとした[24]。しかしいったい，個人の行動で他者に影響を与えないものがあるだろうか。提示されている基準は，政府活動の正当性を判断するには全く不十分である。このことは，ミルが，結婚前には家族を扶養する能力の証拠が必要とされるべきであるという考えを抱いていた事実によってよく示されている。これは，ミルほどには自由主義的でない多くの人々でさえ身震いするような私的領域への介入である[25]。問題は，ミルは個人の自由についての関心から引き出された基準によって政策を検証することを提案したが，これは自由社会の2つの支柱のうちの一本でしかないことである。実際，ミルの関心は次第に2番目の支柱に移動した。年を追って彼が関心を持つようになったのは，自由市場の規制装置が生産過程に参加する者に報酬を割り当てるうえでの正義の欠如であった。レッセ・フェール〔自由放任〕は生産を増加させるかもしれないが，その成果を公平に分配するだろうか。ミルはそうは考えない。ジェイムズ・ミルは，財産法の保護によって個人の労働による生産の最大量がそれぞれに保証されると考えていたが，息子のミルのほうは，個人の報酬はしばしば個人の労働や倹約と「ほぼ反比例する」と強調しているのである[26]。

　自由主義者と功利主義者はレッセ・フェール社会が公正で効率的に機能する

23　J. S. Mill, *Letters*, ed. Elliot, I, 157.
24　J. S. Mill, *On Liberty*, p. 115 (ch. v).
25　J. S. Mill, *Letters*, ed. Elliot, II, 48; *Political Economy*, ed. Ashley, Book II, ch. xi, par. 4.

ために必要な条件を説明した。しかし、自由主義の論理そのもののなかに、そういった条件を実現・維持するためには政府行動が必要となる可能性が隠されていた。自由主義者と功利主義者が必要条件を正しく説明してきたならば、レッセ・フェールの福音を広めて、そういった条件をつくり維持するよりも、もっと多くのことをしなくてはならなかったかもしれない。国家は、たとえば、極端な経済的不平等が生じるのを防ぐために、当初は考えられていなかった方法で介入しなければならないかもしれない。政府が通す法律が個人の自由に対する唯一の制限ではない。財産はパワーになり、自由で効果的な競争のためにその規制が必要となるかもしれない。この考えは、アダム・スミスが以下のように書いたとき、少なくともぼんやりとは認識されていた。「富と名誉と昇進への競争のなかで、おのおのが自分の競争相手を凌駕するために、できるだけ早く走り、あらゆる神経と筋肉を精一杯働かせるかもしれない。しかし、人を押しのけたり、倒したりしたら、観客の堪忍袋の緒は完全に切れてしまう。それはフェア・プレイに対する違反であり、許されないことである」[27]。これは、ジョン・スチュアート・ミルが晩年、社会主義と自称した考えのなかで示されている。それは、ミルの時代にイギリスでは実現されていないと彼が考えていた、実りある公正な競争が行われる条件を基本的に探究する社会主義であった[28]。それは第一次世界大戦時にトーマス・ニクソン・カーヴァーが、「国家が多少でも正しいことをすれば、いま唱えられているような多くの間違ったことや非効率的なことをする必要はなくなるだろう」と説いた際に、明確に認識されていた[29]。それを最近、最も直接的なかたちで表現しているのが、政府に勤めていた欲求不満の多い日々を振り返って2人のアメリカの経済学者が物した著作である。競争とは「共通の善のために共同体によって構築され、維持される社会制度である」と2人は書いた[30]。議論の調子からいくと、であるはであ

---

26 James Mill, "Government," in *Essays*, No. I, pp. 4-5; J. S. Mill, "Socialist Objections to the Present Order of Society," *Fortnightly Review*, February, 1879, reprinted in J. S. Mill, *Socialism*, ed. Bliss, p. 73.
27 Smith, *The Theory of Moral Sentiments*, p. 121 (Part II, Sec. II, ch. ii).
28 このため、彼はオーウェンや、フーリエ、ブランには魅力を感じていたが、マルクスには魅力を感じていなかった。
29 Carver, *Essays in Social Justice*, p. 349.

るべきであると読むべきなのが明らかである。制限された政府は，ヴィルヘルム・レプケが「リベラル修正主義」と呼ぶものの理想型のままであるが，彼が指摘するように，政府の役割はたとえ制限されていても，その制限領域では強くなければならないのである。市場の外にいながらも，政府は市場をゆがめたりそれを支配する富の不平等を避けることができなければならないのである[31]。

自由主義者たちが強調する経済，非集中，政府規制からの自由は，社会が自己規制するという彼らの前提が正当である場合に限って意味をなす。自己規制する社会が必要な手段であるため，実際それは自由主義者の理想的目標の一部となる。レッセ・フェールの政策が，必要とされる条件に基づいてのみ可能であるならば，レッセ・フェールの理想そのものが国家行動を必要とするかもしれないのである。

国際関係——自由主義者の見解

トライチュケは国家の主な任務は2つであり，それは「国外では国力を，国内では法律を維持することである」と定義した。すなわち，国家の第一義務は「市民共同体を守り，規制するために，軍隊と法体系を管理することである」と彼は考えた[32]。アダム・スミスも同じことを言っている。国家は対外的には防衛，対内的には正義に関心を持っている。しかし，自由主義者のスミスと非自由主義者のトライチュケは，国家の義務の定義では一致するものの，その義務を果たすのにどういう行動が必要かについては，大きく異なっている。ホッブズとは対照的に，自由主義者のスミスにとって国内秩序の問題は，人間と社会についての楽観的な前提ゆえに，容易だと考えられている。またトライチュケとは対照的に，スミスのような自由主義者にとって対外安全保障の問題は，国家や国際社会の特徴についての楽観的な前提のため，容易であると考えられている。国内的な事柄において，国家は最小限の機能のみ遂行する必要があると

30　Adams and Gray, *Monopoly in America*, p. 117.
31　Röpke, *The Social Crisis of Our Time*, tr. A. and P. Jacobsohn, pp. 192-93. 彼が提案する前向きの政策を最もよく要約したものとしては，彼の *Civitas Humana*, tr. Fox, pp. 27-32 を参照．
32　Treitschke, *Politics*, tr. Dugdale and de Bille, I, 63.

されている。そして国際的な事柄においては，最高の政治的権威が欠如しているため，最小限の問題しか生じない。しかしながら，生じる問題は重要なのである。自由主義者は，ホッブズと同じく必要な機能を遂行する国家の存在を認めており，また，トライチュケと同じく，国家間の紛争解決の究極的手段として戦争を認めている。国際関係における戦争は，国内政治における国家からの類推である。たとえば，スミスは，重要でない1つの例外を除いては，「訴訟のテーマになるものはすべて戦争原因になりうる」と考えている[33]。ベンサムは，個人がときに裁判所に頼らねばならないのと同じ理由で，悪を正すために，ときに国家が戦争に訴える必要があることに気づいている[34]。スペンサーは，「警察官は1人で行動する兵士であり，兵士は共同で行動する警察官である」と端的に類推した[35]。エドワード・グレイ卿は，戦時における自由党内閣の外務大臣としての経験を振り返り，国内の場合と同じく，国家間でも，法を擁護するために軍事力が使えなくてはならないと，回顧録に書きとめている[36]。

　自由主義者は国家の必要性を受け入れたうえで，それに制限をつける。また，戦争の役割を受け入れたうえで，同じような理屈でそれを最小限にしようとする。自由主義者の国家観を理解するためには人間と社会についての彼らの考え方を分析する必要があったのと同じく，自由主義者の国際関係観を理解するには，彼らの国家と国際社会についての考え方を理解する必要があるのである。

　初期の自由主義者と功利主義者は，社会における客観的な利益調和を想定していた。そして同じ前提を国際関係にも適用した。たとえば，ジョン・スチュアート・ミルは以下のように書いている。「いかなる国家の善も，すべての国家の善の面倒を見る以外の方法で得ることはできないし，もしできたとしてもそのような方法は求められるべきではないと思う」[37]。これは自由主義者の議論にとってあまりに大きな重荷であり，またこの議論はあまりにも頻繁になされ，

33　Smith, *Lectures on Justice, Police, Revenue, and Arms*, p. 330 (Part V, sec. 1). スミスの国際関係についてのさまざまなコメントは，同時代の大半の自由主義者よりも一貫して見識あるものである。Wolfers and Martin, eds., *The Anglo-American Tradition in Foreign Affairs* のなかの彼の著作を参照。この本は，優れた選集であり，この章で扱う多くの著者の作品も載っている。

34　Bentham, "Principles of International Law," in *Works*, ed. Bowring, II, 538-39, 544.

35　Spencer, *Social Statics*, p. 118.

36　Grey, *Twenty-five Years*, II, 286.

聞かされてきているので，ここで必要なのは，次の2つのことだけである。まずは自由主義のものとされる思想が繰り返し現れることを示し，また以下の分析で重要になる側面を強調しておく。

17世紀にラ・ブリュイエールは，以下のように問うた。「人民の支配者が敵の領土を併合することによって帝国を拡張するならば，どうやって人民のために役立ち，彼らを幸福にすることができるのか。私が抑圧と貧困のなかで，悲しみ，心配して生きているときに，私の主権者が成功し，名誉に包まれ，私の国家が強力で恐れられたところで，どうやって私や私の同胞を助けられるのか」。王室のさしあたっての利益は戦争によって増進されるかもしれないが，人民全体の本当の利益は平和によって促進される。王族の野望を欲しいままにできるような地位にある人間がいるために大半の人間は苦しむのである。3世紀後にジェイムズ・ショットウェルは以下のように書いている。「国際平和の政治的原則は，アダム・スミスの経済原則と同様である。共通で対等の物質的利益は国境を超えるという認識に，同じように基づいているからである」[38]。真の利益が十分に働くならば，国境は障害ではなくなるであろう。協力，もしくは建設的競争がすべての人々の利益を同時に増進させる方法である。店であれ，町であれ，分業が皆の物質的繁栄を増加させる。同じことが国家や世界の規模でも当てはまるはずである[39]。規模が大きくなっても原則の有効性が損なわれるような質的変化はない。自由主義者の自由貿易論を時と場所の観点から言い換えると，「ミシガンとフロリダは自動車とオレンジを自由に交易することによって利益が得られるか。それともミシガンは，『外地の』労働の生産物を輸入するかわりに，温室で，自らオレンジを育てたほうが豊かになるだろうか」という問いと同じくらい単純であった。この答えは明らかである。そして原則が明ら

---

37 J. S. Mill, *Letters,* ed. Elliot, II, 47; "A Few Words on Non-Intervention," in *Dissertations and Discussions,* III, 249 を参照：「国家は，人類にとって良いことはそれ自体悪いということを実際的な金言として受け入れ，そのような考え方にがまんできるだろうか。これは，つまり国家の利害と人類の利害は両立しないと宣言する以外の何物でもない」。

38 La Bruyère, "Du souverain ou de la république," in *Oeuvres complètes,* ed. Benda, pp. 302-3; Shotwell, *War as an Instrument of National Policy,* p. 30.

39 Cobden, *Speeches,* ed., Bright, and Rogers, II, 161 を参照：「共同体間の交流は，個人間の交流の総和に過ぎない」。

かなのであるから，生産の自然条件がさほど違わない場合は，交易からの利益は少ないけれども実在するというのは本当に違いない。個人間，企業間，地域間，国家間の関係のいずれでも，両方の側が交易から利益を得るのである。そうでなければ交易は起こらない。

　正規の教育を受けていない評論家たちでさえ，この古典的自由貿易論の単純な解釈だけでなく，そのより複雑な結果の多くを理解していた時代もあった。この議論からいくと，自由貿易が正しい政策であるのと同時に，国家の領土を拡張しようと試みるのは，隣国の併合であれ植民地の獲得であれ，ばかげているということになる。領土を征服し，それを維持するための支出は，貿易の利得と釣り合わない。なぜなら，同じ利得が自由貿易政策のもとでは支出なしに得られるからである[40]。最も一般的なかたちにおいては，自由主義者の議論は，単純な常識の1つになる。つまるところ，世界の人々の福祉は生産量が増加する分だけ増加すると彼らは言っているのである。生産量は平和時に増加し，すべての国家が自己利益を世界のどこにおいてでも自由に追求するならば，その配分も平等になる。戦争は破壊行為であり，したがって戦争から得られる豊かさなどというのは幻想である[41]。勝者は戦争から利益を得るのではない。制覇された者よりも負ける度合いが少ないことを誇れるだけである。この論理が，伝統的な「戦争は儲けにならない」という議論の源である。この議論は，少なくとも17世紀初頭のエメリック・クルセにまでさかのぼり，ベンサムとミル父子によって詳細なかたちで展開され，グラハム・サムナーがアメリカの対スペイン戦争を非難するときに用いられ，ノーマン・エンジェルによって最高潮に達した。エンジェルは，彼よりも少しまえの，主にイギリスとフランスの自由主義経済学者たちの著作を要約して次のように論じた。

　自由主義者たちは，国家間の客観的な利益調和を証明したと，少なくとも自分自身では思っていた。戦争は理に合わず，平和が皆の真の利益になる，とい

40　Bentham, "Emancipate Your Colonies," in *Works*, ed. Bowring, IV, 407-18. 1793年のフランス国民議会に向けられたこのメッセージのなかで，自由主義の学者や批評家が用いる主要な議論が発表された。

41　たとえば，Bright, *Speeches*, ed. Rogers, p. 469を参照：「君［私の選挙区］が知っているように，国家産業の成功は，平和のみに基づいており，国家の快適さ，幸福，満足度を大きく高める富は，産業の成功によってのみつくられるということを，政治家は皆知らないのか」。

う合理的命題は，国家の非合理的な行動と対立する。問題は，合理的なものがどうやって非合理的なものより優勢になるのかということである。しかし，すべての国家にとって非合理的な戦争という方法が，なぜ国家間関係を特徴づけるのかを，まず説明しなければならない。政府はなぜ戦争をするのか。戦争は税金を引き上げ，官僚組織を拡大し，市民に対する支配を拡大する口実を与えるからである，というのが自由主義者がつねに繰り返す非難である。戦争の表面上の原因は，ほとんどが些細なものである。しかし，表面上の原因は，単なる言い訳に過ぎない。それは支配者が自分の身勝手な理由から望む戦争に国家を仕向けるやり方である。1858年にバーミンガムの有権者向けの演説のなかで，ブライトはこの論法を使った。「ヨーロッパ大陸の紛糾状態に巻き込まれないでいること」がかつてイギリスの政策であったと彼は述べた。しかし，王の力を抑制すると同時に偉大な領土を持つ一族を王位につかせた名誉革命とともに，新しい政策が採用された。「私たちはいま，外国の問題につねに巻き込まれるシステムに従って行動し始めた」。「ヨーロッパの自由を維持するための」戦争が行われた。「プロテスタントの利益を擁護するための」戦争も行われた。そしてわれわれの古い友人である「勢力均衡」を維持するために多くの戦争が行われた。そのときから，イギリスは，「ヨーロッパのありとあらゆる国家とともに，また，それら諸国家のために，あるいはそれら諸国家に対抗して，戦争をしてきたのである。一体何のためか。このような戦いによってヨーロッパが今日良くなったと言える者がいるだろうか，とブライトは問う。このことが示唆するところは明らかである。イギリス国家はこれらの戦争によって損したのである。ヨーロッパも損をした。「偉大な領土を持つ一族」だけが利益を得たということになるかもしれない[42]。

　大衆の利益が平和にあっても，政府は戦争をする。政府がそうできるのは，部分的には大衆が彼らの真の利益がどこにあるかを明確に知らないからであるが，より重要なのは，真の利益がわかっても政府の政策にそれが表現されていないからである。1791年に世界で最も偉大な批評家の1人であるトーマス・ペインは，フランス革命の功績を以下のように述べた。「君主の主権，人類の敵，

42　*Ibid.*, p. 468-69.

第4章　第2イメージ

不幸の源が廃絶され，主権は国民国家という自然で本来あるべき場所に復元された」。国際関係におけるこの結果を，ペインはそれに続く文章のなかで示している。「これがヨーロッパ中で起これば，戦争の原因は取り除かれる」と彼は主張したのである。民主主義は明らかに平和的な国家形態であり，大衆による政策の支配は平和を意味するというわけである[43]。

　民主主義が本質的に平和的であるという信念は，主に2つの根拠による。1つは，カントによって示されたもので，彼は，1930年代の国会議員スイス・L. ルドロウと同じく，国家が戦争すべきかどうかを将来の歩兵に決めさせようとした。ルドロウとカントの前提は，戦争で最も苦しみを味わう者の声を直接反映させることによって，戦争の発生が大きく削減されるというものである。もう1つは，ウッドロウ・ウィルソンやセシル卿のように，世論が最も効果的な制裁であり，おそらくそれ自体が平和に対する十分な認可となるものであると確信していたベンサムによって展開された[44]。ゆえにベンサムは「威嚇力のある武器は全く持たないものの，国家間の決定事項の食い違いを処理する共通の裁判所」を提案したのである。裁判所の決定に意味を与えるものは何か。世論である。裁判所の手続きは公開され，裁判所は意見を公表し，すべての国家はそれを行きわたらせる任務を課されている。行いが悪い国家は「ヨーロッパの非難」を浴びる。これが裁判所の命令を無視する行為から国家を思いとどまらせるのに十分な制裁である[45]。利益と世論が相まって平和的な政策が確実になる。なぜならば，統治者が人々の要望に応えるならば，世論は制裁力として効果的に作用すると期待できるからである[46]。

　世論に対する信仰，あるいはより一般的に，民主主義の平和的な傾向に対す

43　Paine, *The Rights of Man,* in *Complete Writings,* ed. Foner, I, 342. *The Age of Reason* のなかで，アメリカ革命とフランス革命の成果がすべて良いものではないとわかったペインは，政府を改変することから人間の心の改変へと力点を移した。

44　1919年7月21日に下院で，ロバート・セシル卿は，「われわれがあてにしている偉大な武器は，世論である。もしそれが間違っているならば，すべてが間違っている」と断言した。Morgenthau, *Politics among Nations,* p. 235 より引用。

45　Bentham, "Principles of International Law," in Works, ed. Bowring, II, 552-54. Cobden, *Speeches,* ed. Bright and Rogers, II, 174 を参照。ある国を仲裁するよう拘束する条約をつくったにもかかわらず，事態が生じてもその国が仲裁しないならば，「その国はあまりに不名誉な立場におかれ，そのような悪い立場で参戦できなくなるだろう」。

る信仰はユートピアだった。しかし，自由主義者のユートピア信仰はかなり複雑な様相を示している。自由主義者たちの命題は，知識に基づく意志によって戦争はいつでも撤廃できるはずだったということではなく，進歩によって国家間関係における戦争がほぼ排除される点まできたというものである。歴史は，人間生活において国際的にも国内的にも理性が優勢になると期待できる段階に近づいている。個人の行動と同じく，効用が国家の行動の目的である。そして，少数者の効用ではなく人民全体の効用が追求されるべき目的となるであろう。平和に向けて専制主義は民主主義に道を譲らねばならない。幸運なことに，専制主義は今日破綻寸前である。20世紀まで力強く存続し続け，いまだにすたれていないこの信仰は，1790年代初頭にトーマス・ペインが以下のように要約している。

> 今日のように人類が啓蒙された状態に照らして見ると，世襲の政府は衰退間近であり，国民主権に広く基づいた革命と代表権による政府がヨーロッパ中に広がりつつあることに容易に気づくはずである。ヨーロッパの啓蒙された国々では，君主制や貴族制は今後7年ともたないだろう[47]。

実践上の諸困難

19世紀の自由主義者の国家観は，調和の前提に基づいていた。それは人間の無限の完成可能性の前提としばしば一体となったものであり，政府の機能が縮小し，そのほとんどが吹きとんでしまうような状況につながるものであった。彼らの国際関係の考え方は，調和と国家の無限の完成可能性に基づき，戦争が次第に起こりえなくなるような状況に到達するというものであった。自由主義者の国際関係の理想を実現するためには，国家が変わらねばならない。では，変わるメカニズムとは何か。この問いにおいて，自由主義者たちは，一方でカ

---

[46] ジェイムズ・ミルが言うように，「もし誰かが共同体のその他の人々に対して絶対的な権力を持っていたなら，共同体成員の感傷に頼ることは全くなくなる」。"Law of Nations," *Essays*, No. VI, pp. 8-9.
[47] Paine, *The Rights of Man*, in *Complete Writings*, ed. Foner, I, 344, 352.

ントや，コブデン，ブライトの楽観的な非介入主義と，他方でペインやマッツィーニ，ウッドロウ・ウィルソンの救世主的な介入主義との2つの極のあいだを揺れ動いている。それぞれの極に集まっているものが，現実主義と理想主義の要素を同時に示しているのである。

　コブデンは，カントが以前にそうだったように，革命に対する深い懐疑の念を示し，逆に段階的変革への確固たる信念を示した。国内改革は，暴力によって急激にではなく，教育によって徐々になされるべきである。なぜならば，教育によって徐々になされる場合にのみ，進歩が永続すると思われるからである。そして国内で革命を拒否したように，彼は国際的にも介入を否定した。「私は，ある国の政府による別の国家の問題へのいかなる介入にも反対する。それが道徳的な勧告に限られていたとしてもだ」と1858年に彼は書いた[48]。コブデンは，イギリスが他国の問題へ介入するのは，世界のほかの地域に自由をもたらすことなどはできないのだから無益であり，世界のほかの地域にとって何がよいのかわからないのだから不合理であり，外国で良いことをするどころか自国で正すべき多くの欠陥があるのだからおこがましく，「正直で正義にかなったその国の利益は全世界の正義にかなった正直な利益なのである」から不必要であり[49]，世界の一地域で誤りを正そうとする戦争は，本来の目的を容易に通り越し，いったん戦火が燃え上がるとすぐに広がってしまうので危険である，と考えた。

　19世紀ヨーロッパの最も偉大で自由な国家イギリスのため，コブデンは他国への介入の権利放棄を説く一方で，平和が国家間に普及する日を自信をもって待ち望んだ。1846年の手紙のなかで，彼はその難しさとそれを克服する手段を説明している。

> 世界の国家間関係が今とは異なる土台の上におかれるようになるまでは，地上の国家は，われわれがため息まじりに望むような優れた度合いにまで，国内事項において道徳的に進歩する可能性はないだろう。現在のシステムは社会を腐敗させ，富を枯渇させ，間違った神を英雄崇拝のために祭り上げ，次世代の目のまえに，

---

[48] Hobson, *Richard Cobden*, p. 400 に引用されている。Cobden, *Speeches*, ed. Bright and Rogers, II, 225; Bright, *Speeches*, ed. Rogers, p. 239 を参照。

[49] Cobden, *Speeches* ed. Bright and Rogers, II, 27.

きらびやかではあるがまがい物の名誉の基準を掲げてみせる。というのも，私は，自由貿易原則は世界の関係をより良いものに変えるようにできていると思うからであり，また道徳的観点からすれば，自分がその原則を唱道するために目立つ役割を与えられてきたことに対して神をたたえるからである。しかし，あまり暗く考えないようにしようではないか。私は貿易によって実際の戦争は世界からなくなると思うが，そうなれば，そのときから社会改革への大きな衝動が生まれる。大衆の心は実際的なムードになり，それによって教育，禁酒，犯罪人の改心，肉体的健康の管理などが，かつてないほどの熱意でもって進められるのである[50]。

カントはある意味でもっと楽観的であった。彼は，戦争でさえ，それに携わる国家を消耗させることによって，また戦争の脅威も国家をより強力にするのに必要な自由を国家が臣民に与えざるをえなくなることによって，共和主義と平和の到来を早めるだろうと考えた[51]。

戦争のシステムは，コブデンが描いた平和の手段よりも強力であることがわかったし，戦争の遂行はカントの予測と反対の結果をもたらすことが多かった。自由貿易が世界平和を生むというコブデンの意見に賛成したグラッドストーンは，ヨーロッパの勢力均衡にも注意を払う必要があると考えていた。1853年10月，クリミア戦争への前兆のなかで，トルコの敗北によってロシアのパワーが増大すれば，ヨーロッパの平和が危険にさらされると彼は見ていた。いかなるコストを払ってでもそれに反対するのがイギリスの義務であった[52]。グラッドストーンとは全く逆に，コブデンとブライトは，イギリスに迫る危険だけがイギリスが戦争をする唯一正当な理由ととらえ，侵略の企てのみが真の危険をつくりだすものと考えた。そのためブライトは，ロシアとの戦争に反対する議論のなかで，「フランスは自ら政府を選ぶべきではない」と決定するために戦争を行った廉で，別の世代（つまりフランス革命のころ）のイギリス人を批判し

---

50 Morley, *The Life of Richard Cobden*, p. 276 に引用されている。

51 Kant, "The Principle of Progress Considered in Connection with the Relation of Theory to Practice in International Law," in *Eternal Peace and Other International Essays*, tr. Hastie, p. 63; "The Natural Principle of the Political Order Considered in Connection with the Idea of a Universal Cosmopolitical History," Eighth Proposition, in *ibid*. これがどう機能するのかについては，露仏戦争についてのJ. S. ミルの批評を参照。彼は，アルザス＝ロレーヌの損失によって，フランス人は比較的苦痛なしに，将来的には指導者に盲目的に従って侵略戦争をするのでなく，政治に積極的な関心を持つべきであるということを学んだと考えた。*Letters*, ed. Elliot, II, 277-78.

52 Morley, *Gladstone*, I, 476, 483-84.

第4章 第2イメージ

たのである。フランス革命戦争時にピットが行った演説を読みさえすれば，少なくともイギリス政府の指導者にとっては，戦争目的はフランス国家の旧体制の回復ではなく，イギリスの安全であったことがわかる[53]。しかし，このように国家の安全を狭く定義するのは，自由主義のなかの非介入主義の極に集まる人々の典型的な態度でもある。たとえば，ブライアンは第一次世界大戦へのアメリカの参戦について，前時代のブライトと同じ立場をとった。1917年2月2日にマディソン・スクエア・ガーデンに集まった5000人の人々をまえに，彼は，「この国が侵略されたならば，最後の1人が殺されるまで戦うべきであるが，その他の事項はすべて調停によって解決されるべきである」と述べた[54]。

非介入主義についての自由主義者の立場は，そのさまざまな前提を頭に入れれば理解できる。自由貿易，軍備削減，植民地解放における先進国の良い事例が，すべての国家に有益な影響をもたらし，世論によってその模倣が推し進められる[55]。そうすれば軍事力の脅威が生じることはない。さらに，国家の強さは国家の大きさと同じではない。戦争に勝つことはしばしば弱さにつながる[56]。ならば，国家の安全について考慮すると，一国は他国の征服に対抗する必要があるという議論は間違っていることになる。最後に，国の強さは，平時の軍事施設の規模よりも，自由な国々でより高い国民の活気や，経済の優秀さに関係している[57]。また，こうした仮定は，技術的ならびに地理的条件から見てアメリカに当てはまるし，それほどではないが19世紀のイギリスにも同様に当て

53　Morgenthau and Thompson, *Principles and Problems of International Politics* を参照。これは，フランスとの戦争の問題についての重要なスピーチが再現されていて便利である。
54　*New York Times*, February 3, 1917, p. 11.
55　社会主義者のあいだに軍縮の考えが存在している例としては，以下，第5章144~45頁を参照。
56　Cobden, *Speeches*, ed. Bright and Rogers, I, 483 を参照：「領土の追加が強さではなく弱さの源でなかったような分割があるかどうか，示せるものなら示してみよ」。Bright, *Speeches*, ed. Rogers, p. 463.
57　Godwin, *Political Justice*, II, 170-71, 193 を参照。第2イメージに関連する議論は，好ましい国内的取り決めを支持するのに使われることが多い。たとえば，*Commercial and Financial Chronicle* は，社説で，世界の危機的な状況に注意を向け，軍事が経済力に依存していると主張し，われわれは(1)金融状況を健全にし，(2)同時にニューディールとその事業すべてを廃止しなければならないと結論づけている。"How to Be Strong," *Commercial and Financial Chronicle*, June 5, 1946, sec. ii, p. 1.

はまるということを心にとどめるならば，理解が可能である．論理的には，ブライアンは，防衛は国家の正統な関心事であると認めるならば，他国が巧妙に立ち回り，攻撃のための武力を増強をしないよう目を光らせているべきだということを認めて，さらには進んでそうすべしと説く．だが実際には，そういった懸念は20世紀になるまでアメリカには無縁であった．イギリスについて言えば，享受していたパワーそのもののおかげで，多くの人々にとってはイギリスの安全がどれだけそのパワーに依存していたかに気づかずに終わってしまったのである．

　地理と歴史の偶然的要因に基づいて国際関係理論を構築するのは危険である．非介入主義の自由主義者たちは，先に引用したコブデンの手紙のなかで彼が提示した困難，つまり，世界の国家間関係が古い土台におかれたままで国家は国内的にどう改善できるのか，という問題に取り組むことはできなかった．マッツィーニはこの問題に気がついていた．19世紀半ばのイタリアの愛国主義者として，彼はその問題から逃れられなかったのである．1847年の国際人民同盟の会議での演説において，彼は，「専制主義国家はわれわれに挑戦状を投げつけている．――しかし，われわれは裁定する．われわれには悪の持つ大胆さがあるから，われわれは行動する．君たちには善のために立ち上がる勇気がないのだ」と述べた．「平和と非介入について説教をするだけでよいのか．ヨーロッパの4分の3において，対抗する者のいない支配者に軍事力をゆだね，自分の邪悪な目的のためにいつでも，どこでも，いかようにも自分が適当と思えば介入するのをそのような支配者に許しておいてよいのか」と，マッツィーニは問いかけた[58]．つまり，すべての国家が国際関係において自由放任を実践するわけではないのに，自由主義のお説教をしていて何になるのか．自由主義を実践する国家は，それを実践しない国家のなすがままになってしまうではないか．

　これは非介入主義の自由主義者に突きつけられる1つの問題であるが，より一般的な問題も生じる．過去に戦争を起こした専制主義の国家が，歴史の社会的・経済的力によって平和愛好的な民主主義国家に変わる日を，心穏やかに自

---

[58] Mazzini, *Selected Writings*, ed. Gaugulee, p. 143. 同じ点をより冷静に指摘したものとして，以下を参照：J. S. Mill, "Vindication of the French Revolution of February, 1848; in Reply to Lord Brougham and Others," in *Dissertations and Discussions*, III, 51-52.

第4章　第2イメージ

信を持って待つことができるだろうか。その変革の速度は十分に速いか。そしてそれは本当に正しい方向に動いているのか。「善」は何もしないことによって「悪」の勝利を可能にしているのではないのか。行動の必要があるかもしれない。そして手段と目的の関係はカントとコブデンによって正確に表現されているとしても，人間は自らの努力で変革のプロセスを早めることができるのではないか。行動は，必須でないにしても少なくとも望ましいのかもしれない。

　国際関係において，自由主義者たちは活動しない国家という原則から出発する。人生の良きことはすべて，個人の努力によってつくられ，国家は競争者同士の中立的な仲介者としてそれを見守るためにのみ存在する，というのがその原則である。だがやがては，国家は自由主義の社会・経済を機能させるのに必要な条件を維持するだけでなく，場合によってはそれを生み出さねばならないと，強く説くようになる。国際関係においても同様な行動の必要性があるのだろうか。自由主義者のなかには，国家間の自然な利益調和が生まれるための手段として非介入を説いた者もいた。しかし，システムが機能するために必要な「いくつかの正しいこと」（カーバーの言葉）があれば，それを実現させる機関が存在しなくても，利益調和は果たして普及するのだろうか。手段の重要性は目的の重要性に匹敵する。目的が平和であり，平和の基礎が自由国家の存在にあるならば，自然に機能する進化の力が行きづまるたびに，何らかの効力ある機関がそれにとって代わらなければならない。この論理で，多くの自由主義者たちは国内問題の場合と同じく，国際関係においても，国家行動を禁止する立場から，必要な行動を指令する立場へと移行するのである。国際問題においては，自由主義者たちが適切と見なす唯一の行為主体は，すでに存在しているはずの民主主義国家である。

　コブデンとブライトは自国の民主主義を守ることが必要な場合のみ国際関係において軍事力を使うべきとするが，ペイン，マッツィーニ，ウィルソンは世界を民主的に変えようとする。『人間の権利』の第2部をラファイエット侯爵に献呈するなかで，ペインは，フランスが「ドイツの専制主義」を撲滅させ，自らを革命で包み込むことによって平和と安全のなかに生きられるようにするために，いまのところはありそうもない春の軍事作戦が万一現実化した場合には，自分も参戦すると約束している[59]。1853年にマッツィーニは，これと似た

理由でイギリスに「当面の義務は戦争である」と説得しようとした。彼が要請する戦争は，絶対主義国家が起こす種類のものではなく，

> 人間が組織的な腕力に屈服して踏みにじられる受動的な奴隷のままでいるか，あるいは神と仲間のまえで自分の行動に責任を持つ，自由な主体になるかという，古来からの問題を一挙に解決する展望を持った戦争である。また，真実と正義を回復し，非人間的な専制主義を食い止め，国家を自由で幸福にし，神を慈悲深く微笑(ほほえ)ませ，政治と宗教の自由を戴き，イギリスが益した国家の同情と感謝を得てイギリスを誇り高く強力にする高貴な意図を持った戦争である[60]。

われわれが考察の対象とする3番目の介入主義者であるウッドロウ・ウィルソンは，自分が指導する国家の安全についての懸念が主な動機づけであったかのように話す点で雄弁であった[61]。これは介入主義の自由主義者にはめずらしいことではない。介入主義者について興味深いのは，勢力均衡の政治を彼らが拒絶するという点ではなく，それを乗り越えられると考えている点である[62]。彼らは未来へと跳躍し，そこに皆を連れて行こうとする。「目下の戦争は，正義にかなった，ゆるぎない平和のための闘争なのか，あるいは単に新しい勢力均衡のための闘争なのか」とあるときウィルソンは問いかけた[63]。第一次世界大戦が進行するにつれて，彼はより頻繁に，「過去に対する現在」，「悪に対する正

---

59 Paine, *The Rights of Man*, in *Complete Writings*, ed. Foner, I, 348. 多くの自由主義者のやり方で，彼は，「フランスの税金は，ドイツの税金と同じく，次第に低減するだろう」と付け加えている。
60 Mazzini, *Selected Writings*, ed. Gangulee, p. 91.
61 Tumulty, *Woodrow Wilson as I know Him*, p. 248. また，Woodrow Wilson, *Selections for Today*, ed. Tourtellot, pp. 107-8 のなかの，1918年7月4日にウィルソンが「4分間のスピーカー」のために書いたスピーチ〔訳注：「4分間のスピーカー」とは，ウィルソンが第一次大戦参戦への支持を一般大衆に広める目的で，情報委員会（Committee on Public Information）に設けたスピーチの制度である〕。
62 グラッドストーンはイギリスが介入するという脅しを使ってフランスやドイツが相手を攻撃しないように説得すべきだったという，1870年のJ. S. ミルの議論を参照。*Letters,* ed. Elliot, II, 274.
63 Woodrow Wilson, *Selections for Today*, ed. Tourtellot, p. 131 のなかの，1917年1月22日のアメリカ連邦議会上院でのウィルソンの演説。同じような二者択一のアプローチは，ウィルソンの戦後政策に反映されている。国際連盟への上院の支持を得ようとしたダニエル長官の議論を参照：「われわれにはたった2つの道筋しかない。すべての国家が海軍軍拡競争なしに世界平和を維持できるような国際連盟か，世界で圧倒的に大きな海軍かである。その中間はない」。H. and M. Sprout, *Toward a New Order of Sea Power*, p. 71.

義」の戦争，貴族制の有害な力に終止符を打ち，世界の人々のために自由と正義をもたらす戦争を呼びかけた。1918年4月にホワイトハウスで会った外国の記者に，ウィルソンは以下のように説明した。「この戦争から何かを得る権利は誰にもない。なぜならわれわれは平和のために……永久平和のために戦っているからだ。いかなる不正義も永久平和の基礎を提供することはない。人々の心にうずくような不正義の感覚を残したところではどこでも，災難や，おそらくは戦争につながるような苦しみがすぐに繰り返し生まれるだけでなく，戦争が起こるに違いない」[64]。

　西欧文明に対するヒトラーの脅威をまえにして，今日のあるイギリスの哲学者・歴史家が主張したように，平和のためというのは戦争の良き正当な理由である。ガリバー旅行記に出てくるヤフーのような粗野な国家が存在すること自体が平和国家にとって危険であるということになるからだ[65]。ならば，世界を浄化し，戦争を，狭義の国家安全の目的ではなく，すべての国家が永久平和のなかで共存できるような条件を構築するための改革運動に変えるのが，平和国家の義務である。こうして，明らかに寛容，謙虚，懐疑の哲学であるはずの自由主義は，自ら傲慢なものになってしまうのである。それゆえ，現代の自由主義の批評家マイケル・ストレイトは，R. H. トーニーの賛同を得て，「戦争は聖戦か，さもなくば犯罪である。その中間はない」という言葉を引用するのである[66]。また，それゆえ，ウィルソンはさまざまな言い方で「わたしは人間性を擁護する」というのである。

　しかし，救世主が1人だけではないように，布教活動も1つではない。1880年にドストエフスキーは西欧諸国に対して，ロシアの兄弟愛を披瀝し，「おお，われわれがヨーロッパ人をどれだけ大切に思っているかを，ヨーロッパ人は全くわかっていない」と，嘆いて見せた。ヨーロッパ人を非常に大切に思っているあまり，ヨーロッパの同胞を愚劣な物質主義と自己中心的な倫理から救うための戦争が，ロシアの神聖な義務となるのである。ドストエフスキーは同胞の

64　Tumulty, *Woodrow Wilson as I Know Him*, p. 274 で復刻。先の注で引用したウィルソンによる演説を参照。
65　Collingwood, *The New Leviathan*, ch. xxx.
66　Straight, *Make This the Last War*, p. 1.

知恵と勇気を信頼し，以下のように書いた。「真のロシア人になることは，すべてのヨーロッパのもめ事を最終的に和解させるよう努力し，われわれの全人間的で全統一的なロシアの魂のなかにヨーロッパの苦悩の解決策を示し，そのなかにわれわれの兄弟愛すべてを奉じることである。そしておそらく最後には，偉大で普遍的な調和とキリストの福音に従うすべての国家の友好的合意についての究極的言葉が発せられるだろう！　未来永劫ロシア人は皆，このことを理解するだろう」。西欧におけるロシアの戦争目的は征服ではなく自由主義であり，自由主義は平和の基礎を提供する[67]。この熱望はマッツィーニのものと同じだが，熱望が別の熱望とまさに拮抗すれば，紛争の蓋然性は高まってしまう。今日でも同じことが当てはまる。「戦争という人間の殺し合いの怪物は，人類の社会的進歩によって必ず一掃されるだろう。そしてこれは近い将来起こる。しかし，そうする方法はたった1つしかない。戦争に対する戦争である」。これは西洋の自由主義者の言葉であってもおかしくないが，実は東洋の共産主義者，毛沢東の言葉である[68]。この考えは，のちに，中国共産党のヒエラルキーのなかで2番目の地位にあるといわれることが多かった劉少奇が敷衍した。劉は，世界の人々は資本主義の抑圧から自らを解放する闘争において手をつなぐ以外，選択肢はない，と主張する。解放運動は抵抗しがたい歴史法則である。善良な国家が平和裏に生きられるためには，邪悪な国家は破壊されなければならない[69]。これはまさにアメリカの解放主義者の政策でもあった。その原則を学究的な表現でいうと，われわれの使命は，「まだ自由な人々に対しては，アメリカの助けがあれば，有益かつ成功裏に道を進めることができるのだと説得し，専制主義の犠牲になっている人々を救い，正しい道に仕向けてやることである。……卑しい身分の人々を助けるだけでなく，抑圧されている人々を自由にするのがわれわれの熱烈な使命である。われわれはその目的のために，すべての原則をゆがめ，人々をまず抑圧しそして堕落させた，高慢な独裁者に対して，妥

67　Dostoievsky, *The Diary of a Writer*, tr. Brasol, II, 666-68, 979-80; I, 476; II, 628-36 を参照。日記のこの部分は1876~80年の時期に書かれたものである。

68　Mao Tse-tung, *Strategic Problems of China's Revolutionary War*, p. 4. これは，1935年の秋に書かれたものである。

69　Liu Shao-chi, *Internationalism and Nationalism*, pp. 24, 31, 41-42, 50-51. これは1948年の11月に書かれたものである。

協せず，戦争を徹底的に遂行するのである」[70]。

　両方の側が矛盾する目標を持っているということは，それ自体，どちらか一方の価値がないということを意味するわけではない。両者とも実際的でないということかもしれない。自由主義者たちが提案する聖戦は，実行されれば，ドストエフスキーや共産主義者が提案する聖戦のように，無限の目的のための無限の戦争につながるであろう。永久平和のための永久戦争になるかもしれない。このことは，ジョージ・ケナンのような政治家やハンス・モーゲンソーのような学者のみならず，コブデンやブライトのような自由主義者によっても指摘されてきた。

　非介入主義の自由主義者は，永久平和という多くの人が望んでいる目標を達成するのに特別な活動は必要でないと思っている。歴史は正義に味方するという主張から，すべての希望が引き出せることになっているのである。これは，明らかに，パングロス博士の立場であると同時に，おそらくさほどはっきりしないが現実主義者の立場でもある。この立場が現実主義的なのは，望ましい目標をもたらすために歴史の力に頼るということは，それを早く実現させるために人間ができることはほとんどないことを認めているということかもしれないという意味においてである。他方，介入主義の自由主義者は，戦争の時期を永遠に長引かせることになるかもしれない現実主義に満足していない。彼らの現実主義は，歴史の必然的進歩についての仮定を否定するところにあり，続いて，人間は平和を享受したいならば戦争原因を努力して排除しなければならないという主張になる。この手の現実主義は，恐ろしい示唆を含む理想的な仮定をともなうものである。介入主義理論に基づいて行動する国家は，国際関係における裁判官と執行人にならなければならない。まっとうな理由でどんな戦争でも正当化できるかもしれないが，国家間の紛争においてどちらの理由が正しいと誰が言えるだろうか。もしある国家が正義の旗を振りかざしたとしても，それに対抗する国家も同じことをするだろう。18世紀半ばの外交官であり著作家でもあったエメリッヒ・ド・ヴァッテルが言うには，そうなるとそれぞれが「戦

---

[70] Cook and Moos, *Power through Purpose*, pp. 1, 210.

争のすべての権利は自分側にあるとし，敵には権利はないと主張することになる。問題となっている権利はそのため，どちらのものとも決定されなくなる。そして対立はより残酷で破壊的結果を生むようになり，終わらせるのが難しくなる」[71]。国益の狭い計算に基づいて起こる戦争は，利他的と考えられている理想主義によって引き起こされる戦争よりも確実に損害が少ない。歴史においてはこの論理の有効性が明らかだったことが多い。この事実は，A. J. P. テイラーによってより簡潔に要約されている。「ビスマルクは『必要な』戦争を戦って，何千人もの人を殺した。20 世紀の理想主義者は『正義の』戦争を戦って何百万人もの人を殺している」と，彼は述べている[72]。

理論の破綻

　平和と戦争は，それぞれ，良い国家と悪い国家の所産である。もしこの命題が本当だとしても，国家をいまある状態から望ましい状態に変えるには何ができるのだろうか。この問題は，国際関係の自由主義理論の第 1 の批判へとつながる。同じように根本的な第 2 の批判は，最初に示した命題が本当かどうかというかたちで提起される。悪い国家が戦争を起こすという命題は，戦争を起こす国家はどれも「悪い」とレッテルを張るだけで真実になってしまう。だが他方，良いとされる国家が多く存在することは，平和を意味するのだろうか。第 1 の批判は処方箋の実行可能性についてのものだが，第 2 の批判は，出発点になる分析が十分真であるかどうかに関するものである。

　自由主義者は，すべての紛争が根絶されてあらゆる対立が終わるような極楽の境地を望んでいるのではなかった。国家間に紛争があったとしても，戦争によってそれを解決する傾向はなくなるというのである。国家が進歩しているという前提をさしあたり認めるならば，国家間の相違を平和的かつ合理的に調停する能力が高まるにつれて，戦争の頻度は減少する。たとえば，19 世紀半ばの自由主義的な理想主義者である T. H. グリーンは，国家がより代議制に近づけ

71　Vattel, *The Law of Nations*, tr. Fenwick, III, 304-5.
72　Taylor, *Rumours of War*, p. 44.

ば，必ず「国家は相手との関係を冷静・中立的に処理する」と考えた[73]。しかし，戦争システムにとって代わるものとはいったい何なのか。調停システム，和解システム，あるいは国家が自発的に国際法廷に紛争を提訴し，自発的にその判決に従う，緩やかな法的システムであろうか。そういった事柄に関しては，ベンサムから今日まで，自由主義者たちの意見はさまざまである。しかしながら，最近まで彼らのほとんどはいくつかの基本事項に関しては一致していた。それはつまり，組織化は最小限に抑えられるべきであり，侵略軍を直接撃退するためを除いては，軍事力を使用しないことである。世論が偉大なる制裁であり，利害の均衡が基本的保障である[74]。紛争は，政治的操作なしに，合理的・平和的に解決されるというのである。

これはまたまた，国際関係に適用されたアナーキストの理想であるが，自由主義者の大半は，そのようには考えなかった。政治の意味を取り違えた人々もいれば，国内政治に応用した論理をそのまま国際政治に応用した人々もいたからである。たとえば，コブデンは，しばしば政治の意味を取り違えたようである。1849年6月12日，彼は下院で，イギリス外務省が他国と仲裁協定について交渉をするよう呼びかけるべしとする決議を支持して雄弁をふるった。その演説のなかでコブデンは，人々が私生活でやるような仕方で，共同体で紛争を解決すればよいだけだと述べる[75]。ウィリアム・ハワード・タフトの『アメリカと平和』の第4章，ウィリアム・ボラー上院議員の戦争の非合法化の決議案，またそれに賛同するサーモン・レヴィンソンとチャールズ・クレイトン・モリソンの著作は，いずれも政治についての同様の無理解を示している。アメリカの最高裁判所の判決は政府の組織的権力によってではなく，世論の自発的な支持によって効力を発揮するのだという信念に基づいて，彼らは国際関係におけ

---

73 Green, *Lectures on the Principles of Political Obligation*, par. 175.
74 均衡の考え方については，たとえば Bentham, "Principles of International Law," in *Works*, ed. Bowring, II, 538 を参照：「経験が繰り返し語るところによれば，国家は，抵抗を最小限にする方針を模索するか，少なくとも同じ国内社会の個人がそうしたように，それを見出すべきである。この方針が，すべての国家をまとめた場合に最も効用が大きく，共通のものである」。「平穏は，すべての強国が均衡したときに訪れるものであり，その場合の最大の困難は，強国が均衡状態から外れることである」。
75 Cobden, *Speeches*, ed. Bright and Rogers, II, 161.

る国家間でも同じような方法で似た結果がもたらされると論じている。彼らは国内でいかに紛争が解決されるのかについての正しい理解を欠いたままで，国際間の紛争も同様に解決せよと説くのである[76]。これは，最高裁判所がしばしば直面する困難——たとえばアンドリュー・ジャクソン大統領との対決や，今日の人種差別禁止の判決のような事例——を無視しているだけでなく，力が目に見えなければ存在しないと決めてかかるという根本的な誤りを冒しているのである。そして彼らは国際間の紛争を，国内での紛争がどう解決されるのかについての正しい理解なしに，国内と同じやり方で解決しろと論じる。国内では，理性と力との混合からなっている制度が紛争を解決しているのに，国際間では理性が力を凌駕すべしと，彼らは言う[77]。個人間の紛争は入念につくりあげられた裁判制度のおかげではなく，必要ならば力を行使できるから解決可能なのである。もし被告が意のままにできるなら，彼に不利な判決がどれだけ無視されることだろう。そして果たして進んで牢に入り，おとなしく絞首刑台の縄に首を差し出すだろうか。また，そもそもそれを回避しようとして裁判に持ちこまれた損害を自発的に支払う気になるだろうか。判決を支えるための組織的権力を背後に持たない国際法廷は，国内の裁判所とは全く異なる状況におかれているのだ。自由主義者たちは法制度の良い果実だけは頂き，そのための代価はしばしば払いたがらない。

　より限定的意味で，ウィルソンは転換点を示している。初期の自由主義者の大半は，国際機関は不要であり，危険であると考えていた。彼らのあいだに意見の違いはあるものの，天秤は明らかに別の方向に傾くことになった。多くの自由主義者たちが自由放任政策の必要条件のうち，消極的なものから積極的な

76　1923年2月，上院にボラーが提出した決議のなかでは，議論は以下のように要約されている。「［国際裁判所の］判決は，いかなる名のもとにおいても，またいかなる形式であっても戦争によっては強制されず，われわれの連邦最高裁判所と同じ権力でもって強制される。つまり開放的で公正な調査と中立的な結論に基づく判決と，国家がそのような判決に従い，それに拘束されることへの合意と，啓蒙された世論の強力な力をすべての啓蒙国家が尊敬することである」。Madariaga, *Disarmament*, pp. 365-67に再録。

77　たとえば，レヴィンソンの見解は正反対である：「国内紛争であれ国際紛争であれ，紛争の強制的解決方法は2つしかない。1つは軍事力によるものであり，もう1つは法によるものである」。*Outlawry of War*, p. 14.

第4章　第2イメージ

ものへと国内政策で力点を移すにつれ，数多くの国際関係の自由主義者たちは，教育および紛争の理性的解決から，必要な政府機能を遂行する国際的組織の提唱へと議論を移していった。よって，もし戦争が政府に類似するものならば，戦争を根絶するには，その機能を遂行するのに必要な備えがなされなければならない。しかし古い論理が存続し生き続け，それに基づいた古い誤りもくり返される。ウィルソンは，国家に，人間の場合と同様の道徳的基準が普及する新しい時代を予想した。必要不可欠な条件は，もちろん国家が民主的になることであり，これは，ドイツに対する宣戦布告を議会に呼びかけたときの彼のメッセージに最も明白に表現されている。「平和のための確かな協調は，民主主義国家の連携による以外，維持されることは決してない。専制主義政府が約束を守ったり規約を遵守するとは考えられない。……自由な人々のみが共通の目的への決意と敬意を保ちつづけ，自己の狭い利益よりも人類の利益を優先させることができる」と彼は述べた[78]。

世界の平和はまだ軍事力──ウィルソンの言葉では，「人類の組織化された主要な軍事力」──にかかっているが，これは過去の勢力均衡政治において示されたような軍事力ではない。パワーの均衡ではなく，「パワーの共同体」がウィルソンの理想である[79]。そして民主的な国際共同体が実現すれば，世論の新しい力が，国家の陸海軍の古い力にとって代わるのである。「われわれが求めるのは，被統治者の同意に基づき，組織化された人類の意見によって維持される法の支配である」と，あるときウィルソンは言った[80]。民族自決は民主主義を生み，民主主義は当然ながら平和的である。単位が共同体を形成する場合には，互いに似たような価値を持っていなくてはならない，とウィルソンが考えるのは見当違いではない。われわれは類似性を得る困難についてはすでに触れた。この困難は，ウィルソン自身がまもなく経験することになった。くわえて，われわれは伝統的に定義される軍事力が国家間関係において不要になるま

---

[78] ウィルソンの議会演説，1917年4月2日。Woodrow Wilson, *Selections for Today*, ed. Tourtellot, pp. 143-44. この点についてのウィルソンの立場の段階的発展とランシング長官への影響については，Buehrig, *Woodrow Wilson and the Balance of Power* のとくに pp. 138-44 を参照。

[79] ウィルソンのアメリカ連邦議会上院での演説，1917年1月22日。Woodrow Wilson, *Selections for Today*, ed. Tourtellot, p. 131.

[80] ウィルソンのマウント・ヴァーノンでの演説，1918年7月4日。*Ibid.*, p. 54.

えに，どのくらいの共同体が必要なのかという問題に直面せねばならない。国家同士の関係において，イギリス人やアメリカ人のような道徳性を示せばそれで十分であろうか。小国の権利が守られるべく，規約を結ぶようウィルソンが諸国に呼びかけたとき，彼は実際，生産者の関係は生産者同士の契約によって十分管理されると考えた初期の自由放任の自由主義者たちの楽観主義に戻っていたのである[81]。

第1イメージおよび第2イメージの様式に基づいた戦争の問題への解決策は，対峙する単位の完全性が可能だということを前提としなければならない。人間と同様，国家にとっても完全性は不可能であるから，自由主義システムはせいぜい世界平和の類似物を生み出すのみである。そういった類似物があれば，国家は，進んで協力しようとする他国を信頼できると考えるのは論理的であろうか。いきおい不完全にならざるをえない利益の均衡と世論の力とが相まって各国が自国の利益を守るために常時力をたくわえておくことを不必要とするのだろうか。答えがノーだとすれば，勢力均衡政治がまた繰り返される，という遺憾な光景はどうやって避けられるのか。自由主義者の切望は，アナーキズムが不可能な理想であるというまさに同じ理由のために，絶望的である。決定を下し，それを強制する手立てがほとんどないまま，秩序と正義を維持するには，人間の場合であれ，国家の場合であれ，システムの単位間に高度の優秀さが求められる。そのために必要な進歩を確実にするには，はるかに不完全な者のあいだで秩序と正義らしきものを維持するのに必要とされるものよりも，ずっと強力な軍事力を必要とするかもしれない。そして紛争が，単位の内在的な欠陥だけでなく，単位間の関係の性質から生じるのであれば，たとえ個々の単位がいくら進歩しても，それだけでは無政府状態のなかで調和を生むには十分ではない。つまり，自由主義の処方箋は実現可能性に欠けており，それは自由主義者の分析の不十分さに直接つながっているのである。国内的正義がより強力で積極的な政府を必要とするのと同じく，正義をともなう平和には，政府の資質をより多く備えた国際組織が必要なのである。

---

81 ウィルソンの議会演説，1918年2月11日。*Ibid.*, p. 166.

結　論

　この章では，自由主義思想の様相を，国内的には自由放任から修正主義的自由主義まで，国際的には個別の国家内での改善から国際組織の必要性の受け入れまで，紹介した。しかし，そこで想定されている種類の国際組織には，目的を達成するための十分な機能がない。国内の場合でもよくあるように国際関係においても，この点で理性を軍事力に代替するという，自由主義者の従来からの傾向は非常に明白である。自由主義者自身の論理を厳密に適用すれば，彼らが望む平和な世界を確保するために，どのくらい組織的軍事力が必要とされるかをより執拗に問わねばならないことになる。自らを自由主義者と見なす多くの人々は，これが自分たちの思考様式であることを受け入れないかもしれない。実際，より眼力のある自由主義者は，実際面での難しさおよび理論的破綻としてわれわれが述べてきたことに気づいて，本物の世界政府を提唱したり，あるいは勢力均衡政治の必要性を受け入れるという不愉快な選択肢を主張したり，またあるいは単に絶望したりするかもしれない。要するに，第2イメージに基づく国際関係の分析の不十分さに気づくかもしれないのである。

　民主主義国でいっぱいになった世界は永遠に平和な世界であろうが，専制主義の政府は好戦的である，……君主制は平和的である，民主主義は無責任で衝動的でその結果戦争を誘発する，……政治組織ではなく経済組織が鍵である，つまり資本主義の民主主義国は積極的に戦争を起こそうとし，社会主義の民主主義国は平和的である，等々。これらの公式には多くの支持者があり，その結果，おのおのの支持者は，批判と歴史によって課題を負わされることになった。第一次世界大戦中の駐英アメリカ大使ウォルター・ハインズ・ペイジは，以下のように述べた。「王様なしの政府が考えられないところではどこであれ，安全はありえない。また，今後も決してありえないであろう。挑発もされずに征服の道をたどるような民主国家は考えられない」。これに対して，故イング司祭は，非常に簡潔にこう答えた。「メキシコ人，スペイン人，フィリピン人，あるいは日本人に聞いてみたまえ！」[82]　エンゲルスは1891年にこう書いた。

82　Inge, *Lay Thoughts of a Dean*, pp. 116-17.

「社会主義のフランスと社会主義のドイツのあいだには，アルザス＝ロレーヌ問題は全く存在しない」[83]。2つのブルジョワ政府の利害は対立するかもしれないが，労働者の利害は対立しないというのである。しかし，チトーはスターリンと袂を分かった。ロイ・マクリディスは，「2つの共産主義国は，過去にブルジョワ国民国家が示したのと同じような無能力さを示す運命にあった」ことを予想できたかもしれないと書いている[84]。そしてこのことはマックス・ウェーバーがその約30年前の著作のなかで予測したこととほぼ全く同じであった[85]。

18世紀フランスの合理主義者たちの楽観主義は，フランス革命戦争によって打ち砕かれた。19世紀自由主義者の楽観主義は第一次世界大戦および第二次世界大戦によって打ち砕かれた。さらに時代をさかのぼれば，多くのフランス人にとって，啓蒙専制主義が恒久平和を保証するはずであった。もっと後世の大半の自由主義者にとっては，共和政府が同じ機能を果たすものとされた。楽観主義者の理想が打ち砕かれるのは，彼らのあれこれの処方箋が間違っているからであろうか。民主主義は平和をもたらすのだが，正しい種類の民主国家が十分存在しなかったために戦争が起こったということなのだろうか。あるいは，社会主義という政府形態には平和が保証されているが，いまのところ本物の社会主義政府が存在していないということなのだろうか[86]。どちらかの答えがイエスならば，それぞれの処方箋の長所を評価して，どちらのほうが，あるいはどういう組み合わせが，なかなか達成できない平和へと至る秘訣になるのか定める必要がある。しかし，自由主義理論に対するわれわれの批判の趣旨は，そもそも第2イメージによって描かれた国際関係のいかなる処方箋も有効ではなく，アプローチそのものが間違っているということである。自由主義者に対するわれわれの批判は，世界平和をもたらすために，国家や社会のある1つの一般化されたパターンに依拠するあらゆる理論に当てはまる。

悪い国家は戦争を引き起こすというのは，先に述べたように，重大な意味に

83　エンゲルスからベベルへの手紙，1891年10月24日。Marx and Engels, *Selected Correspondence*, tr. Torr, p. 491.
84　Macridis, "Stalinism and the Meaning of Titoism," *World Politics*, IV (1952), 226.
85　*From Max Weber: Essays in Sociology*, tr. and ed. Gerth and Mills, p. 169.
86　Dedijer, "Albania, Soviet Pawn," *Foreign Affairs*, XXX (1951), 104を参照：「ソ連の国家資本主義ではなく，社会主義が平和を意味する」。

おいて真実である。しかし，この陳述の逆，すなわち，良い国家は世界平和をもたらすというのは，非常に疑わしい命題である。国際関係の第2イメージに特有の問題は，第1イメージに見られる問題と同じ種類のものである。国際社会も含めて自分たちが住んでいる社会は人間がつくるという命題は，単に間違っているからだけでなく，不完全であるために批判された。人間が住む社会が人間をつくるということも付け加えるべきであり，それは国際関係においても同じである。国家の行動，あるいはより正確には国家のために行動する人間は，国際関係の内実をつくりあげる。しかし，国際政治環境は，国家の行動様式に大きく影響する。戦争と平和の方程式を解こうとする際の国家の国内構造に起因する影響は，国際環境のもつ重要性を考えに入れたうえでないと判断できない。これについては第6章と第7章で扱うことにする。まずは次章で第2イメージに基づいた，数々の平和のための行動のプログラムを考案しようとする真剣な試みを検討することにしよう。

第 5 章

第2イメージからの推論
―― 国際社会主義と第一次世界大戦の到来

> われわれの産業のどれかひとつでも，製品市場がなくなるや否や，新しいはけ口を得るために戦争が必要となる。第3のジーランドでわれわれは3分の2の住民を殺し，残りの住民にわれわれの傘やズボンつりを強制的に買わせた。
> ――アナトール・フランス『ペンギンの島』

　政治問題についての思索の歴史を通じて，国家の構造とその国家が起こす戦争のタイプとの関係については，部分的に矛盾する2つの考え方がある。その説を受け入れた人の数とその内容とによって19世紀ドイツにおいて有名になった，対外政策優先（Das Primat der Aussenpolitik）という観念は，少なくともギリシャと同じくらい古い。たとえば，アリストテレスは，国家の政治構造は軍事組織によって大きく影響される可能性があり，また軍事組織は地理的位置のような政治以外の要因によって必然的に定まると論じた[1]。国内政治構造によって軍事力の組織やその使われ方が決まるという，これと反対の意見も，同じくらい重要と見なされてきた。それを示すにはプラトンと，フランス革命軍の例に触れれば十分であろう[2]。第2イメージは，国家の国内構造が軍事力の形態とその使われ方のみならず，対外行動一般を決定するという，後者の意

---

[1] Aristotle, *Politics*, tr. Jowett, 1321a: 1274a, 1304a を参照。
[2] Plato, *Laws*, tr. Jowett, 628 を参照：「対外戦争のみに注意を向ける人，もしくは対外戦争にまず第1に注意を向ける人で……本当の政治家になれる人はいない。また，そのような人は平和のために戦争を命じ，戦争のために平和を命ずるといった健全な議員には決してなれないであろう」。

見をより一般化して述べたものである。前章で示したように，多くの人々がこれを信じてきたし，依然としていまもそうである。中欧諸国がなぜ第一次世界大戦を始めたのかを説明するのに，ウッドロウ・ウィルソンとエドワード・グレイ卿は第2イメージに従ったが，戦後の修正主義の歴史家たちは，やはりそれに匹敵するフランス，ロシア，イギリス，アメリカの有罪性を論じる際に第2イメージを使った。そして1940年代と1950年代，第二次世界大戦の歴史修正主義者たちは，ベンサムやブライトの方法でものを書き，発言し続けた。ジョージ・ワシントンの「ヨーロッパのごたごたにかかわりを持つなかれ」というよく知られた言葉を使わずにブライト風の言葉でいえば，アメリカは国への差し迫った危険もないし，人々が期待できるような利点もないのに，政府内外のあれこれの人物が獲得したり保持できるパワーとか利益のために戦争へと身を投げ入れたのだと，この手の人たちを批判した。かくてジョン・フリンによれば，フランクリン・ローズヴェルトはアメリカの第二次大戦への参戦をニューディールという国内法を推進するための隠れ蓑として使おうとしたことになる。だが，チャールズ・ビアードの見解によれば，ローズヴェルトがアメリカ人を国際政治に深くかかわらせたのは逆の理由，すなわち国内で必要とされた経済改革を確実にすることにからんだ複雑な政治問題から逃れるためであった[3]。

マルクスおよびマルクス主義者の見解は，第2イメージが最高に発達した形態に相当する。一見したところでは，戦争と平和に関する社会主義者の見方は，「資本主義国家が戦争の原因なので，国家に革命を起こして資本主義を破壊し，社会主義を樹立することによって平和がもたらされる」ということに尽きる。さらに，第一次大戦時における諸国の行動——すなわち社会主義者たちが戦争を防止しなかったことではなく，戦争に反対しなかったという考え——は，ある意味で社会党や彼らが依拠しているはずの理論への反証のように見える。だが，このように単純化をしてしまうと，興味深い点をほとんどとり逃してしまうことになる。過去の社会党の行動，および戦争と平和に関する社会主義理論

---

3 Flynn, *The Roosevelt Myth, passim*; Beard, *Giddy Minds and Foreign Quarrels, passim*, and *A Foreign Policy for America*, ch. v を参照。

第 5 章　第 2 イメージからの推論

をより詳しく考察することによって，第 2 イメージが意味するところや，実践上の困難，そしてその一般的応用を適切な方法で示すことができるだろう。

マルクスの分析の構成部分は非常によく知られているので，要約して述べるだけで十分である。すなわち，(1) 資本主義の生産様式はブルジョワとプロレタリアートという 2 つの敵対的階級を生む。(2) 資本主義国家はそのうちの 1 つの階級であるブルジョワジーにとって都合のよい政府機構の支配を象徴している。(3) 資本主義国家は，階級闘争を実際に終わらせることなく，一定の管理下におくものである。(4) 戦争は国内の階級闘争が対外的に表現されたものであるため，戦争の問題は資本主義国家の存在とともに存在する[4]。(5) 一方，社会主義は戦争を永久に廃止する。以上である。この 5 番目の点は反論の余地がないかたちで，それに先行する論点に続いている。国家がある 1 つの階級の別の階級に対する支配であるならば，社会主義はすべての階級を破壊することによって国家を廃止することになる。そして戦争とは国家間の軍事的紛争であるのならば，国家の廃止が戦争の終わりとなるに違いない。とすると，戦争と平和の問題はもはや存在しないことになる[5]。

理屈は通っているが，これらの命題は，後世の社会主義者にとって最も重要な点においてあいまいである。そのあいまいさは，社会主義理論がマルクスに従う限り，「平和を得るために破壊されなければならないのは，資本主義なのか，国家なのか，あるいは両方が廃止されねばならないのか」という疑問に答えようとしなかったことから生じている。社会主義の黄金時代に至るまでマルクス

---

[4]「これまで存在してきたすべての社会の歴史は階級闘争の歴史である」(Marx and Engels, *Communist Manifesto*, tr. Moore, p. 12)。国家間の戦争と平和が，この階級闘争の異なる局面を反映しているということは，歴史についてのマルクスとエンゲルスによるさまざまな評論で明らかにされている。たとえば，Marx, *Capital*, tr. Moore and Aveling, Vol. I, ch. xxxi; Engels, *The Origin of the Family, Private Property and the State*, pp. 150-57; Marx and Engels, *Communist Manifesto*, tr. Moore, p. 39 を参照。同じ見解が，マルクスに従う人々のあいだでも異なる度合いで見られる。Lenin, *The Collapse of the Second International*, tr. Sirnis, p. 22; Laski, "The Economic Foundations of Peace," in Woolf, ed., *The Intelligent Man's Way to Prevent War*, pp. 500-5; Strachey, *A Faith to Fight For*, p. 44 を参照。

[5] 本来のマルクス主義理論では，社会主義国家間の平和の問題は，革命から国家の消滅までのあいだにのみ生じる。そのため，その期間内の国家間の平和の問題は，マルクスとエンゲルスの頭のなかにはなかったのである。

についていこうとする人々にとっては、この点についてのあいまいさがないのは確かである。なぜなら社会主義の黄金時代が到来すれば、国家も資本主義ももはや存在しないため、その一方もしくは両方が主犯であるかどうかは大して重要ではない。そして未来の黄金時代に先立つ過渡期に関しては、マルクス主義者はさまざまな条件をいちいち分解して分析してみるかもしれないが、現実には資本主義は階級闘争とも、国家とも、戦争とも無縁なものではないと主張するだろう。マルクスの忠実な信奉者にとっては、戦争と平和についてのマルクスのあいまいさは重要ではないのである。この点についてのマルクスとエンゲルスの重要性は、国家の終焉が戦争の終焉であるという点にではなく、マルクス主義理論が、戦争と平和の問題を世界の革命的プロレタリアートの勝利に従属させているというまさにこの事実にある。プロレタリアートが勝利した時点で、人間はもはや国家にではなく、非政治的で自由な組織に結合されて生きるのである[6]。プロレタリア革命が世界的成功を見るまでは、国際政治におけるマルクス主義は、戦争の廃止にではなく別の2つの問題に関心を持っている。すなわち、平和が国際的社会主義の利益にかなう限りにおいて平和を引き延ばすことと、革命の到来を早めるために必要な戦術としての戦争である。

　資本主義国家が戦争の原因であり、社会主義は平和をもたらす。この点においてマルクスは明快である。しかし、社会主義国家からなる世界は平和な世界になるのであろうか。マルクスとエンゲルスの著作には、この疑問への答えはどこにもない。2人の理論構築において、この疑問は、社会主義のもとにある国家とともに、単に「消えてなくなる」のである。

第一次大戦時の社会党

　マルクス主義理論は、第一次大戦中の社会主義者の行動とどう関係するのだろうか。端的に言えば、第二インターナショナルは、プロレタリアートの一様な利益についてのマルクスの仮定を、ヨーロッパの平和を維持する包括的な行動プログラムに移し替えようとしたのである。この移し替えのプロセスが実に

6　Marx and Engels, *Communist Manifesto*, tr. Moore, pp. 43-44.

第5章　第2イメージからの推論

難しいものであることが，1914年という運命の年が近づくにつれ次第に明らかになった。第二インターナショナルの会議の際にたびたび平和決議が出され，決議は毎回社会主義者たちが戦争に反対する点で結束していると語っているように見えた。彼らは戦争が悪であると合意する点では結束していたが，社会主義者が戦争において実際にどう行動するのかについては異なっていた。フランスとイギリスの社会主義者たちの支持を得て，ジャン・ジョレスとケア・ハーディは，ただちに実行できる積極的なプログラムを熱心に説いた。社会主義者は資本主義国が平和になるよう強制すらできると彼らは述べた。それには多くの方法があるが，極めつけは，戦争を起こすいかなる政府に対しても大衆のストライキと暴動をもって脅かせばよいというものだ。この見解は，第二インターナショナルの決議にしっかりと反映されている[7]。しかし，同じくらいの確信をもって述べられている別の見解が，同じ決議のなかに記録されている。フランスの社会主義者の幾人かは，そしてドイツの社会主義者のほとんどは，資本主義国家は本来まさに戦争システムに結びついているので，世界平和への希望は，資本主義国家が早く衰退するよう働きかけることであると主張した[8]。

　異なる見解のあいだの和解は表面的なものに過ぎなかったにもかかわらず，社会主義者のあいだには社会民主主義が戦争に反対する効果的な方法として役立つという確信が生まれた。しかし，実際には役に立たなかったのである。すべての社会主義政党のなかで最も大きかったドイツの政党[9]は，1914年に始

7　1907年，於シュトゥットガルト。これは1910年にコペンハーゲンでも繰り返された。「戦争が差し迫っている場合には，関係国の労働者階級とその議会の代表者たちは，国際局の助けを借りて，戦争予防のためにできることすべてを成すべきである。この目的のためには，最も効果的に見える手段を使うべきであるが，それはもちろん，階級戦争と一般的な政治的条件の深刻さによって異なるものである」。Walling, *The Socialists and the War*, pp. 99-100 から引用。
8　於シュトゥットガルト：「したがって戦争は資本主義の本質と不可分のものであり，資本主義が衰退するか，武装の規模が増大した結果，人的・金銭的犠牲があまりに大きくなったために人々がそれに反抗して立ち上がり，資本主義を消し去ってしまって，初めてなくなるものである」。*Ibid.*, p. 38.
　於コペンハーゲン：「戦争は，資本主義の生産様式が消滅してこそ完全になくなるだろう」。*Ibid.*, p. 40.
9　ドイツ社会民主党（The Sozialdemokratische Partei Deutschlands）のことである。これ以降，SPDと言及する。

まった戦争に反対しなかったばかりでなく，党大会で意見の不一致があったにもかかわらず，その月の4日には，ドイツのブルジョワ政府に戦争権限を与えることを満場一致で支持したのである。戦争に関与するようになったその他の国の社会主義政党も，自国政府を支持した。人は，先入観を持っているので，入念に構築されたインターナショナルの平和プログラムが崩壊したことを意外に思ったり，いかにもあやふやなつじつま合わせ（つまり社会主義とブルジョワ政府支持との合成物）が持続しているのを見て不可解と思うかもしれない。戦前の時期にそのつじつま合わせがいかに多くの論争を超えて生き延びたかについてはいろいろに説明されてきた。実際には意見の相違のほうがより重要であるにもかかわらず，意見の一致があるように見えるよう，国際的な秘密会議のたびにさまざまな意見を妥協させたジョレスの巧妙さを強調する者もいれば，平和プログラムの人道的アピールのために，多くの意見の相違が乗り越えられたということを強調する者もいた。より一般的には，互いに反対している人々は，対立点が多くあっても意見が一致しているかのような印象を与えることがある。SPDが，行動を要請されない限りにおいて一致しているように見えたのと同じく，第二インターナショナルは，反戦の立場を実行に移すよう要請されない限りは一致していたか，もしくはほぼ一致しているように見えたのである。この原則を卑近な表現でいえば，夫と妻は，いまの寝室の壁が不快な色で塗られているということでは意見が一致しているかもしれないが，この意見の表面的な一致のもとで，夫は色が暗すぎると思い，妻は逆に明るすぎると思っているのかもしれないことに彼らが気づくようにするべきだということである。

　第二インターナショナルの平和決議で達成されたかに見えた表面的な調和は，戦争の勃発と同時に，その表面下にあった利害と意図の食い違いに道を譲ることになった。異なる社会主義政党のあいだの行動における対立は，インターナショナルの会議の議論に反映されているように，社会主義陣営のなかの理論的対立を勘案すれば説明できたはずである。しかし，そうはならず，議論は別の点に移った。社会主義者たちは，明確な良心でもって，防衛目的の戦争において自国を支持することができると一致して考えたため，この戦争がどの国を守るためのものなのかという問題のほうに取りつかれたのである。イギリス，フランス，ドイツにおいて，おのおのの政党の大多数が明確に，戦争は自分たち

の国を守るためのものであると即答した。フランスでは，この戦争は防衛のためであるという確信，政府が資本主義であるにもかかわらず防衛目的以外の戦争にかかわることはないという確信が，戦争勃発直前のジョレスの次のような言葉に反映されている。

> フランスの社会主義者としてのわれわれの義務は単純である。平和政策がすでに政府の政策なのだから，政府にそれを押し付ける必要はない。好戦的な排外主義者の憎悪をこき下ろすのに躊躇したことなどない私には，フランス政府は，今日平和を望み，それを維持するよう努めていると述べる権利がある[10]。

フランスの政策についてのかなり偏ったこの見解においては，戦争は明らかにフランスに押し付けられた場合にのみ起こることになっている。しかし，戦争はフランスにとってと同じく，ドイツにとっても防衛のためのものではなかったのか。ドイツの社会主義者もそう考えたということが，戦争についての自己の立場を説明するSPDの以下のような言葉に示されている。

> ……われわれは外国の侵略の恐怖にさらされている。われわれのいまの問題は戦争と平和のどちらが相対的に良いかではなく，われわれの国を守るためにいかなる手段をとらなければならないかを考えることなのである。
> ……われわれの人民と独立に関する限り，自国の気高い国民の血にすでにまみれているロシアの専制主義の勝利によって，すべてではないにせよ多くが危険にさらされているのである。
> したがって，この危険を避け，われわれの母国の文明と独立を守るということが，われわれにゆだねられている。それゆえ，われわれがいつも言ってきたことを今日，正当化しなければならないのである。危機に臨んで，ドイツはわれわれをいつもあてにしてよい。
> われわれの立場は，国際労働運動の基礎的な原則に基づいており，つねにすべての人民の国家的独立と国家防衛の権利を認めてきた。そして同時に，われわれは征服のためのあらゆる戦争は非難する[11]。

そして，少なくとも7月31日までは，SPDの準公認機関であるフォルヴェ

---

10 1914年7月28日，ブリュッセルにおける国際社会主義委員会の会議でのハアセへの回答。La Chenais, *Le Goupe Socialiste du Reichstag et la Déclaration de Guerre*, p. 30 から引用。
11 Walling, *The Socialists and the War*, pp. 143-44 に再録。

ルトは，現に勃発しようとしているものも含めて，すべての戦争はいたるところで資本主義に鼓吹され，よき社会主義者に反対するものであるとして非難した。ドイツの社会主義報道機関で日々出版された大胆な宣言によると，ドイツの労働者は，たとえロシアが将来戦争に突入しても，ドイツの資本主義者のためには戦わないとした。

すべての好戦的国家の社会主義者たちは，すべての政党の人間と同じく，国際政治の網の目にとらえられた。フランスの社会主義者たちは，現実の戦争状況のもとでは，ドイツの社会主義者たちがドイツの軍国主義を効果的に制約できないことを恐れていた[12]。そしてドイツの社会主義者たちが政府の戦争遂行を妨げることができなかったならば，フランスの社会主義者たちはフランスを守るのに力を貸さなくてはならないことになる。一方，ドイツの社会主義者たちは，ドイツの軍国主義を効果的に制約すれば，最終結果としてドイツがロシアによって征服されることになると恐れていた[13]。それを避けるには，ドイツの社会主義者たちは，ドイツを守るために協力しなければならない。社会主義者であるとないとにかかわらず，イギリス人の多くにとっては，ドイツのベルギー侵攻によって，戦争は防衛的性格のものになった。また社会主義者であるとないとにかかわらず，大半のドイツ人にとって，ベルギー侵攻は防衛戦略に命じられた攻撃的戦術だった。

戦前の平和決議によって，社会主義者たちは防衛戦争に参戦することを許された。しかし，戦争は誰にとっても防衛であることがわかったのである！　この難題は予期できないことではなかった。防衛戦争に賛成して戦争責任を否認する者には何のあいまいさもないと主張するアウグスト・ベベルに対して，

12　Lair, *Jaurès et l'Allemagne*, pp. 91-93 に引用されている。ジョレス（Jaurès）が 1904 年にアムステルダムで行った演説をとくに参照。

13　宣戦布告の数週間前に開かれたフランス社会主義議会において，フランスの少数派の１人であるゲスデ（Guesde）が述べたことを参照：「ゼネストはより進歩した国の社会主義にとっては真に危険となるだろう。それに，国際局はどうやってストライキを同時に起こせるのか。また，起こせたとしても，異なる労働組織の力の相違は残るのではないか。強力に組織された国ほど押しつぶされてしまうだろう。そうすれば，それは社会主義に対するひどい裏切りである」。Walling, *The Socialists and the War*, p. 60 から引用。似たような発言を，ベベル（Bebel）が早くも 1891 年の時点で行っている。Joll, *The Second International*, p. 73 を参照。

第 5 章 第 2 イメージからの推論

1907年にカール・カウツキーは，政治的に最も洗練された議論であっても，とりわけ戦争勃発の直後にはどの国家が戦争を始めたのかについて意見が異なってもおかしくないと答えた。カウツキーは，より客観的と見られる別のテストを提案した。プロレタリアートが所与の戦争に参加するか否かは，プロレタリアートの利害によって決められるべきであると彼は強く主張したのである[14]。1914年の晩夏〔欧州戦争の勃発〕をどう見るかの論争を評して，カウツキーが達したのは，ただ1つの結論である。それは，どの基準も客観的な指針にはならないということである。フランスとドイツの政党は，誰に戦争勃発の責任があるのか，そしてプロレタリアートの利益にかなう道は何かという問題を考え，正反対の結論に至った。このことは，少なくとも戦時には，プロレタリアートの利害が国際的に一致するというのは虚構であることを指しているようだ。そしてこれが，第3の基準を提案するなかで，カウツキーが受け入れた結論なのである[15]。人は，どの国が侵略国であるかについて論じ，ドイツのフランスに対する勝利，もしくはロシアのドイツに対する勝利によってプロレタリアートが脅威にさらされるかどうかについて意見が異なるかもしれない。しかし，「すべての人民，そしてすべての人民のプロレタリアートは，敵が国境を越えて戦争の恐怖と破壊をもたらさないようにすることについて切迫した利害関係を持っている」ことは明らかであると，彼は言う。誰が侵略者であるか，あるいはプロレタリアートの国際的利益がどこにあるのかについては誰も権威を持って言えないのであるから，おのおのの国家が「できる限りのことをして危機を脱出」しなければならない。とすると，第3の基準は，戦争は防衛戦争として遂行される必要があるということになる。プロレタリアートは防衛努力のみを支持できると規定することによって，実際に国家の防衛が問題となっている戦争にのみ，プロレタリアートは参加することになる[16]。このアプローチがより有用な基準であるかどうかを論じる必要はほとんどない。基準を苦労して求め

---

14 カウツキーのテストはより良いマルクス主義である。上記121~22頁を参照。
15 Kautsky, "Die Internationalität und der Krieg," *Die Neue Zeit*, 33d Year, I (November 27, 1914), 248 を参照。インターナショナルは，「戦争における効果的な道具ではない。それは本質的に平時の道具だ」。
16 Kautsky, "Die Internationalität und der Krieg," *Die Neue Zeit*, 33d Year, I (October 2, 1914), 4, 7-8.

たこと自体が十分示唆的である。

　これまで指摘してきたように，第二インターナショナルの決議は，プロレタリアートが防衛戦争に参加するのを禁止するものではなかった。しかし，これらの決議には，ヨーロッパの戦争は，おのおのの社会主義政党が自国の防衛を急いでするのではなく，すべての社会主義政党が戦争に反対する国際的運動に参加するシグナルになるという確信が反映されていた。つまるところ，社会主義者たちは，彼らのブルジョワ国家を防衛することにどのような利益を持っているのだろうか。会議の議論で絶えず生じた意見の違いにもかかわらず，多くの社会主義者にとって，この問いへの答えは，「何の利益もない」というのが明らかであるように見えた[17]。であれば，戦争がいったん勃発すると，社会主義者たちが侵略戦争と防衛戦争を区別するという持続的な試みにかかわるようになったというのは十分でない。どうして国家防衛が彼らにとって重要になったのかを説明するには，国際政治と同時に国内政治を考えなくてはならないし，母国への愛と同時に社会主義が期待するものを考えなければならない[18]。フランスの安全は，ドイツ＝オーストリア連合が東で勝利することによって，おそらく取り返しがつかないほど危険にさらされるだろう。そのようなことが起こらないようにするには，フランスは介入せねばならない。フランスの社会主義者がフランス愛国主義者でもある限り，彼らはブルジョワと同じように，この結論を受け入れなければならなかった。そしてフランスの社会主義者は，ジョレスに従う限り，愛国主義者であった。ジョレスは，社会主義と国家主権は両立できないものではなく，両者はともに社会主義の未来に必須な部分であるという議論を展開した。社会主義を国内で発展させねばならないならば，国家は防衛されなければならない。ドイツの社会主義者にとっては，少なくとも口先では，彼らの理論はマルクスの原理により忠実であったため，問題はもっと難しかった。一方でドイツの政党は，戦争前の選挙においては400万の票を集め，

17　カウツキーを参照：「戦争をとがめることにおいてわれわれは1つであり，戦争の究極的源が帝国主義的傾向にあることを，今日われわれは知っているのだから，インターナショナルのわれわれがすべての戦争の問題において完全なる結束を手に入れたと考えるのは容易だった」。Kautsky, "Die Internationalität und der Krieg," *Die Neue Zeit*, 33d Year, I (November 27, 1914), 240.

18　これらの点については，とくに以下を参照：Cole, *A History of Socialist Thought*, III, 60, 84, 91-96, 947-48; Schorske, *German Social Democracy*, ch. xi.

ほぼ3分の1の連邦議会議員を選ぶところまで成長していた。ドイツのすばやい軍事的勝利は，1914年の夏，無意味な夢以上に見える事態となった。とすれば，勝利の手柄がすべてブルジョワ政党のものになるという事実から，不参加のSPDは，国内政治において取り返しのつかない損害をこうむるのではなかろうか。そしてドイツがもし負けたなら，危機において国家の連帯を崩壊させ敗北を余儀なくさせた廉(かど)でSPDは責められるのではなかろうか。どのみち，戦争への反対は，政治的自殺行為を意味したかもしれない。ならば，ドイツ人であるなしにかかわらず，すべての社会主義者にとってその将来が非常に重要であると考えられているヨーロッパの中心に位置する巨大産業国家ドイツに，社会主義をもたらす見込みはどうなるのだろう。戦争の現実に直面して，ドイツの社会主義者たちは考え直し，ドイツがロシアに負けることはドイツ国家の資本主義組織の敗北のみならず，実際，中欧すべての社会主義の希望の敗北を意味すると結論づける一方，イギリスの社会主義者たちは，協商を結んでいる国のためにイギリスが介入しない限り，ドイツが勝利する可能性があり，「ドイツの勝利はヨーロッパにおける民主主義の死を意味する」と考えた[19]。そういった圧力に対する矛盾した反応は，敬虔な社会主義者たちのあいだでさえ見られた。国内的にも対外的にも，パワーをめぐる政治は，戦争のまえにあれほどまじめに骨折って統一を達成しようとした社会主義者の努力を打ちくだいてしまったのである。

　第一次大戦における労働者の行動は，国際的プロレタリアートは存在せず，自分たちの特殊な利害の定義によって行動が決まる国家的社会主義政党が存在するのみであることを示していた。すると，さまざまな国家的プロレタリアートの政党の利益が自然調和することは，さまざまなブルジョワ政府の利益が調和するのを説明するのと同じくらい難しいということになる！[20]　社会主義の

19　Humphrey, *International Socialism and the War*, pp. 112-13に引用されている，25人の労働党議員が署名した宣言。

20　後者の可能性については，マルクス自身に始まって多くの社会主義者が考察していた。たとえば，カウツキーは，先見の明ある資本主義者が「世界のすべての資本主義者よ，団結せよ！」というスローガンを受け入れない理由はどこにもないと考えている。Kautsky, "Die Internationalität und der Krieg," *Die Neue Zeit*, 32d Year, II (September 11, 1914), 920. ホブソンも資本主義の国際秩序の構築をおぞましいものとして考えていた。Hobson, *Problems of a New World*, pp. 182-86.

決議が想定したような，国家社会主義政党のあいだの自然発生的な合意を妨げる困難を理解するには，ここでの調和には，目的だけでなく戦術についての同意を必要とするということに気づけば十分である。すべての社会主義者に共通の抱負があったとしても，それは彼らが一致しているという十分な絆ではもはやない。資本主義国の政策に対する単なる口先だけの反対はもはや不可能であり，社会主義政党は行動で反対するか，反対を全くやめてしまうかのどちらかしかない。こうして自然発生的な調和についての仮定は崩壊してしまったのであり，それは避けられないものであった。

自国の政府を支持して結集するさまざまな社会主義政党の動機づけが，国家防衛への関心や国内の政治競争における自分の党の力の保持のように伝統的なものであるならば，社会主義革命におけるプロレタリアートの利益がほかのすべての利益と食い違い，それらを流行遅れの思想のごみの山にしてしまうというマルクス主義者の確信はどうなるのだろう。カウツキーは，利益調和の原理は実際には崩壊すると率直に認めた。ということは社会主義の目標が実際的な命題のように見えるものであり続けるためには，受け入れ可能なものという以上にオーソドックスな社会主義理論の犠牲を意味する。社会主義理論を救い出すためには，新しい条件にすばやく，賢明に適応させねばならない。レーニンはそのことを考慮に入れ，彼が適切と考えた理論を打ち出すことによって調整した。次の節ではレーニンに注目する。

事実への理論の適応——レーニン

第一次大戦期には，各国の社会主義政党は，感情的利害と物質的利害の絆によって国民国家に縛られていた。社会主義政党と国内の組織された労働者の利害とは，実際は理論上想定されていたようには完全には一致しなかったのである。大半の社会主義者たちはこれがわかって驚いた。たとえばレーニンは，最初，社会民主主義者がドイツ政府の戦争支持を決定し，これによって少なくとも，限定的に戦争に賛成したのが信じられなかった。それがわかったとき，レーニンは，資本主義の報道機関の陰謀としてしかそれを説明できなかった。レーニンにとって，それは明らかにドイツの社会主義者の立場を意図的にゆがめて

第5章　第2イメージからの推論

報道したものだったのである。

　自分の最初の説明が間違っていたことを知ると，レーニンは別の説明を案出しようと懸命になった。社会主義理論を救うためにそうしなければならなかったのである。マルクス主義理論によれば，プロレタリアートには1つの利害しかない。この見識が正しいならば，それに従って国家の政党が行動しないのは，既存の社会主義政党がプロレタリアートと同一でないか，あるいは社会主義の政治指導が真のプロレタリアートの利害を解釈し，それに従って行動する能力と決意に欠けているかを意味するか，あるいはその両方が正しいということになる。ここにはもう1つの難問があった。意見の一致が予想されるはずのところに不一致が優勢になる場合，意見が一致しないものを破門して自らは別の党派を形成することによって，つねにまとまりを取り戻すことができる。しかし，こうすると，2つの（あるいはそれ以上の）党派のうちのどちらが本来の信条を忠実に代表しているかについて，際限ない争いが起こることになる。レーニンは，いわゆるプロレタリアートのなかには，真のプロレタリアートでは全くなく，帝国主義の不正手段による利得の一部として買収されたものもいると述べることができたし，実際彼はそのように論じた。このような集団は真正のプロレタリアートの堕落した例であり，社会主義の未来にとって問題となるような者たちである，と[21]。より正確な言葉で社会主義の基礎を定義して全員が一致できる条件を再構築しようとすることは，唯物決定論の強力な原理を維持するうえで有益である。しかし，それにはまたやっかいな問題を生じさせるという，1つの大きなデメリットもあった。つまり，プロレタリアートがそれほど簡単に誘惑されるならば，社会主義革命をもたらすのに必要な連帯を保てるだろうか。言い換えると，それぞれ本来の信条に忠実であると主張する党派が無限に増殖するのをどうやって防ぐのか，という問題である。

　マルクスとエンゲルスにとっては，この問題は存在していたものの，それはさほど深刻ではなかった。彼らは社会が2つの階級に明確に分かれるだろうと

21　「日和見主義とは，少数の労働者の一時的利害に大衆の基本的利害が屈服させられることを意味する。言い換えると，プロレタリアート全体とは逆に，一部の労働者がブルジョワと結合することである」。Lenin, *The Collapse of the Second International*, tr. Sirnis, p. 47. とくに彼の *Imperialism, passim* を参照。

予測していた。それは，いまは，未分化で不幸な大衆がやがて一枚岩のプロレタリアートになる過程である。そして大衆のなかで階級分化が生じるかもしれないという反論には，以下のような主張でもって彼らは応えた。「プロレタリアートを階級に，そして結果的に政治政党にする組織化は，労働者自身のあいだの競争によって絶えず覆される。しかし，プロレタリアートはつねに立ち上がり，より強く，より強固に，より力強くなる」[22]。これが真実であると確信していたため，彼らはプロレタリアートの運動を「巨大な多数派のための，巨大な多数派による意識的で独立した運動」として見た。この運動は自覚的で政治意識があるものであるため，指導者と被指導者のあいだに溝はない。共産主義者とは「すべての国家の労働者階級の党が最も発展した，決意の固い部分」にほかならない。共産主義者は，大衆が不完全ながらもすでに理解している利益を，より明白に体現しているものだとされた[23]。

　経済的状況が進展することによって，労働者のあいだに基本的な利益調和が生じる。社会主義の指導者の役割とは，この利益を具体的なかたちで説明することである。理論的には，これによってかなり明確な指導者と被指導者の関係がつくられるが，この理論は応用が難しかった。どうそれを実行すべきかは，労働者がどのくらい利益調和が実際に存在すると考えるかによるものであった。1915年に，カール・リープクネヒト，ローザ・ルクセンブルク，フランツ・メーリンクという3人の左派社会主義者は，社会主義者によく見られる楽観的予測を，郷愁の念をもって思い出していた。「いままでわれわれは，プロレタリアートの階級的利益は調和したまとまりであり，一体のものであり，互いに対立するようになるなどありえないと信じてきた。それがわれわれの理論と実践の基礎であり，政治運動の魂であった」と彼らは書いた[24]。もし調和がプロレタリアートのあいだに行き渡っていたなら，社会主義の指導力の役割は，〔労働者を〕教育し，勇気づけることだけですんでいただろう。しかし，第一次世界大戦の経験によって，社会主義者がどれだけ思い違いをしていたかが暴露された。労働者の利益，少なくとも彼らの行動に弾みをつけた利益は，理論が社会主義者

22　Marx and Engels, *Communist Manifesto*, tr. Moore, pp. 24-26.
23　*Ibid.*, pp. 28-32.
24　Liebknecht, Luxemburg, and Mehring, *The Crisis in the Social-Democracy*, p. 21.

にそう思わせたほど単一のものではないことが明らかになった。この発見そのものはマルクス主義にとって致命的ではなかった。たとえば，労働者が国際的な連帯を達成しえなかったのは，彼らのあいだに普遍的な利益が生まれるほど十分に経済的条件が熟していなかったからであると主張できた。すると，第一次大戦という幻滅に対する社会主義者の反応は，もっと耐えること，となるだろう。この答えは，指導者に割り当てられた被指導者との関係は正しいものであったという前提に基づいている。

　レーニンはそれほどこの答えには確信が持てなかった。過去に彼は強力な指導力の必要性を強調していたが，同時に，彼はこの指導力の機能を大衆の受動性が増加することと結びつけていた。受動的な追随者の集団と，知識や活力のある指導力——ここには伝統的な民主政治過程の概念と矛盾するものは何もない[25]。しかし，社会主義革命運動を通じて直面した逆境をまえに，レーニンは堅固な意志を持つ指導者の必要性をますます強調し，彼らに従うこと，言い換えるとレーニンが革命の前衛と呼んだ真正な党員たるマルクス主義の指導者たちに従うことに自己の真の利益が存在するということを理解しない大衆を厳しく批判するようになった。党の前衛の力が，労働者たちの行動の不一致を埋め合わせるものとされたのであった。第一次世界大戦の教訓は，すべての国の労働者に共通する一体的利益はないということをではなく，強力な指導力のもとでのみ，大衆は革命的運命という彼らの真の利益に従って行動するようになるということを明らかにしたのである。レーニンによれば，「国際労働運動の共産主義的階級意識の強固な指導者たち，すなわち共産党やその諸グループが直面する喫緊の仕事は，いまのところ大部分は無活動，無関心で，因習にとらわれ，惰性的で，眠っている広範な大衆を，新しい境地へと導き，覚醒させることである」[26]。

　マルクス主義理論の強調点を考え直すことで，レーニンは，戦争についてのマルクスの本来の見解に戻ることになった。つまり，プロレタリアートは，資本主義によって生み出された戦争には利害関係はない。戦争の効用は，共産主

25　Lenin, *What Is to Be Done?* p. 52 を参照：「大衆の自発性には，われわれ社会民主主義者たちの意識が必要である」。これは 1902 年に書かれた。
26　Lenin, *"Left-Wing" Communism: An Infantile Disorder*, p. 73.

義革命を促進するための手段として以外にはない,ということである。また,プロレタリアートにはどこでもたった1つの不変の利害があることを,以前と同じように熱心に主張するようになった。レーニンがしたことは,この1つの真の利害がなぜ一般的に想定されていたよりも見分けにくいのかを説明し,この説明から,党の指導部は,鉄の原則を押しつけるためには鉄の意志を持っていなければならないという結論を引き出すことであった。主張の中心部分においては,レーニンの見方は古いマルクス主義のものであるが,必要な手段の評価においてはそうではない。マルクスは革命の必然性を予期していたが,それをもたらすのに社会主義者たちはレーニンの説くような方法を採用しなければならないとは見ていなかった。レーニンはある意味では正しい。もし社会主義の計画が,プロレタリアートがたった1つの不変的利害を持っているかのように,すべてのメンバーが実質的に行動することを要請するのであるならば,労働者階級の運動そのものにおいてさえ,強大な武力を行使することこそが社会主義が制度化されるための唯一の方法である[27]。

事実への理論の適合──修正主義者

> プロレタリアートは国家権力を奪取し,生産手段をまず国家財産へと変容させる。しかし,そうすることによって,プロレタリアートはプロレタリアートであることをやめることになり,また,国家は国家であることをやめるのである。……人々による政府は,物による行政と生産過程による命令にとって代わられる。国家は「廃止」されるのではなく,衰退するのである[28]。

伝統的マルクス主義者は,形態の変化についてのエンゲルスの予言,つまり,プロレタリア革命から社会主義国家が生まれ,ついで国家が消滅して,そのあとには豊かで平和な世界が残るという予言を文字通りにとっていた。19世紀の終わりから,次第に増えた「修正マルクス主義者」たちは,マルクス主義の

---

27 この「もし」が重要である。硬直した従順さは何らかの強大な軍事力を行使することなしには達成できない。しかし,そのような極端な方法を考えなくても,調和が自然に生まれるという考え方は斥けられるのである。

28 Engels, *Herr Eugen Dühring's Revolution in Science* (*Anti-Dühring*), tr. Burns, pp. 306-7.

第5章　第2イメージからの推論

教義のほかの部分を否定しながらこの部分をも否定した。ドイツ修正主義者の先鋒であるエドゥアルド・ベルンシュタインは，究極的目標や，そこから引き出される，それをもたらすための戦術についての関心を強調することに背を向けた。そのかわりに彼は，経済政治両面における労働者の地位の日々の向上に注意を払った。彼は革命から段階的変革へとその立場を変えたのである[29]。そしてもちろん，段階的変革は，現に進みつつあるのだと彼は考えた[30]。フランスではジョレス，イギリスではフェビアン協会が同じような考えを表明した。

　ここでのポイントは，マルクス主義者が国家の独立よりも国際的連帯のほうに重点をおいたのに対して，修正主義者は国家を国民の統一性を体現するものとして，また自国のプロレタリアートの進歩のための道具として国家を承認したということである。修正主義者は現時点の事態に注目し，「国家の衰退」などは学究的な問題に属すものとして追いやってしまう。厳格なマルクス主義者が，平和はすべての国家の消滅と同時並行的に訪れるものであると考えたのに対し，新しい社会主義者たちは，平和な時代は徐々に幕を開けると考え，その時代は個々の国家の進歩改善に基礎があるとしている。戦争をなくせるのはやはり社会主義のみであるが，社会主義はもはや革命を意味しない。ましてそれは国家の消滅を意味しない。このため，ジョレスは，いつもながらのあいまいな言い方で，心からの希望として，「社会主義のみが……階級の敵対心を解消し，おのおのの国家を最後には国内的に平和にして，また多少なりとも人間性あるものにするだろう」と書いているのである[31]。

　2つの類似点にすぐに気づくだろう。一方では，新しい社会主義の理想は，具体的には18世紀の国家原理，一般的には19世紀の自由主義に源を持つ歴史

29　「私にとっては，社会主義の究極的目的と一般的に呼ばれているものは，とるに足らないものであり，社会主義運動こそがすべてなのだ」。Bernstein, *Evolutionary Socialism*, tr. Harvey, p. 202; p. xi-xiii も参照。

30　ドイツの修正主義者は，思想の基礎としてマルクスを受け入れ，それを現代的なものにすると主張した。イギリスとフランスの社会主義者たちは，多くの思想の源の1つとしてマルクスをとらえることのほうが多かった。「修正主義」という言葉は，厳密に言えば，前者のやり方に従うもののみを指すが，ここではその言葉をより広く用い，適切な国内政策についての考えにおいて異なることが多くても，戦争の原因と平和の条件のどちらについても大概合意している多くの社会主義者たちを含むものとする。

31　Lair, *Jaurès et l'Allemagne*, p. 84.

の発展に関係している。しかし、他方では、それは戦前の標準的な社会主義の抱負にも関連している。ヘルダーや彼の同時代のほかの人々の国民文化の理想のなかで、もともと表現されたこの2つの影響のうちの前者は、マッツィーニの詳細な政治的言明のなかに見てとれた。それによれば、それぞれの民族が各自の国家を持つようになれば、おのおのの国家は自国の運命に満足し、戦争は永遠にやむという議論になるのである。平和へ至る確かな途としての民族自決という思想は、現実の事件がその反証となっているにもかかわらず、生き延びた。実際、それはもともと矛盾する事実を目前にしながら形成されたのであった。というのも、フランス国家は、真の国民意識が生まれたとたん、歴史上最もひどい暴力行為を開始したのである。国家の原則の名のもとに、征服と虐殺が、かつてないほどの規模でなされた。アルフレッド・コバンが適切に述べたように、民族自決は必然的に民族自決主義に道を譲ることになる。これはアメリカも含めて世界のほぼすべての国家の歴史から生まれた考えである。

　平和の基礎としてのナショナリティー原則に対する信念は消滅しない。民族自決が平和をもたらさないとしても、国家の独立に民主主義が加わればそれが平和をもたらすはずである。マッツィーニは民族自決の所産としての国家は民主的国家であると暗に想定した。ウッドロウ・ウィルソンは、それを明示的にして、民族自決が世界平和の前提条件であるとした。だがその原則の歴史的信憑性は低い[32]。ではその原則は棄却すべきであろうか、あるいはそれを改良すれば役立つようになるのだろうか。修正主義者たちは後者を選ぶ。政治的民主主義は、特定の利己的利益の隠れ蓑であったと、彼らは論じる。そしてその利己的利益のために、国家は、人民が国際関係の実態を知ることを許されていたならば意図したであろうことに反して戦争をしたのである。社会主義はかかる利己的な「利益」の影響を取り除き、本来の純粋なかたちで初めて人々の声を聴くのである。それは平和を意味している。

　修正主義者たちは、国際政治の問題についての自由主義思想の主流と関係していたのと同様に、彼らはその時代の伝統的なマルクス主義の思想とも関係していた。社会主義国家は戦争と平和の究極的問題についていつも一致するもの

32　本書第4章を参照。

第5章　第2イメージからの推論

だという確信が，いろいろなかたちで第二インターナショナルの平和決議の基礎となった前提の1つであった。いかなる国の社会主義政党であれ，彼らの利益に基づく行動は，同じように動機づけられたほかの国の社会主義政党の行動と調和的関係になると考える人たちは，同じ思考過程によって，社会主義国家は永遠にそして自動的に互いに平和的であると想定するのである。しかし，一般的結論に至るまえに，修正主義者の立場をより詳しく調べる必要がある。

　ジョン・ホブソンが，国際政治に関する限り，修正主義の主要な見解の土台となるものを築いた。ボーア戦争についての研究によって，彼は，「少数の国際金融家のグループが，その影響下にある報道を通じて」戦争を引き起こしたという結論に至った。彼らの目的は何か。将来のための安い労働力と，当面簡単に利潤を上げる機会を一挙に開拓することである[33]。ホブソンはやがて，1つの戦争の説明をすべての近代戦争の説明へと一般化し，さらにこの望ましくない現象の説明と並行して，それを確実に運命づける方法も出した。説明の面では，彼の議論は非常によく知られているので，一文で要約できよう。それは，抑制されていない資本主義体制下での生産によって産業余剰が生まれ，これらの余剰製品を売り込もうとして市場獲得のための国際紛争が起こり，市場を求めての戦いが直接，間接に戦争となる，というものである。

　この理論を実証する際に，ホブソンは，まず帝国主義の利潤と損失についての命題を説明し，それによって帝国主義はソロバンに合わないという結論を引き出した。どの国家にとってもそのコストは，考えられる収益よりも高いというのである[34]。ではなぜ国家は帝国主義政策を採用するのか。ホブソンは，その答えを少数者の利己的な利害に見出した。国家全体として帝国主義はとりわけ高くつく愚行である。しかし，少数の金融産業界の利害関係者にとっては，それは大きな利潤の源なのである。ホブソンがジェイムズ・ミルから借用した言葉を用いると，この説明から，帝国主義は，「上流階級を救済するための巨大な外向きシステム」以外の何物でもないことになる[35]。したがって，帝国主義政策は，社会主義国家にとってと同様，自由放任主義国家にとっても不合理で

33　Hobson, *The War in South Africa*, p. 229.
34　Hobson, *Imperialism*, Part I, ch. ii.
35　*Ibid.*, p. 51.

あることに注意すべきである。両者のあいだの重要な違いは，社会主義国家が合理的政策に従うのに対し，自由放任主義国家は資本主義利害が支配するなかで，それに従わないということである。利点についての問題は，社会主義国家には合理性を好む傾向が組み込まれているという事実，もしくはそれを前提とすることによって解決される。この点は重要なので，関連する以下の一節は引用に価する。

> 帳簿をきちんとつけ，規則正しく支出と資産の貸借対照表を出す完全な社会主義国家は，やがて帝国主義を放棄するだろう。すべての経済利害関係者に政策上正しいつり合いがとれた賢明な自由放任の民主主義国も同じようにそうするだろう。しかし組織化が進んだ特定の商業利益が弱者より重要とされるような国家では，分散した共同体の利益は，前者の利益の圧力に合致するような政策を追求することになる[36]。

戦争と平和の問題に関する限り，ホブソンや大半の修正主義者はこの一節に関心を示す。

資本主義国家の外交政策にホブソンが「愚行」というレッテルを貼るのには，根拠がある。人間や国家の行動には，いつでも多くの愚行が混じっているからである。しかし，帝国主義を唯一重要な愚行とし，帝国主義の愚行を頑固で利己主義的な少数派の目的にすべて結びつけることで，ホブソンは，マルクスの弁証法的唯物論を，よりナイーブで無効な唯物論と取り換えてしまった。これは端的に言えば，単一原因による説明であり，あまり感心できるやり方ではない。単一原因の説明は，一見単純で，きれいな解答が出るという長所を持っている。この場合がまさにそうである。つまり，資本主義が戦争を生み出すのは，少数利益が多数の意志を決定するのを許すからである。社会主義が平和を生み出すのは，大衆一般の利益のための支配だからである。社会主義のもとでは，資本主義に典型的な非道さは取り去られ，特殊利益がたとえ存在したとしても，それによって国家の合理的プロセスが腐敗することはもはやないというのである。

本来のマルクス主義においては，国家は衰退し，自由で自然発生的な人間の

---

36 *Ibid.*, pp. 47-48.

第5章　第2イメージからの推論

結合体が残る，とされていたことを思い出そう。互いに戦い合うべき国家そのものがもはや存在しないため，国家間の戦争はなくなるのである。修正主義者にとっては，国家は政治的な特徴を保持するとされているが，政治的機能は次第に議論の対象ではなくなっていく。大衆の利害が前面に出され，その利害は明白に，そしてつねに平和のためであると想定されるのである。ジョレスの言葉を言い換えると，社会主義国家は，おのずから平和的関係にある人間性の一片なのだから，それは世界と平和的関係に立つのである。ホブソン自身も，「ナショナリズムは明らかに国際主義への王道であり，もしそれから逸脱をするとすれば，その本質と目的がゆがめられているものと考えられる」と言っている[37]。また，初期の労働党員，M. E. グラント・ダフ卿は，イギリスは「あたかも育ちの良い人々が社会に住むのと同じように，他者の権利を礼儀正しく認めるならば，相手側もわれわれのために同じように行動してくれるようになることを気高く信じて，国際社会のなかで生きることをめざすべきである」といった表現で，同じ考えを述べた[38]。国家そのものは消えてなくならないが，国際政治はそうなると期待されている。修正主義者は，国際政治を国内の動きに従属させ，国際政治は最終的にすべて消滅するという自由主義の理想に戻ったのである。

　第一次世界大戦の経験は，修正主義者の楽観的な仮定にどのような影響を与えたであろうか。戦争では，各国の社会主義政党は，国際的プロレタリアートの利益ではなく，自己利益を自分流に解釈して行動した。これは修正主義者の大きな背信行為であり，釈明が求められるものであった。修正主義者たちはレーニンに従って，国家的に組織される社会主義者同士のあいだに自然に発生する調和についての安易な仮定に見切りをつけ，思い違いだったことがわかったこの調和を将来強制するために必要な権力を組織することを主張できたかもしれない。あるいは，資本主義の枠組みのなかでは，啓蒙された社会主義の行動が不可能であるという説明ができたかもしれない。しかし，修正主義者たちはこのどちらも選ばなかった。概して彼らは第3の道，つまり，自分たちの罪を着せることができる身代わりを見つけることにしたのである。ドイツの社

37　*Ibid.*, p. 11.
38　MacDonald, *Labour and the Empire*, p. 15 より引用。

会主義政党が従わなかったという例外はあるが，修正主義の教義自体には何ら間違ったところはなかったのだと彼らは主張した。ドイツという例外が存在したゆえに自分たちの公式が証明されたとは言わなかったが，それでもその例外が証明を覆すものであるとは決して認めなかった。いや，ドイツ国家は攻撃的であり，ドイツの社会主義者はそれに積極的反対をする義務を怠ったのだと彼らは言った。社会主義の教義が有効かどうかを考えてみるかわりに，かつてあれほど国家社会主義政党のあいだで強さの支柱として考えられていたSPDが，専制主義のドイツ国家のゆがんだ政治制度に長くさらされて腐敗したとして，SPDの失敗はその証拠になっただけだったのである。つまり，ドイツの社会主義政党が義務を怠ったため，ほかの国家の社会主義政党は自分たちの義務をもはや遂行できなくなった。実際，戦争に反対するという社会主義政党の義務は，ドイツが裏切って戦争支持に回ったことで変質し，自国を防衛する義務へと変わったというのである。社会主義者も含めて，ドイツ一国が戦争についてのすべての非難を甘受しなければならないという判決は，結局，国家の国内構造の変化が戦争に対する最善の救済策であるという修正主義者の信念を強化するだけに終わったのである！39

　対外的圧力は国内的統一性を生む傾向がある。この単純な公式を考えれば，いったん戦争が始まると，国家は防衛的に（つまり正当なかたちで，あるいは少なくとも他国よりはより正当なかたちで）行動するということを，おのおのの国の社会主義政党が理解するようになることを説明しやすくなる。この見方からいくと，すべての戦争に反対だと言っていても，いま起こっているこの戦争をなぜ支持してしまうのかは理解にかたくない。理解しがたいのは，主流の修正主義思想が，どうして戦後に公表されたさまざまな記事が提起した批判を無視したのか，ということである。戦後，関係主要国それぞれを非難する歴史修正主義者がいて，いずれの場合においても彼らの主張には妥当な点があった。しかし，大戦の7年後に回顧録を出版したグレイ子爵が，ドイツの軍国主義者がほぼ全面的に悪いという頑固な信念を打ち砕くような証拠資料を無視できた

39　アーサー・ヘンダーソンの戦争についての見解が，多くのなかの一例である。「イギリス労働党は，専制主義と軍国主義と『世界支配の意志』を阻み，踏みつぶし，それを善意と友愛に代えようとしている」と，彼は書いた。Henderson, *The Aims of Labour*, p. 50.

のと同じように[40]，大方の修正主義者たちは，社会主義のプログラムが平和を維持できなかったのは，ひとえにドイツの社会民主主義者たちが自国の政府に反対する勇気を持たなかったからであると信じ続けたのである。少なくとも修正主義者たちは，諸国の公文書が次々に公開されて明らかになった事実によって戦争と平和についての根本的見解を再考するには至らなかったのである。

　ホブソンは，修正主義思想の戦前，戦後の持続性を示す良い例である。1909年に彼は，諸国の民主主義社会が急速に育ちつつあり，民主主義国家において各人が自分にとって最良の人生を見出すのと同じく，各国は国際社会のなかで自らを十分に発展させる機会を見出すようになると考えた。実践的国際主義が，日々，われわれに，協力は「国家行動の際立った特徴である」と教えてくれると彼は書いた。「それぞれの力に応じてからそれぞれの必要に応じて」というスローガン[41]は，個人のみならず，国家にも当てはまる。そして，国家についてそれを実現する条件は，国際社会の構造における何らかの変化ではなく，おのおのの国家の進歩的改良なのである。戦争の直接的影響のもとで，ホブソンは自分の以前の分析の十分さについていくぶん自信を失った。「世論と，正義についての常識は，保護手段としては不十分である。経済的ボイコットができる実行力，もしくは最終手段としての国際的軍事力が必要である」ことを彼は認めている[42]。しかし求められるべき国際政府は，彼自身の説明によれば，政府と呼びうるようなものではなく，大国間協調である。そしてこの協調は，想像がつくように，参加国の相互信頼と善意に基づくものである。ゆえに，彼は，「もし，国際連盟が比較的安定した基盤の上におかれ，本来の長所を発揮する機会を与えられるならば」，困難は減るだろうと主張している。「国家の知性と信念がそれを構築するうえで十分強ければ，特殊な同盟や集団の野心や恐怖，疑念といった精神的栄養素は，弱まり，衰えていくからである」[43]。戦前と同じく，戦中・戦後も，ホブソンは資本主義を「力への意志」の主要な源として注目し[44]，

40　Grey, *Twenty-five Years*, I, 275-76; II, 22-32, 278.
41　Hobson, *The Crisis of Liberalism*, p. 260.
42　Hobson, *Towards International Government*, p. 6.
43　*Ibid.*, pp. 23, 82.
44　Hobson, *Democracy after the War*, p. 7.

急速に育ちつつある社会主義の国家組織を国際協力への意志の効果的制度として注目し[45]，理性を全体システムの基盤として注目し続ける[46]。社会主義がいったん資本主義にとって代わると，理性が国家の政策を決めるようになるのである。

　ここまでくると，ホブソンの平和哲学を要約し，また同時に平和についての修正主義たちの思想の一致点について再考することが可能となる。修正主義者は，戦争の原因は資本主義国家の存在にあるということで合意する。チャールズ・トレヴェリアンは，民主的統制連合（UDC）を代表して，戦争システムは，「［大戦］という大惨事に終わったシステムの中心的原則を真っ向から拒否することによって」のみ終わらせることができると書いている[47]。そのシステムの中心的原則とは何か。満場一致で出る答えは，問題の核心は「関係国の国内構造」であるということである。犯人は，資本主義と不純なナショナリズムであり[48]，その救済は，原因と同じように複雑なものではない。なぜなら，「国家間の協力的世界連邦を構築するための外交政策は，社会主義国家を構築する国内政策の不可避の帰結であるからだ」と主張される[49]。そして救済策や，それが十分信頼できることを保証する基礎として，平和裏にある人々の利益がつねに存在する。「公開されたかたちで定められた公開の協約」が労働党政府の政策になり，それ自体こそが平和の最も偉大な保証である。「もし議会と国家が外国事情に十分精通していたならば，盲目的に戦争を支持することは決してない。先見の明があれば，戦争はほぼ不可能になる」[50]。しかし，新しい体制のもとであっても，国際政治の中身は同じである。なぜならば，フィリップ・スノウデンが指摘するように，「労働党政府は，かつてのどのイギリス政府に劣らず，国家の名誉を渇望し，帝国の発展の大きな可能性に敏感だからである」[51]。しかし，

45　後期の著作としては，ホブソンの *The Recording Angel*, pp. 121-26 を参照。
46　Hobson, *Problems of a New World*, p. 272; 以下，本書 143~44 頁で引用。
47　Trevelyan, *The Union of Democratic Control*, p. 9.
48　"Vigilantes," *Inquest on Peace*, pp. 315-19, 335.
49　*For Socialism and Peace*, p. 7. Henderson, *The Aims of Labour*, p. 29 を参照：「自国での自由と外国での支配は［社会］民主主義の理想と相容れないものである」。
50　Snowden, *If Labour Rules*, p. 51.
51　*Ibid.*, p. 47.

大衆の意志が，資本主義国家システムのもとで国際政治を支配していたと考えられる少数の利己的な意志にとって代わるにつれて，善意と友愛が軍国主義と戦争にとって代わると想定されている。社会主義の世界でも，国家は存続し続け，その独立を享受し続けるが，国家はより良い国家となるというのが議論の要点である[52]。

　ここには気高い楽観主義が見られる。だがそれは妥当な楽観主義であろうか。19世紀の自由主義者は，軍事力を理性に代えるのは比較的容易だと考えていた。彼らは，思想の面でも物質的にも，人間の特性についての一般的に好ましい評価と，社会経済関係における調和は個人間の自由競争を通して達成されるという仮定とを組み合わせていたのである。また，保護主義と戦争は，少数の支配者の利害によって世界に押しつけられた不合理であると確信していた。そして，国家が国内的に自国の市民の真の利益に奉仕するかたちに近づけば，開かれた議論と自主的に遵守される協定によって国家間関係は次第に規制できるようになると信じていた。国内経済の取り決めの問題を別として，修正主義思想も似たような言葉で要約できるように見える。そのため，ホブソンが，19世紀自由主義者の安易な楽観主義，つまり具体的には「自由主義，人間中心主義の思想家が依拠している保護手段の弱々しさ」を疑い，「経済的国際主義，民主主義，制限された国家機能」への信念を選び出してとくに批判したのは驚くべきことかもしれない。しかし，これらの批判が現れる著作の最後で，彼は，「理性が経済秩序，民主主義，国際主義へと導き，そして戦場から生まれる紛争の平和的解決を促す。世界を救済するのは，この理性優位の主張である」と断言できたのである[53]。ホブソンは自由主義者たちを批判しながらも，最終的には彼らの計画を取り入れているようだ。矛盾に見えるものは，彼の経済分析によって除かれる。コブデンは自由貿易が平和をもたらすという美点を低く見ていたとホブソンは言うが，ホブソン自身は国際的自由貿易が容易にもたらされることを過大に評価していた[54]。コブデンは帝国主義，プロレタリアニズム，軍国主義

52　*Ibid.*, p. 50を参照：「労働党の国際主義は感傷的な世界主義ではない。『国際主義』という言葉そのものが国家の存在を示唆している。労働党の国際主義は，共通の問題解決のために国家が友好的に協力することを意味する」。

53　Hobson, *Problems of a New World*, pp. 32, 272.

を攻撃したが，その経済的主因を十分認知していたわけではなかった。ホブソンは，まず社会主義，そして次に19世紀の自由主義者が強く推奨した美点は，効果的に働いて平和な世界を生むだろうと言っている。貿易摩擦は国家間関係をもはや悪化はさせず，相互利益のなかで国家を結合させる。理性はもはや，新しい陰謀や，他国を出し抜く方法や，あるいはそれがうまくいかない場合に他国を圧倒したりする新しい方法を生み出すことはない。そうではなくて，国家間関係は調整され，すべてにとって互いに有利な手段となるのである。

　ここにあるのは空疎な理屈だけにとどまらない。戦争はあまりにも恐ろしくあまりにも頻繁に起こるため，今日の国家に自由貿易をするよう説くことでもたらされるような国家行動の表面的変化が起こるまえに戦争がなくなるということはない。古いシステムのせいで戦争が生まれたのだから，戦争を廃止するには古いシステムが急激に変わらなくてはならない。ここまでは議論の余地はない。しかし，修正主義者の行動と思想には2つの問題がある。第1に，修正主義者のあいだには，それだけで，世界を完全な分別へと覚醒させるようなショック療法に頼る傾向がつねにある。たとえば，ラムゼイ・マクドナルドは，第一次大戦前には，「［軍国主義の，税金の，疑念の，攻撃的ナショナリズムの］魔法が解けるのは，一国が監禁状態から大胆に退場することによってである」と信じ，イギリスはその模範となる国家であると彼は考えた[55]。レオン・ブルムも，社会主義者ルイ・ガルニエ＝パジェがその60年前に推論したように，第一次大戦後の包括的軍縮は，ある1つの大国が軍備放棄するという劇的な手本を示すことによって可能だったはずであると主張し，そしてフランスがその先例となれる国家だと彼は考えた[56]。ホブソンも，「良識を与え給へ」という祈りで教会が声を合わせて唱えることによってその目的を達成できるかもしれないと考えた[57]。国家が自らの行動の愚かさに目覚めてくれさえしたら……というのが，修正主義者の希望であり，願いでもあった。この希望は，社会主義国家の偉大な平和の潜在能力を修正主義者たちに確信させた経済分析に基づいてい

54　Hobson, *The New Protectionism*, p. 116.
55　MacDonald, *Labour and the Empire*, p. 109.
56　Blum, *Les Problèmes de la Paix*, pp. 152-53.
57　Hobson, *The Recording Angel*, p. 58.

る。そしてこの願いは，理性の力に対する彼らの大きな信頼に基づいており，この信頼は非常に大きいため，修正主義者たちはときに自分たちが具体的に述べた経済的・政治的前提条件をつい忘れてしまうほどである。彼らは実際，仲裁，軍縮，公開外交といったブルジョワ平和運動の手法を信じて第二インターナショナルによって構築された伝統をいまに至るまで維持している。それは，権力がたとえなくても，平和を確保するために，社会主義者たちが自国の政府に十分圧力をかけられるような信頼を組み合わせる手法である[58]。

　この第1の問題は偶然のものであり，不確実な未来における平和の約束よりも眼前の平和への欲求の圧力のもとで犯した論理的間違いである。第2の問題をこれからとりあげるが，これはわれわれの議論を発展させるうえで非常に重要である。修正主義者たちは，彼らの分析において一貫したかたちでいつも行動したり語ったりしたわけではないが，それでも，平和のためには古いシステムが変わらなければならないという思想を打ち立てたのは明らかである。しかし，古いシステムのなかの何が変わらねばならないのか。社会主義者の分析は，マルクスのものも修正主義者のそれも，資本主義を悪魔と呼ぶ。しかし，資本主義にとって代わる社会主義は，マルクスにとっては，資本主義の終わりであると同時に国家の終わりでもあった。マルクスにとって，国際政治問題は，国家が消滅するに従ってなくなるものである。修正主義者にとっては，問題は国家が消滅するに従ってではなく，おのおのの国家が国内的により完全なものに近づくことによってなくなるものである。ここでも修正主義者はマルクスを捨てて，カントや19世紀の自由主義者一般の思想へと戻っている。修正主義者たちは，戦争の問題は，対立する国家の国内的改良によって取り除かれると考えた。これはまさに修正主義者たちの解決策でもある。ホブソンは，多くの自由主義者たちのように，軍事力による後押しがない国際的協定は無駄であるという結論をときどき提出した[59]。しかし彼は，非常に多くの共通の利害を抱えていて，そのなかには互いに衝突するものがあるはずの多数の社会主義国家が相並んで存在しているという仮想的状況に対しては，この結論を当てはめよう

58　シュトゥットガルトとコペンハーゲンの決議を参照。この論点は，Cole, *A History of Socialist Thought*, III, 68-69, 84-85 によく表されている。
59　とくにホブソンの *Notes on Law and Order, passim* を参照。

とはしなかった。自由主義者の多くは、すべての国家が理想的な共和国へと進化するなかで、2つのことが起こると予測した。すなわち、紛争の減少と紛争を平和的に解決する能力の増加である。修正主義者は社会主義へ向かって国家が漸進していけば同じような結果がもたらされると期待した。しかし、修正主義者の処方は前世紀に自由主義者が書いたそれとは材料が異なっていた。自由主義者が政治形態を強調したのに対し、修正主義者は経済的・社会的内容を強調したのである。だが、基本的前提は同じであった。それは、国内で完全なおのおのの国家は、対外政策においても非常に賢明であり、紛争はほとんど存在せず、紛争が暴力に発展することはまずない、というものであった。修正主義者にとっては、自由主義者の場合と同様、国家が消滅するのではなく、国際的な規制を行う権威の必要がなくなるということだった。多様な国家のなかに社会主義を構築すれば、「特殊な同盟や集団の野心や恐怖、疑念といった精神的栄養素は、弱まり、衰えていく」と修正主義者たちは言う[60]。

カウツキーは、戦時においては異なる国家のプロレタリアートのあいだに自動的な利益調和は生じなかったことを認めることにやぶさかではなかった。レーニンもこれを受け入れていたが、レーニンは、自分にとって居心地が悪い事実を変えるために権力を用いることを唱えた。修正主義者は、すべての非難を特定の一国家の社会主義政党に集中することによって、その不愉快な事実を説明しようとした。これによって、将来の世界平和は、現在戦われている戦争に勝つことにかかっていることになり、同時に真の社会主義者たちのあいだの自然な発展的利益調和という虚構を守ることができたのである。ある社会主義者が、ほかの社会主義者の好まない仕方での行動を見るたびに「社会主義」というものが再定義される傾向があるため、第4章で別のかたちでとりあげた問題が生じることになる。つまり、修正主義者たちが約束するような永久平和を保証するために、おのおのの国家はどのくらい優れたものでなくてはならないのか、という問題である。社会主義は国家の平和的形態であるという前提を認めたとしても、この問題には回答が必要である。

---

60 Hobson, *Towards International Government*, p. 82. 上記142頁で引用。

第5章　第2イメージからの推論

結　　論

　自由主義者や修正社会主義者の見解が真実であるように思えた例には事欠かない。今日，西側の観点によれば，それはどうやら真実であるようだ。「共産主義の脅威がなかったならば，自由世界は平和裏に生きることができたであろうに」とニクソン副大統領は言う[61]。最近表明されたこの信念は，今世紀初頭のドイツ軍国主義に対するフランス，イギリス，アメリカによるシュプレヒコールと同じであり，19世紀半ばのロシアとオーストリア＝ハンガリー帝国に対するコブデンの考えであり，また，疑いもなく，多くの時代を通じて原始的部族たちがお互いに相手に投げつけた言葉でもあった。ほかの国や集団がもっと良ければ，こんな問題はないであろうに，ということである。修正主義者たちは，スケープゴートを排除することで永久平和が導かれると考えた。まず，軍国主義のドイツを負かし，次に「資本主義国家」という言葉から，「資本主義」という形容詞を取り除けば，もう戦争はなくなる。直接名指しされている犯人はドイツであり，より一般的な犯人は資本主義であるが，いずれにせよ悪者を取り除けば問題は氷解する，というのである。社会主義国家は平和的であると彼らは言う。それはそうかもしれないが，そうだとしても，自動的に社会主義国家同士がつねに平和であるということにはならない。修正主義者たちはこのことを理解しなかったのである。資本主義国家が戦争の原因であるということはある意味では本当かもしれないが，その原因分析は単純に逆にはできない。原因分析が完全であることをまず確認せずに，社会主義国家は平和を意味するといった主張をする場合と同じである。廃止されるべきものは資本主義か，国家か，あるいは両方か。本来の文脈に沿ったマルクスの分析のあいまいなところは，社会主義の黄金時代の到来とともに消滅するが，黄金時代の到来を信じない修正主義者たちの理論を検証するうえでは，これが非常に重要になる[62]。修正主義者自身がこれに気づいていないのは明らかである。

61　*New York Times*, November 19, 1953, p. 1. *Ibid*., April 28, 1957, p. 1 の記事のなかのハリー・S. トルーマンの言葉を参照：「ソ連の非妥協的態度がなかったら，世界はいま，平和の追求を享受しているはずだという事実を受け入れていない人々──残念ながら政府も──がいる」。
62　本書121~22頁を参照。

社会主義の理論と実践の研究は，国際政治学における思考パターンが持続して繰り返し現れる例を提供しており，この本のなかで行う分析の応用可能性についての詳しい研究として役立つ。また，国際政治における思想の種類を詳述し，重要な比較を行うことは，時間をへだてた，幅広く内容の多様な分析や処方箋を評価するのに有用であることを示している。自由主義者に向けられる批判のすべてを修正主義者について繰り返す必要はもうないだろう。同じような批判が当てはまることが明らかになれば，この章の目的は達成されたことになるからだ。

第6章

第3イメージ
―― 国際紛争と国際的アナーキー

> 軍事力なしで軍事力に対抗して何ができるというのか。
> ――キケロ『友人宛書簡集』

　多くの主権国家が存在し，そこに拘束力のある法のシステムが存在せず，それぞれの国家が自分の理性と欲求が命ずるままに不満や野望について判断するという状況では，紛争は必ず起こり，それはときに戦争に至る。そのような紛争から好ましい結果を得るには，国家は自分自身が持つ手段に頼らなくてはならない。そしてその手段が相手に比べて効率的であることは国家の恒常的関心事である。これがこの章で扱う第3イメージの考え方である。これは難解な考え方でも新しい考え方でもない。ツキジデスが，「アテネのパワーの増大がラケダイモンを脅かし，戦争を余儀なくさせた」と書いたとき，彼は第3イメージを示唆していた[1]。ジョン・アダムズが，「フランスとの戦争は，それが正当かつ必要なものであるなら，われわれが相手に盲目的な好意を抱くのをやめさせるだろう。いかなる国家も相手国に対してそのように感じるべきでないことがわれわれの経験から十分に証明されたのは，一度だけではない」と，ヴァージニア州のピーターズバーグの市民たちに宛てて書いたとき，彼も第3イメージを示唆していた[2]。ツキジデスが表現した相対的パワーへの関心と，国家間

1　Thucydides, *History of the Peloponnesian War*, tr. Jowett, Book I, par. 23.
2　1798年6月6日付の，ジョン・アダムズからピーターズバーグ市民への手紙。1909年5月19日，ヴァージニア州ピーターズバーグのウィリアム・ハワード・タフト大統領訪問プログラムにおいて再刊。

の恋愛は不適切で危険であるというジョン・アダムズの訓告とは明らかに関係がある。この関係は,「自助という考えが続く限り,パワーの地位を維持するという国家の目的は,ほかのすべてに優先する」というフレデリック・ダンの言葉で明らかにされている[3]。

アナーキー〔無政府状態〕のもとでは,自動的な調和は存在しない。先の3つの言葉はこの事実を反映している。国家は,自分の目的を達成することのほうが平和を享受することよりも価値があると見るならば,その成功の見込みを計算したのち,自己の目的の達成のために武力を使うだろう。おのおのの国家が自己の目的の最終的な審判者であるから,その政策を実行するためには,いかなる国家も,いつでも軍事力を使用できるのである。そしてどの国家もいつでも軍事力を使用できるので,すべての国家はつねに軍事力でもって軍事力に対抗するか,それとも弱者のコストを支払うかの用意ができていなければならないのである。この見方においては,国家行動の必要性は,すべての国家がおかれている状況によって課されるものであるということになる。

3つのイメージはすべて,ある意味では自然の一部である。人間,国家,国家システムは,国際関係を理解しようとするならどんな場合でもきわめて基本的なものなので,分析者が1つのイメージにいかに傾倒していようとも,ほかの2つのイメージを完全に無視することはできない。それでも,1つのイメージを強調することによってほかのイメージの解釈がゆがめられることはある。たとえば,第1イメージもしくは第2イメージで世界を眺める傾向がある者が,武器は戦争を生むものではなく安全を生むし,平和すら生む可能性があるかもしれないという議論に反対するのはめずらしくない。彼らは,その議論は政治家や武器製造業者その他の利害を隠すためのまやかしの神話と,自国の安全に誠実な関心を抱く愛国主義者の正直な幻想との混合物であると指摘するのである。この方法で議論した多くの者のうちの1人であるコブデンを思い出すと,その幻想を解くには,軍備を倍増しても皆が同様にそうするならば,どの国家もより多く安全になることはなく,また同じようにすべての軍事組織が同時に,たとえば50パーセント削減されたならば,どの国も危険にはさらされないと,

---

3 Dunn, *Peaceful Change*, p. 13.

彼は指摘した[4]。かかる計算が，状況がどうなるかを必ずしも正確に反映するものではないことはさておいて，この議論は第1および第2イメージの実際の応用例を示している。おのおのの国家の市民や指導者を教育するのか，おのおのの国家の組織を改善するのかの違いはあるが，ここで漠然と示されている教訓を基礎とする国家の政策とはどんなものかが模索される。そして導き出された解答とは何か。すべての国家の軍縮であり，経済であり，平和であり，安全である。自国の軍事組織を進んで削減する国家があるならば，他国も同じような政策を追求できるというのである。すべての国家の政策は相互に依存していることを強調するなかで，議論は第3イメージに目を向けるようになった。しかしながら，この楽観主義は，ある本来的な問題を無視していた結果なのである。本章と次章では，第3イメージを詳細に展開し，検討することによって，本質的な問題とは何なのかを明らかにしよう。

　これまでの章で，われわれは，第1もしくは第2イメージのどちらかに当てはまる国際関係思想を持つ人々の議論を検討してきた。政治哲学は国際政治の理解を導くような手がかりを十分に探求していないので，この章ではやり方を変えて，ジャン＝ジャック・ルソーという1人の人間の政治思想に焦点をおくことにする。同じ理由から，第1イメージおよび第2イメージと比較するうえで，この2つのイメージがぴったり当てはまる2人の哲学者に最も多く言及する。第1イメージについてはスピノザ，第2イメージについてはカントである。この2人についてはこれまでも述べてきたが，国際関係についての彼らの見解の基礎となっている論理を要約することで，より役に立つ比較ができるだろう。

　スピノザは，人間の不完全性を引き合いに出して言及することによって暴力を説明した。感情が理性にとって代わる結果，自己利益のために完全な調和のなかで互いに協力するはずの人間が，際限ないケンカや物理的暴力にかかわることになるのである。つまり，人間の欠陥が紛争の原因である。論理的には，これが唯一の原因であるならば，紛争の終焉は人間性の改善にかかっていることになる。にもかかわらず，スピノザは，原因と考えられている要因たる人間

---

[4] コブデンの著作のなかでとくに Cobden, *Speeches on Peace, Financial Reform, Colonial Reform, and Other Subjects Delivered during 1849*, p. 135。

性を操作するのではなく，人間性が作用する環境を変えることによって，国家レベルにおいてのみ，問題を解決しようとしたのである。これは大きな矛盾であると同時に彼の論理体系を救う恩寵でもあった。スピノザは，最初の前提の数々にもう1つの前提を付け加えることによって，個人と国家から，諸国家のなかの国家へと移動したのである。スピノザは，国家は人間と同じく，生きようとする衝動と，理性の命ずるところに従って物事をつねに管理する能力の欠如との両方を露呈していると想定している[5]。しかし，国家は自らの重圧に対して備えることができるが，個人は，「日常的には睡眠のために，またしばしば病気や精神的無気力のために，そして最後には老齢のために」そうすることができない。そこで個人は，生き残るためには団結しなければならないが，国家は性質そのものが個人と違うので，そのような必要性にはさらされない[6]。そのため，国家間の戦争は，人間の本性における欠陥と同じく不可避なのである。

　カントの分析は，スピノザと似た点があるが，より複雑でより示唆的である。カントは，人間を，感性の世界と理性の世界の両方に属していると定義する。後者のみであったならば，人間は普遍的に妥当なものとして自らに課した行動原理に従ってつねに行動するはずである。つまり人間は定言命令に従うであろう。しかし，人間は感性の世界にも属しているため，衝動や性癖が理性に打ち勝ち，定言命令に従うことはほとんどないので，自然状態においては紛争と暴力が支配的になる。市民国家がそれに対して必要な制約であるように見える。暴力を避けるには，経験的で「それゆえ単に偶然の」知識に基づいて行動する人間のあいだには裁判官が必要であり，その裁判官は自分の決定を強制できなくてはならない。国家が設立されたあとは，人間が道徳的に行動する可能性があるが，国家が設立されるまえは，不確定性と暴力のためにこれは不可能である。人間には，道徳的営みが改善されうるまえに，法の確保が必要である。自然状態においては，当然自分のものであったにもかかわらず実際には享受でき

5　スピノザにとって国家の効用とは，究極的には自分の意思を強制できる最高権威の能力にかかっているものであったが，国家行動を説明する際には，彼は，有機組織と企業団体両方の比喩を用いている。前者については，Spinoza, *Political Treatise*, ch. ii, sec. 3; ch. iii, sec. 2. 後者については，*Ibid.*, ch. iii, sec. 14 および *Theologico-Political Treatise*, ch. xvi (I, 208) を参照。

6　Spinoza, *Political Treatise*, ch. iii, sec. 11.

なかった権利を市民社会が守ることによって，個人の倫理的生活は可能になる。しかし，市民国家では十分ではない。国家間および国内の平和が，人間固有の能力を開発するうえで欠かせない。世界のなかの国家は自然状態のなかの個人のようなものである。完全に善でもなく，法に支配されているわけでもない。そのため，国家間の紛争や暴力は不可避である。しかし，カントは，この分析だけで世界国家が答えであるという結論に導かれるわけではない。世界国家は恐ろしい専制主義と不自由と殺傷の始まり，そして最後にはアナーキーに陥ると危惧して，カントは別の解決策を練らねばならなかった。彼に開かれた別の可能性とは，紛争なしで普遍化されるような行動原理に基づいて行動できるよう，すべての国家が改善されることである。カントは前者の解決策を恐れる一方で，あまりに注意深く，鋭敏な批判力があるため後者も望んでいない。かわりに両者を結びつけようとする。彼の政治哲学の目的は，権力に後押しされるのでなく，自主的に遵守されるような法の支配が国家間で可能になるよう国家が十分改善され，戦争の苦しみと破壊から十分に学ぶという希望を持たせることである[7]。第1の要因は国家の国内的改善であり，第2の要因は対外的な法の支配である。しかし，第2の要因は自主的なものなので，第1の要因が完全に実現することにすべてがかかっている。法を強制する「権力」は対外的制裁からではなく，国内的に完全であることから引き出されるのである[8]。これは第2イメージによる解決策，すなわちおのおのの国家の改善によるものだが，カント自身の分析を読むとその結論には異議をはさみたくなる。国家レベルでは妥当な政治システムによって個人は倫理的に行動するようになるが，国際的には，同じくらい妥当なシステムは達成不可能である。それでもわれわれは国

---

[7] 人間と道徳性についての上記の見解については，"Fundamental Principles of the Metaphysic of Morals," secs. 2 and 3 in *Kant's Critique of Practical Reason and Other Works on the Theory of Ethics*, tr. Abbott を参照。自然国家および市民国家については，*The Philosophy of Law*, tr. Hastie, secs. 8, 9, 41, 42, 44 を参照。道徳性が国家間平和の条件にかかっているということについては，"The Natural Principle of the Political Order Considered in Connection with the Idea of a Universal Cosmopolitical History," Eighth Proposition, in *Eternal Peace and Other International Essays*, tr. Hastie を参照。世界連邦の特徴については，"The Principle of Progress Considered in Connection with the Relation of Theory to Practice in International Law," in *ibid.*, pp. 62-65; "Eternal Peace," First and Second Definitive Articles, in *ibid.*; and *The Philosophy of Law*, tr. Hastie, sec. 61 を参照。

際平和を望む。矛盾は明らかである。カントが，永久平和は「不可避である」と謳ったのではなく，そのための条件が存在することはありえなくはないと言ったのみであると告白したことで，この議論の華やかさはいくぶん弱められてはいるが[9]。

国際関係の理論としてこの章で考察するルソーの哲学では，国家行動の枠組みが強調されるので，スピノザやカントの諸前提は不要あるいは不可能になる。

ジャン＝ジャック・ルソー

モンテスキュー，およびモンテスキューと同じくルソーも，ほかの哲学者たちが実際の，また仮想の自然状態を理解しようとするのを見て，同じような批判的コメントをするようになった。ホッブズについて，モンテスキューは，何が起こりうるかについて「社会が構築されるまえの人類のせいにしておきながら，社会が構築された結果になっている」という[10]。モンテスキューとルソーは２人とも，ホッブズの自然状態は──スピノザにも当てはまるが──自然状態における人間は，社会による制約なしに社会において身につけるすべての特徴や習性を持っていると想定してつくられた架空の話であると主張する。社会が構築されるまえの人間は，プライドや嫉妬といった悪徳は身につけていない。実際，お互いにほとんど顔を合わせないのだから，そういった性質を身につけるはずがないのである。たまたま人間が一緒になる機会があっても，弱さと無

---

8 カントが良いとする国家の形態である共和国はそれぞれ，「暴力によって他国に損害を与えることはできないので，正しい行いのみによって乗り切っていかなければならない。他国も同じような政治形態ならば，必要なときには助けに来てくれると望める現実的な根拠があることになる」("The Principle of Progress Considered in Connection with the Relations of Theory to Practice in International Law," in *Eternal Peace and Other International Essays*, tr. Hastie, p. 64)。カントは，共和国は定言命令に従って行動すると想定しているようである。

9 カントの道徳哲学の文脈における政治思想を考察して得られたこの解釈は，フリードリッヒのカントに関する著書 Friedrich, *Inevitable Peace* とは反対の解釈である。

10 Montesquieu, *The Spirit of the Laws*, tr. Nugent, Book I, ch. ii. Rousseau, *Inequality*, pp. 197, 221-23 を参照。頁については，*The Social Contract, A Discourse on the Arts and Sciences, A Discourse on the Origin of Inequality, A Discourse on Political Economy* を含む *The Social Contract and Discourses*, tr. Cole を引用。

第6章　第3イメージ

能力を意識しているため互いを攻撃する気にならないのである。プライドや嫉妬,吝嗇や欲を誰も身につけていないのだから,空腹に駆られた場合以外は他人を攻撃したりはしない[11]。

　ある見方からすると,このホッブズへの批判は単なる言いがかりである。モンテスキューとルソーは,想像上の前歴史時代を,スピノザやホッブズよりも単にもう一歩さかのぼったところから始めることで,異なる結論に達したのである。しかし,そうすることで,彼らは重要な点を強調している。純粋な人間の本性といったものを知るのは難しいため[12],また,われわれが知っている人間の本性は,人間の本性と同時にその環境の影響をも反映しているため[13],スピノザやホッブズのような人間の本性の定義は恣意的であり,妥当な社会的・政治的結論を導くことはできない。少なくとも理論的には,環境によって獲得した特徴を取り去って人間の本性そのものについての見解を持てるようになるかもしれない。実際,ルソー自身はこの目的のために,「あやふやな推測をする危険を冒して,ある種の議論を提起して見せた」[14]。このような企ての難しさそのものと結果の不確かさを考えると,ホッブズやスピノザが試みたように,社会的人間を自然状態の人間と取り違える誤りが際立って見える。そこで想定された人間性から社会的結論を直接引き出すかわりに,モンテスキューは,紛争は社会的状況から生まれるとして次のように論じた。「人間は社会状態に入るや否や,弱さの感覚を失ってしまう。平等性もなくなり,こうして戦争状態が始まる」[15]。

　ルソーはこの紛争原因についての推論をとりあげ,さらに発展させる[16]。ここで3つの問題が生じる。(1) もともと自然状態が比較的平和で静かなものだったのなら,なぜ人間はそこから立ち去ったのか。(2) なぜ社会的状況にお

11　Montesquieu, *The Spirit of the Laws*, tr. Nugent, Book I, ch. iii; Rousseau, *Inequality*, pp. 227-33.
12　Rousseau, *Inequality*, pp. 189-91.
13　*Les Confessions*, Book IX, in *Oeuvres complètes de J.J. Rousseau*, VIII, 289:「人民は,その政府がつくる性格の人民以外には決してならない」。
14　*Inequality*, p. 190.
15　Montesquieu, *The Spirit of the Laws*, tr. Nugent, Book I, ch. iii.
16　*Inequality*, pp. 234 ff.をとくに参照。

いて紛争が生じるのか。(3) 紛争の抑制は，その原因とどう関係しているのか。

スピノザとホッブズにとっては，国家と社会の形成は，耐えがたい状況から逃れる手段として役立つ意図的行動であった。同じように，ルソーもときに国家設立の説明において，純粋に意図的な技術と工夫を用いることを想定しているように見える[17]。また別のときには，ルソーは国家の設立を，経験や利害の認識，習慣，伝統，必要性といった要素などからなる長い歴史的進化の結実として表現している。第1の考え方は『社会契約論』に通じるものであり，2番目のそれは『不平等起源論』に見られる説明である。この違いは一見矛盾しているようだが，ルソーが，1番目は歴史的過程によって何が起こったかを哲学的に説明したものであり，2番目はそれらの過程を仮定的に再構築したものと考えている事実を見れば矛盾ではなくなる[18]。

原初の自然状態においては，人間は十分に分散して存在していたので，いかなるかたちの協力も必要でなかった。しかし，やがて人口増加と繰り返して起こる自然災害とが結びつき，さまざまな状況において，「協力か死か」という命題が提示されたのである。ルソーはこの論理の流れを非常に単純な例で示している。この例を再現する価値があるのは，それが政府設立の出発点であり，国際関係における紛争の説明の基礎も含んでいるからである。お互いに原始的な言語理解能力を身につけたばかりの5人の人間全員が，たまたま空腹時に一緒になったとする。それぞれの空腹は1頭の鹿の5分の1によって満たされうるので，彼らは1頭の鹿を捕まえる企てに協力することに「合意」する。しかし，それぞれの空腹は1匹のウサギによっても満たされるため，ウサギが捕まえられる距離に現れると，彼らのうちの1人がそれを捕まえる。その裏切者は自分の空腹を満たす方法を獲得したことになるが，それによって鹿は逃げてしまう。つまり，彼の目前の利益のほうが，仲間に対する配慮に勝ったのである[19]。

この話は単純であるが，示唆するところは非常に大きい。協力行動において

---

17 たとえば，*Social Contract*, pp. 4, 7 (Book I, chs. I, iv) を参照。
18 *Inequality*, pp. 190-91 では，ルソーは自然状態について，「もはや存在せず，おそらくは存在したこともなく，多分今後も存在することもないであろうが，にもかかわらずそれについて真に理解することが必要である」と述べている。*Ibid.*, p. 198 を参照。
19 *Ibid.*, p. 238.

全員が目的について合意し，その企てに同じように関心を示していても，他人をあてにはできないのである。スピノザは，紛争の原因を人間の不完全な理性と関連づけた。モンテスキューとルソーは，紛争の原因は人間の心にあるというよりは，社会的活動の性質にあるという命題でもって，スピノザの分析に対抗する。この問題は，ある程度，言葉上のものである。ルソーは，神からくる真の正義をどう受け取るかをわれわれが知っていたなら，「政府も法律もいらない」と認めている[20]。これは，「人間は理性に従って生きている限り，お互いにつねに調和して生きられる」というスピノザの命題に呼応している[21]。この考えは自明の理である。人間が完全であるならば，その完全性は人間の計画や行動すべてに反映されるであろう。それぞれが他者の行動に頼り，すべての決定は真の利益調和を維持するような原則のもとになされるであろう。スピノザは，利害関係を調停するのにともなう難しさではなく，皆の利益にかない，全体のために善となるような決定をつねにするのを妨げるような，人間の理性の欠陥を強調する。ルソーも同じ問題に直面する。彼は，人間が日々の必要を満たすために互いに頼り始めるようになった際に，人間はどう行動していたかを想像している。困窮に備えている限り戦争は起こりえなかったが，自然災害と人口増加が組み合わさることによって協力が必要になると，紛争が生じた。このため，鹿狩りの比喩の例では，1人の人間の短期的利益と集団の一般的利益との緊張が，1人の人間の単独行動によって解決されるのである。彼が空腹感によって動機づけられていたという点では，彼の行動は感情によるものである。理性があれば，彼の長期的利益は，協力的行動が参加者すべてに益すると確信することにかかっているということが経験からわかったはずである。しかしまた理性によって，彼は，自分がウサギを逃したならば，隣の男がそれを追いかけ，自分のほうは馬鹿を見るだけだということもわかるのである。

　ここで問題はより重要なかたちで提示される。アナーキーのもとで調和が存在するためには，自分が完全に合理的でなければならないのみならず，ほかの皆もそうであると推定できなければならない。さもないと合理的計算の根拠は

20　*Social Contract*, p. 34 (Book II, ch. vi); *Political Economy*, p. 296 を参照。
21　Spinoza, *Ethics*, Part IV, prop. xxxv, proof.

なくなってしまう。自分の計算において，他者の非合理的行動を考慮に入れると，何ら決定的な解決策にもつながらない。しかし，それを考慮に入れず合理的計算に基づいて行動しようとすると自分自身が破滅してしまう。後者の議論は，「真のキリスト教徒は，想像可能な限りで最も完全な社会を形成するだろう」という命題についてのルソーのコメントに反映されている。まず最初に，彼はそのような社会は「人間の社会ではない」と指摘する。さらに，「国家が平和的で，調和が保たれるためには，すべての市民が例外なく［同じように］良いキリスト教徒でなくてはならない。もし運悪く利己的人間や偽善者が1人でもいたら……その人は確実に信心深い同胞を打ち負かそうとするだろう」と彼は言う[22]。

　協力的行動を合理的とし，それから逸脱するものを非合理的とするならば，紛争は人間の非合理性から生まれるというスピノザに賛成しなければならない。しかし，合理的行動に必要とされるものを検討すると，鹿狩りのような単純な例においてさえ，おのおのの人間の理性に基づいて下す利益についての皆の定義が一致し，もともとの状況に対処するための適切な方法に関して皆が同じ結論を出し，また，最初の計画を変える問題を生じさせるような偶然の出来事（たとえばウサギの出現）によって必要となる行動について皆が即座に合意し，かつそれぞれがお互いにほかの皆の目的が変わらないと完全に信頼していると想定しなくてはならないのである。完全に合理的な行動には，われわれの幸福が他者の幸福と結びついているという認識だけでなく，「異なる状況においてほかの皆とどう結びつくのか」という問題に答えられるような，詳細についての完全な価値判断が必要となる。ルソーは，ウサギを捕まえようとする狩人の行動を善とも悪とも呼ばない点では，スピノザと同じであるが，スピノザとは異なり，それを合理的とも非合理的とも呼ぼうとしない。ルソーは，問題がアクターのみにあるのではなく，彼らが直面している状況にもあることに気づいたのである。貪欲さと野心が紛争の発生や増加にかかわっていることを決して無視しているわけではないが[23]，ルソーの分析は，紛争が人間の社会問題におい

22　*Social Contract*, pp. 135-36 (Book IV, ch. viii). 強調は引用者。「同じように」という言葉が，フランス語原文を正確に訳すうえで必要だが，ここで引用した翻訳には出てこない。

てどの程度まで必然的に起こるのかということを明らかにしている。

　端的に言えば，完全に合理的な人間の世界には不和や紛争がないという意味においての，非合理性が世界の問題すべての原因であるという主張は，ルソーが示唆するように，真実であると同時に見当違いでもある。世界は完全性の観点から定義することはできないので，協力的・競争的活動において調和に近いものをいかにして達成するかというまさに現実の問題は，つねにわれわれとともにある。完全性の可能性はないため，単に人間を変えることによって解決できる問題ではない。ルソーは，スピノザとカントの仮定の２つを片づけることができた。紛争が社会における競争と，協力の試みの副産物であるならば，自己保存を人間の唯一の動機づけと仮定する必要はない。紛争はいかなる目標を追求することからも起こるのだから——たとえそれを追求するなかで，カントの定言命令に従って行動しようとしても。

自然から国家へ

　スピノザやカントにとってと同様，ルソーにとっても自然状態においては，人間は「本能」，「身体的衝動」，「欲求の権利」によって支配され，「自由は……個人の強さによってのみ定められている」。合意には拘束力はない。「自然の制裁を欠く場合には，正義の法は人間のあいだでは効果がないからである」[24]。民法の保護がなければ，農業さえ不可能である。なぜなら，「最初に来た者に収穫物をとられてしまうかもしれない場合に畑をわざわざ耕す馬鹿がいるだろうか」と，ルソーは問う。社会的規制がなければ，他者の利害や権利や財産を尊重する義務はありえないのだから，将来に備えるのは不可能である。しかし，将来に備えたほうが人生は楽になるのだから，そうするのが望ましい。いや，現在の生産様式のもとで手に入る食糧の量を人口増加が圧迫し始めるのだから，それは必要でさえある。人間のなかには，団結して，協力的・競争的状況を統

---

[23] *A Lasting Peace*, tr. Vaughan, p. 72. ルソーは人間を「不当であり，自己利益に飛びついて，ほかのすべてよりそれを優先させる」と表現している。ここで，第３イメージと第１イメージの関係の問題が生じる。これについては，以下，第８章で論じる。

[24] *Social Contract*, pp. 18-19 (Book I. ch. viii); p. 34 (Book II, ch. vi).

制する規則をつくり，それを強制する手段を組織化する者もいる。また，組織化された社会の外にいる者のなかには，効果的な協力ができず，団結して社会分業の利益を享受している集団の効率に対抗できないので，その新しいパターンに従わざるをえない者もいる[25]。

　自然状態から市民国家に移行するなかで，人間には物質的に得るものがあるのは明らかである。しかし関係する物質的利得以上のものもある。ルソーは『社会契約論』の短い章のなかでこれを明らかにしており，カントものちにこれに忠実に従った。「自然状態から市民国家への移行は，目を見張るような変化をもたらす。人間の行動において正義を本能に代え，人間の行動に以前は欠けていた道徳性を与えるのである」とルソーは言う。市民国家が設立されるまえの人間には自然の自由があり，人間は自分が獲得できるすべてのものに権利がある。市民国家に入るとき，人間はこの自然の自由を放棄し，かわりに「市民の自由と，自分が持っているものすべての所有権を受け取る」。自然の自由が市民の自由になり，所有が所有権になるのである。くわえて，「市民国家では，人間は道徳的自由を獲得する。そして，このことによってのみ，人間は自分自身の真の主人となるのである。なぜなら，われわれが自らに命じた法の遵守が自由であるのに対し，欲求の単なる衝動は，奴隷であるからだ」[26]。

国家間関係のなかの国家

　カントにとってと同じく，ルソーにとっての市民国家は，道徳的営みの可能性に貢献するものである。もっとも，ルソーは，いくぶんプラトンやアリストテレスのように，カントよりも積極的な意味での貢献を考えていた。しかし，市民国家そのもの同士の関係はどうなるのか。この点について，スピノザは，紛争が人間の理性の欠陥から生じると彼が考えた自然状態のなかの個人に適用した分析に舞い戻った。カントも彼の初期の人間同士の対立の分析に戻ったが，その場合の説明には対立する単位の性質とその環境の両方が含まれていた。ル

25　*Inequality*, pp. 212, 249-52. この弁証法的発展はとくに興味深い。そこでは，社会的国家へのステップごとに困難や大惨事のようなものが生じる。

26　*Social Contract*, pp. 18-19 (Book I, ch. viii).

ソーとカントの説明は似ているが、ルソーはより一貫性があり、徹底している。

スピノザであれ、ホッブズ、ロック、ルソー、カントであれ、社会契約論の理論家は、世界における国家の行動を自然状態における人間の行動にたとえる。人間であれ国家であれ、行動する単位が自分より上位の権威なしに共存する状況として自然状態を定義することによって、その言葉は市民国家の外に生きる人間に当てはまるのと同様、近代世界のなかの国家にも当てはまる。共通の上位の存在がないのは国家にとって明らかであるが、国家を行動単位として表現してよいのだろうか。国家間における国家の行動についてのルソーの図式を考察するまえに、この問いを検討する必要がある。

ルソーはスピノザと同様、共同体の信頼関係や組織体の比喩を用いることがある。前者については、主権者は国家の存続を軽んじるようなことは決してできないという彼の言葉に示唆されている。国家の目的は「その構成員の維持と繁栄である」[27]。後者の組織体の比喩は、「個々の政治組織は、人間に似ており、組織され、生きた団体と見なされる」という彼の言葉に反映されている。生き物として「注意を払うべき最も重要なことは、自己保存である」[28]。しかし、ルソーは、この比喩は厳密なものではないと警告する。個人と国家の動機づけが一致するのは偶然の可能性もあり、スピノザが言うように必然的な前提ではない。そして、完全な意図と目的を持った単位として国家を表現するとき、ルソーはそれが何を意味するかを、かなり注意深く定義している。

この点で、ルソーは、われわれに見える国家と、あるべき国家の2つを区別していると考えられる。前者においては、ルソーは国家の利害と主権者の行動が一致するという確信はないことを明らかにしている。実際、大半の国では、主権者は自国の利害を気にかけるどころか、個人的な自惚れや欲望によってしか動かないのだから、国家の利害と主権者の行動とが一致したならば不思議である。国家はそれでもある意味で単位であるから、そのような国家でさえ、組

---

27 *Ibid.*, pp. 16-17 (Book I, ch. vii); p. 83 (Book II, ch. iv).
28 *Political Economy*, p. 289: *Socail Contract*, p. 28 (Book II, ch. iv). Montesquieu, *The Spirit of the Laws*, tr. Nugent, Book X, ch. ii のなかの以下の一節を参照。「政府の活動は人間の活動に似ている。人間は自然防衛の場合に人を殺す権利を持っており、政府は自己保存のために戦争をする権利を持っている」。

織体や共同体の比喩を限定的に適用できる。主権者は，十分な権力を保持している限りは，自分の意志が国家の意志であるかのように振る舞う。これは，国際関係においては，国家はその構成員すべてのために行動すると見るべきであると単純に考えるスピノザと同じである。国家は，スピノザの哲学で理解されているよりも深い意味において単位になりうることを明らかにするような分析を，ルソーはこれに加えている。それは，その後のナショナリズムの歴史から生まれ，補足された分析である。ルソーは，国家は一定の条件のもとで一般意思を実現すると主張する。ここで，一般意思とは，国家の構成員にとって集合的に「最善」であると見なされることをする国家の決定のことである。国家の統一性は，一般意思の実現に必要な条件が存在する場合に達成されるのである。

　この抽象的な公式からは，ルソーが関心を持っている問題への答えはほとんど引き出せない。いかなる条件のもとで，国家はルソーが望む統一性を実現するのか。幸いにもルソーの公式を具体化するのはたやすい。公共の精神，もしくは愛国心が良い国家に必要な基礎であると彼は言う。原始的部族においては，経済的相互依存と外からの圧力によって集団の連帯感が生まれる。18世紀のより複雑な社会にあっては，単純な時代の社会集団や政治集団に見られた連帯の精神が失われたとルソーは危惧する。「今日では，フランス人もドイツ人もスペイン人もイギリス人もいない。ヨーロッパ人がいるのみだ」と彼は書いている。彼らはみんな各自，自国の制度に由来する独特の性格形成がなされることがないので，同じ趣味や感情や道徳を持っているとルソーは言うのである[29]。愛国心は，下位国家的利益や脱国家的利益から生じる反感情が逆巻くなかで失われる危険にさらされていると彼は考えている。ほかの多くの利害のなかで，愛国心はいかにして育つのか。これがルソーが問う問題であり，彼は以下のようにそれに答える。

　　子供たちが平等に，同じように育てられたなら，そして彼らが国家の法と一般意思の指針を吹き込まれていたなら，そして彼らが何よりもこれらを尊重するよ

---

[29] *Considérations sur le Gourvernement de Pologne*, in Vaughan, ed., *The Political Writings of Jean Jacques Rousseau*, II, 432. 以下で用いる *Projet de Constitution pour la Corse* と *Émile* からの抜粋もこの著作から引用されている。

う教えられたなら，そして彼らが自分たちを育ててくれる優しい母親や，その愛情，母親から受け取る計り知れない恩恵や母親への恩義をつねに思い出させるような実例やモノに囲まれていたならば，子供たちが互いに兄弟として慈しみ，社会の意思に反するものは決して意図せず，無益で空疎な修辞家のおしゃべりを人間や市民の行動にとって代わらせたりすることなく，自分たちを長くその子供として育ててくれた国家の擁護者となり父となることに疑いの余地はないだろう[30]。

そのような状態においては，紛争はなくなり，統一性が実現される。それは，否定的な言い方をすれば，子供たちが平等に育てられれば，国家の統一性にとっては致命的な部分的利益の発展が妨げられるためであり，肯定的な言い方をすれば，公的感情を教え込むことによって全体の福祉に奉仕する精神を市民に与えるためである[31]。かくて国家の意思はすなわち，一般意思であり，非統一や対立の問題は生じない。

国際政治を研究するうえで，国家を行動する単位として考えるのは便利である。同時に，結局は抽象的概念であり，つまるところは無生物である国家を行動主体として扱うのは，常識に反する。このことは国際関係のどの理論にとっても重要な点であり，とりわけ第3イメージにとってはそうである。ルソーの思想はこの問題に対してどのくらい一般的に適用できるだろうか。

文献学者エリック・パートリッジは，原始人が，ほかの似たような集団と自分たちが異なると同時に，自分たちのほうが優れていることを示唆するように，自らを「ザ・マン」あるいは「ザ・ピープル」と呼ぶ傾向が幅広くあることについて述べている[32]。ヘロドトスは，ペルシア人が自分たちのことを，非常に秀でた人々であると見なしており，ペルシアからの地理的距離によって，ほかの人々の価値をランクづけしていたことを知っていた[33]。ギリシャ人も同じ考

---

30 *Political Economy*, p. 309.
31 平等の重要性については，*Considérations sur le Gouvernement de Pologne* のとくに II, 436, 456; *Projet de Constitution pour la Corse* II, 337-38; および *Political Economy*, p. 306 を参照。愛国心の醸成については，*Considérations sur le Gouvernement de Pologne* のとくに II, 437 を参照。
32 Partridge, "We Are *The* People," in *Here, There, and Everywhere*, pp. 16-20. "War," in Sumner, *War and Other Essays*, ed. Keller, p. 12 の以下の一節を参照：「野蛮な部族が自分たちを呼ぶ名すべてのうち10分の9は，「マン」「唯一のマン」あるいは「マンのなかのマン」である。つまり，自分たちがマンであって，残りはそれ以外なのである」。
33 *The History of Herodotus*, tr. Rawlinson, I, 71.

え方をしていたことは，ヘレニズム文学の常識であるし，ユダヤ人は自らを神によって選ばれた民であるという確信を持っていた。こういった感情は，集団の心情や特定地域の愛国心である。18世紀以前には，こういった感情は比較的広い地域に広がった人口のうちの少数に限られたものか，あるいは比較的狭い地域に住む者たちのうちの大多数に限られたものであった。前者の状況は，王や貴族や僧侶が団結して，教皇ボニファティウス8世の介入に国内事項を盾に対抗した際のフランスに見られる。後者の例はギリシャの都市国家や中世の町のいくつかの市民感情のなかに見られる。

集団の愛国心の存在は，C. J. H. ヘイズが言うように，国家の概念と融合するようになるまでは，われわれの分析にとって何の特別な意味もなかった。とすると，近代ナショナリズムは非常に重要な事象であるということになる。ハンス・コーンは，ナショナリズムは国民主権の概念なしには成立不可能であり，ナショナリズムの成長は，共通の政治形態への大衆の統合と同義であると指摘する[34]。そのような統合がルソーの政治的著作の理想であるが，彼は，プラトンと同じくそれは都市国家という狭く囲まれた地域のなかでのみ可能であると考えていた[35]。とりわけ交通・通信手段に応用される近代技術の発展とともに，ルソーが必要と考えた方法をたとえ使わなくても，ルソーが思い描いたものよりも広い地域で個人の利害が緊密に相互補完的になる可能性が出てきた。しかし，活動の規模は変わったが，思想は変わっていない。

ナショナリズムという観念は，国家への忠誠心が唯一の忠誠心であることを意味しない。しかしながら，ここ数百年のあいだには，大半の人々が，ほかのどの集団に対するよりも強い忠誠心を国家に対して感じるようになった。人間はかつては，教会に忠誠心を感じており，戦争においてそのために命を進んで犠牲にしていた。近代においては，大衆は同じような忠誠心を国民国家に感じている。近代ナショナリズムには例外もあるが，その例外があることによって市民の忠誠心の第1が国家に対するそれであることが否定されることはめったになかった。

---

34 Hayes, *Essays on Nationalism*, p. 29; Kohn, *The Idea of Nationalism*, pp. 3-4.
35 *Considérations sur le Gouvernement de Pologne* のなかのルソーの忠告を参照：「政府を改革したいのなら，自分の境界を管理することから始めよ」。

第6章　第3イメージ

　ナショナリズムの求心的な力自体によって，なぜ国家を単位として考えることができるのかが説明できるかもしれない。しかし，分析全体の基礎をこの一点に置く必要はない。ルソーは自分の分析が以下の2つのどちらかの場合に当てはまることを明らかにした。(1) 国家がある程度適切に「有機的な」という形容詞で表現できる単位である場合。ルソーが予測しなかったことだが，これは，「有機的」以外の大半の面においてはルソーの理想にはるかに及ばない多くの国家で実際に起こったことである。(2) 国内のあるパワーが非常にしっかりと確立しているため，その決定が国家の決定として受け入れられるという意味においてのみ国家が単位である場合。

　いかなる実在の国家においても，状況は以下のように描写できよう。ルソーの言葉を使えば，国の政策は，国家の名のもとに，国家の一般意思であるかのように形成され，他国に提示される。国内の反対者も2つのことを考慮してそれに従うようになる。1つは決定に変化をもたらす能力の欠如であり，もう1つは，長期的には国家の決定と折り合いをつけ，変化のために処方され受け入れられたやり方をするほうが自分たちの利にかなっているという確信である。これは，認識されている利害と慣習的な忠誠心に基づいている。ルソーの基準によると，あまり良い国家でないほど，最初の考慮のほうが重要であり，この場合，究極的には，国家の統一性は単に事実上の主権者のむき出しのパワーである。一方，より良い国家の場合——あるいはより愛国主義的な，と付け加えてもよいだろう——，第2のケースを考慮すれば十分である。この場合，究極的には政府の外交政策形成について，市民は完全に合意している。どちらの場合であっても，国家は他国の眼には1つの単位に見える。先に述べた条件を満たさない「国家」は，いかなるものも国際政治分析という目的のための単位としてはもはや考えられないが，それは国家ではなくなるのだから，問題は複雑ではない。この世の問題のなかには外交政策の問題になるものがあり，外交政策の問題のなかには単一の選択肢が要求されるものもある。その選択肢は，統一体としての国家によって支持されねばならず，さもないと国家が消滅し，同時に国家の統一性の問題も消滅してしまうだろう。国家があれば，外交政策もあり，外交政策において国家はときに1つの声で語らなければならないのである。

さらに考慮すべきことがある。それを考慮に入れると，先の分析が示すよりも，国家は単位としてよりいっそうの一貫性をもって行動することを要求される。危機状況，とりわけ戦争の危機においては，外交政策について満場一致に近い支持を得ようとする試みが成功する可能性が高い。統一は，個人の感情や自分の安全は国家の安全にかかっているという確信によって強化される。それが強化されるのは，裏切り者を罰し，最も効果的なあるいは目立つかたちで愛国主義的な者に報いる国家の行動によってである。それは社会からの圧力によっても強化される。ディカイオポリスがアテネの敵を擁護したことに対するアリストファネスの『アカルナイの人々』のなかの怒りの合唱は，すべての社会が戦時に経験することである。

　要するに，国家の統一性は，内在的要因のみならず，国際関係に頻繁に起こる敵対心によっても養われる。そのような敵対心は，異なる国家における個人間の憎悪感情を導くときではなく，国家が戦争政策の陰で資源や利害や感情を動員するときに重要となる。以前に植えつけられた敵対感情が戦争政策の可能性を高め，その成功の見込みを増大させるかもしれない。しかし，たとえ前線にいる歩兵が，敵を討つよりも別のところで別のことをしているほうがよいと思っても，戦争は遂行されるのである。個人が戦争に参加するのは，国家の構成員であるからである。これが，「戦争がそういった『道徳的存在［国家］』のあいだでのみ可能ならば，交戦国が個人的敵と戦うことはない」と主張するルソーの立場である。ある国家は別の国家に対して戦争をする。戦争の目的は，対抗する国家を破壊するか変えることである。そして対抗する国家が「一回の攻撃で解体されるならば，戦争はその瞬間に終わるのである」[36]。

　この仮定を確認するために多くを考える必要はない。われわれが第二次世界大戦でドイツと戦ったのは，ドイツがヒトラーの指導に統一体として従ったからであり，アメリカの多くの人々がドイツの人々に個人的な敵意を感じていたからではない。個人にではなく国家に対抗するのが戦争であるから，戦争のあとで国家はすばやく再編成できたのである。このことは，少しまえまでは不倶

36　*A Lasting Peace*, tr. Vaughan, p. 123. *Social Contract*, pp. 9–10 (Book I, ch. iv)および Montesquieu, *The Spirit of the Laws*, tr. Nugent, Book X, ch. iiiを参照。

戴天の敵であった国家の指導者や人々とアメリカがいまでは協調していることにはっきりと示されている。

さて，ルソーの国際関係理論に戻り，政治環境と国家の性質という，彼が主要な関心を寄せていた点にとくに注目してみよう。国際環境の役割について，ルソーは以下のように述べている。

> すべての人間がつねに平和でいればずっと良いのは全くそのとおりである。しかし，平和が守られない限りは，皆，戦争を避けられる保証がないため，自己利益にかなったときには，隣国の機先を制する戦争を始めようと願っている。隣国は隣国で，自分にとって都合の良いときはいつでも，必ず攻撃の機先を制しようと考えているため，多くの戦争は，攻撃的戦争でさえ，他国の所有物を奪う方策であるというよりは，攻撃する者自身の所有物を守るためという警戒の性質を帯びたものである。公共の精神の命令に従うのが理論上いかに有益であっても，誰もそれを遵守しようと思っていないときに，全世界と一緒にそういった命令を遵守することにこだわれば命取りになるであろうことは，政治的にも，そして道徳的にさえも，確実である[37]。

国家が行動する際の枠組みゆえに，慎重さはあだになる。「すべてが運に任されている場合には」，慎重さは無益だからである[38]。行動する者の性質によって状況はなおさら絶望的になる。「王たちの全生涯は，2つの目的にのみ捧げられている。国境を越えて支配を拡大することと，国境内で支配をより絶対的にすることである。一方の目的は，これら2つの目的のうちの1つに従属するか，それを達成する口実に過ぎない」とルソーは述べる[39]。「王から義務を押しつけられる」大臣に関しては，「自分たちの職を維持する代償として，永遠に戦争を必要としている。戦争は，主君にとって自分たちが不可欠であるようにし，自分たちの助けなしにはまぬがれえないような困難に王を投げ込み，事態が最悪になった場合に，国家を破滅させる手段だからである」[40]。そのような世界で慎重さが無益であるとすれば，正気は完全に危険である。なぜなら，「狂人の世界

---

37 *A Lasting Peace*, tr. Vaughan, pp. 78-79; cf. Montenquieu, *The Spirit of the Laws*, tr. Nugent, Book X, ch. ii.
38 *A Lasting Peace*, tr. Vaughan, p. 88.
39 *Ibid.*, p. 95.
40 *Ibid.*, p. 100.

において正気でいること自体が狂気の一種だからである」[41]。

われわれが理解する国家間の関係について、ルソーはスピノザやカントに見られないようなことは何も言っていない。たいていの場合、ルソーのほうが上手に語っているだけである。しかし、カントの法的基準に従って定義されるか、あるいはルソーのより包括的基準に従って定義されるかにかかわらず、善良な国家の存在は平和な世界を意味するのだろうか。この質問にカントはイエスと答え、ルソーはノーと答えた。国家の意思は、それが完全な場合は、おのおのの市民にとって一般意思となるが、ほかの世界との関係において考慮すると、特殊意思に過ぎない。国内のある団体の意思がそれ自体は一般的であっても、国家の福祉の観点から考慮されると間違っているかもしれないのと同じく、国家の意思はそれ自体にとっては正当かもしれないが、世界との関係では間違っているかもしれない。「したがって、共和国がそれ自体よく統治されていても、不正な戦争を始めることはありえないことではないのである」とルソーは述べる[42]。ルソーが私的団体の特殊性は国家のなかで消滅すべきであるとまさに主張するように、世界に一般的な意思をもたらすには、個々の国家の特殊性は昇華させられなければならない。国家は、自国の希望がすべての国家の観点から見て正統であると公言し、本当にそう思っているかもしれないが、その意図にもかかわらず、おのおのの国家が表明する目的には、一般的というよりは特殊な妥当性しかない[43]。そのため、特殊意思から必然的に生じる紛争を防止し調整する、国家より上位の権威が存在しないことは、戦争が不可避であることを意味する。ルソーの国際関係理論の核心部分でもあるその結論は、いくぶん抽象的なかたちではあるが、以下の言葉に正確に要約されている。特殊なもののなかで事件が起こるということは、偶然ではなく必然である[44]。そしてこれは、アナーキーにおいては自動的な調和はないということの別の表現に過ぎない。

---

41 *Ibid.*, p. 91.
42 *Political Economy*, pp. 290-91.
43 上記の考えは、行動基準における地域差について敷衍したものであるが、それについては、*La Nouvelle Héloise*, Part II, Letter xiv, in *Oeuvres complètes de J.J. Rousseau*, IV, 160 を参照：「それぞれの地域にそれぞれのルールや判断や原則があり、それらはほかの地域では全く認められていない。ある家における正直者は、隣の家ではペテン師である。善、悪、美、醜さ、真実、徳といったものは地域に特有のものであり、条件づけられたものでしかない」。

第6章　第3イメージ

　アナーキーが問題ならば，解決策はたった2つしかない。(1) 個別の不完全な国家を効果的に実力支配する。(2) 国家から不測の要素をなくす。すなわち，善良な国家が，もはや特殊ではないくらい完璧なものと定めることである。カントは，国家が合意した法に進んで従うよう，国家を十分良くすることによって妥協しようとした。ルソーは良い国家でさえ持っている特殊な性質のことを強調したが，この点についてカントは賛成しなかった。また，ルソーは，そうすることによって，カントが提案した解決策の無益さを明らかにする[45]。さらにルソーは，善悪にかかわらず，すべての国家の行動を一般的観点から説明する国際関係理論の構築を可能にしている[46]。

　鹿狩りの例では，ウサギを捕まえる狩人の意図は，彼自身の見解からは合理的であり，予測可能であった。しかし，集団のほかのメンバーから見れば，それは独断的であり，突発的である。したがって，どの個別の国家についても，自分自身にとっては，完全に良い意図であっても他国から強烈な抵抗を招く恐れがあるのである[47]。ルソーの理論の国際政治への応用については，サン=ピエールに対する論評と「戦争状態」という題名の短い著作に，雄弁かつ明確に書かれている。彼の理論の応用は，先の分析を裏づけるものである。ヨーロッパ諸国は，「非常に多くの点で互いと接触しているので，どの国家もほかのすべての国家に影響を与えずに行動することはできない。国家同士のつながりが緊密なので，彼ら同士の違いはなおさら致命的になる」。国家は，「最初にもたらされる変化によって不可避的にもめごとや不和に陥る」。そしてなぜ「不可避的に」衝突するのかと聞けば，ルソーは，国家間の連合が「形成され維持されるのは，運によるほかない」からであると，答える。ヨーロッパ諸国は，ひしめきあうように隣り合っているわがままな単位であり，彼らを導くルールは，

44　これは，ヘーゲルの以下の公式に相当する：「事故が起こるのはもともと起こりやすいからであり，したがってそれが起こる運命も必然なのである」。*Philosophy of Right*, tr. Knox, sec. 324.
45　カントは，一般的に思われているよりも，この批判が説得力を持っていることを認めている。この点については，上記153~54頁を参照。
46　これはもちろん，国家行動の差異が，憲法や国がおかれている状況の差異によって生じないと言っているのではない。この点で，第3イメージと第2イメージの関係の問題が生じるが，これについては，このあと第8章で論じる。
47　*Political Economy*, pp. 290-91.

明確でもなく拘束力もない。ヨーロッパの公法は,「強国の権利以外,命令できるものは何もない矛盾した規則のかたまりである。そのため,国家を導く確実な手掛かりがないなど,疑念があればいつでも,理性は自己利益の呼びかけに従わざるをえない。たとえすべての関係者が正義であることを望んでも,根本的に戦争は不可避である」。この状況のなかでは,必然の利益調和や,権利義務における自動的合意や黙従を期待するのは向こう見ずである。現実に「ヨーロッパ国家連合」は存在するが,「この連合が不完全であることによって,それに属する国家の状態は,共同体が全く形成されなかった場合よりも悪くなるのである」[48]。

議論は明快である。個人にとって最も血なまぐさい歴史段階は,社会設立の直前の時期である。その時点では人は未開人の美徳を失っていながらまだ文明人の美徳を獲得していないのである。自然状態の最後の段階は,必然的に戦争状態である。ヨーロッパの国家はまさにその段階にある[49]。

それでは,原因は個々の国家の気まぐれの行動か,それとも国家が属するシステムか。ルソーは後者だと力説する。

> いかなる形態の社会の場合でも,それを統合するのは利害の共同体であり,それを解体するのは利害の対立であることは誰にもわかる。どちらの場合も,多くの事件によって変化し,修正されることがある。そのため,社会が形成されると同時に,社会の構成員の行動を調整し,彼らの共通利益と相互義務に,自分自身では決して獲得できないような堅固さと一貫性を与えるために,何らかの強制的権力が提供されなければならない[50]。

しかし,政治構造の重要性を強調することは,紛争をもたらして軍事力の使用を導く行動が重要でないということではない。戦争の直接原因となるのは具体的行動であり[51],戦争原因の存在を許し破壊をもたらすのは一般的構造であ

---

[48] *A Lasting Peace*, tr. Vaughan, pp. 46-48, 58-59. *Inequality*, pp. 252-53, および *Emile*, II, 157-58 を参照。

[49] *A Lasting Peace*, tr. Vaughan, pp. 38, 46-47. この p. 121 で,ルソーは,国家間につねに存在する「戦争状態」と,敵国を破壊する確固たる意図において表現される戦争そのものとを区別している。

[50] *Ibid.*, p. 49.

る。国家の自己中心主義や邪悪さや愚行の痕跡すべてを除去することは永久平和の構築に役立つであろうが，「ヨーロッパ連合」の構造を変えることなしに戦争の直接原因すべてをすぐ除去しようとするのはユートピア的である。

では，構造のどのような変更が必要なのか。カントがのちに提案したような，自主的な連合が国家間の平和を維持できるという考え方を，ルソーは徹底的に斥ける。そのかわりにルソーは，国家間の戦争への救済策は，「法の権威のもとで，すでに個人の構成員を結合させ，人間同士を同等の地位においているのと似た絆によって国家を結合させるような，連邦政府の形態においてのみ見出される」という[52]。カントも似たようなことを述べたが，そういった連邦の現実性を考慮するようになるや否や，それを修正し，なかったものにしてしまった。ルソーは，以下の引用で明らかなように，自分の信念を曲げていない。その信念は，カントの平和連合の計画とはあらゆる点で違っている。

> 連邦[「ヨーロッパの国家を結びつけている自由で自主的な結合体」にとって代わるもの]では，すべての重要な国家が構成員とならなければならない。また，すべての構成員を拘束する法や法令を通す力を持った立法機関がなければならないし，命令のかたちであれ禁止のかたちであれ，共通の決定にすべての国を強制的に従わせる力を持った威嚇的な軍事力がなければならない。そして最後に，いかなる国家も自国の私的利害が全体の利益とぶつかると見るや否や，気の向くままに連邦から離脱できるといったことがないように，十分強力で安定していなければならない[53]。

ルソーが提示する解決策のあらさがしをするのはたやすい。いちばんの弱点は，「連邦は，戦争を起こすことなしに，それを構成する国家にどうやって法を強制できるのか，そして効果的軍事力がつねに連邦の味方である可能性はどのくらいあるのか」という質問に表れている。これらの質問に答えるのに，ルソー

---

51 *Ibid.*, p. 69 のなかで，ルソーは，そういった原因を余すところなく提示している。*Social Contract*, p. 46 (Book II, ch. ix)を参照：「国家のなかには，他国を征服する必要性が建国のあり方そのものに組み込まれ，自己保存のためには止むことなく拡張せざるをえないようできているものもある」。また，*Political Economy*, p. 318; Montesquieu, *The Spirit of the Laws*, tr. Nugent, Book IX, ch. ii も参照。
52 *A Lasting Peace*, tr. Vaughan, pp. 38-39.
53 *Ibid.*, pp. 59-60.

は，ヨーロッパの国家は，いかなる一国もしくは複数の国家も他者にたいして優位に立つことがないよう十分見事に均衡がとれた状態にあると主張する。構成員である国家に連邦の法を強制しなければならない国家連合の本来的弱さについての最も優れた批判的考察は，『フェデラリスト』にある。その議論は説得力があるが，ここで再検討する必要はない。ルソーが勧める解決策が実践上弱いからといって，国際的なアナーキーの結果としての戦争についての彼の理論的分析の価値が失われるわけではない。

結　論

　本章では，国際関係の第3イメージの基本的説明を行った。扱うべき重要な問題がまだ明らかに残っているということが，次の2つの点でわかる。第1に，この章で提示した，「アナーキーにおいては自動的な調和はない」という命題と「自立した国家のあいだで戦争は不可避である」という命題のあいだに明らかな論理的関係はない。次章ではこの2つの命題の関係，およびそれと第3イメージとの関係を明らかにすることを試みる。第2に，3つのイメージのあいだには相当の相互依存関係があることがもはや明らかになったが，3つのイメージを関連づける問題をわれわれはまだ体系的に考察していない。この問題は第8章で考察する。

第7章

第3イメージからの推論
──経済，政治，歴史の例

> 競争相手を無情に殲滅する備えをお互いにしている国家や帝国が存在する限り，その同類たちは戦争のための装備を整えていなければならない。
>
> ──フロイト『文明，戦争，死』

　本章のはじめのこの題辞には，考察すべき2つの点がある。1つは積極的な，もう1つは消極的な示唆を含んだものである。積極的意味では，平和傾向の国家に武装を必要とさせるには，自国の意思を通すために武力を進んで使う準備ができている国がなければならない。消極的意味では，そういった武力の一方的使用を防止できる権威が欠けていなければならない。積極的および消極的条件が存在しているならば，平和的国家は，論理的に言えば，戦争から何かを得たいからではなく，戦争の発生を避けるために，また戦争が起こった場合に自分たちを守るために，自らの武装状態に注意を払わなければならないのである。

　国内で，あるいは国家間で武力や武力による威嚇が用いられるのは，人や国家のなかに邪悪なものがいるからであろうか。おそらくそうであろう。しかし理由はそれだけではない。善良な人間や善良な国家も，互いとのつき合いのなかで，ときに武力に訴える。ならば，戦争は，国家が善良であれ邪悪であれ，国家間に存在する意見の相違によってもたらされるのだろうか。フランソワ1世は，どのような意見の不一致のために義兄弟であるカール5世と絶え間なく戦争をしているのかと聞かれた際，「全く何もない。私たちの意見は完全に一致している。どちらもイタリアを支配したいのだ！」と答えたと言われている[1]。

善良さと邪悪さ，意見の一致・不一致は戦争へと発展することもあればしないこともある。では，国家間の戦争は何によって説明できるのか。ルソーの答えは，実は，戦争は防止するものが何もないから起こるというものである。人間同士と同じく，国家間でも利害関係が自動的に調整されることはない。最上位の権威が欠如しているなかでは，紛争が武力によって解決される可能性はつねにあるのである。

国家間のアナーキー〔無政府〕という状態，すなわちおのおのの国家が，自国の繁栄のために確実に自国の資源と方策に頼らねばならないという状況は，国家の政策と行動にどのような影響を与えるだろうか。この質問には第6章で述べたことをもとに答えられるが，より完全で核心を突くかたちで答える必要がある。本章では詳細をつけ加え，さらなる考察を試みる。第1節と第2節では，第3イメージの説明的役割を用いた視点から，国際関係についての一般的ではあるが賛否両論がある重要な問題，つまり関税と勢力均衡について検討する。最後の節では，第3イメージと，過去においても現在においても多い国際政治についての非理論的な論考との関係を考える。

国家の関税と国際貿易

国際経済の問題にルソーの分析を応用するまえに，国内経済における紛争の事例を考察しておく価値がある。その事例を考察すると，紛争の起源とその社会的抑制のことがわかる。

どのような職業でも，労働者の関心は，自分の仕事を守り，賃金をできるだけ高い水準に押し上げることである。この関心のために，労力節約技術の進歩に対する頑迷な抵抗が一方で起こり，また一方では，保守的な徒弟制度が発展した。こういった制限が成功するなら，労働者のどの集団も，自分たちの働きに対して，ほかの労働集団よりも相対的に多い収益を得られるだろう。労働集団のなかにはそういった操作の影響を受けにくい業種もある。その例はたくさんある。最も顕著な例の1つは，ペンシルヴァニアの油田からパイプラインに

---

1 Schuman, *International Politics*, p. 261 より引用。

よって石油を輸送する当初の試みに対してトラック運転手たちが行った一連の小規模戦争である。ドルあたりの生産量を最大限に増加させようとする社会全体の利益は，自分のいまの職と賃金を守ろうとする労働者の利益に反していたのである。社会における一集団の利害が十分に切実なものであり，状況が許す場合は，ペンシルヴァニアでそうだったように，その集団は現状を維持しようとして戦うだろう。もしより大きな社会の利益が十分に明確で社会が十分に強力であったならば，異議を唱える集団を管理下におくであろう。ここで挙げた例では，現在および将来の社会の利益のために，トラックの運転手たちがつらい調整をするよう迫られたのは明らかである。しかし，トラック運転手たちは，既得権益のためにこれがわからず，ゲリラ戦が勃発した。よく組織化された社会では，そういった武力行使を制限するさまざまな方法が用いられる。既存の法が処罰を課したり，新しい法が制定されたり，一時的に不利な立場におかれた者が進んで順応するよう説得するため，彼らへの援助がなされたりする。彼らが武力によって解決しようとすれば，ほとんどの場合，領土基盤の欠如か武器の不足のために物理的に制限される。また，心理的には，より大きな社会に対し慣習的に持っている忠誠心によって制限されるかもしれない。

　この油田の事例は，むろん，単純化されたものである。そういった紛争は集団対社会一般ではなく，集団対集団として通常起こる。この場合，社会の法は労働者でなく雇用者を擁護した。ほかの紛争のケースにおいてこれら2つの集団のあいだに同じことが起こったならば，社会全体の利益に対立することになるかもしれない。しかし，重要な点は，国家に正しい決断をし，強制する方法があるということではなく，決定がなされそれが遵守されることがあるという事実である。たとえば，ハンス・ケルゼンは，「正義とは，不合理な理想である。それが人間の決断と行動にいかに不可欠であろうと，正義は認識できない。合理的認識の観点から見ると，あるのは利害，すなわち利害対立のみである」と論じた。ある利害の集合は，他者を犠牲にして満たされるか，もしくは両者が妥協するかである。しかし紛争を扱うこれらの方法のうちの1つが正義にかなっており，他方がそうでないとは言えない[2]。国内政治においては，ある方策

2　Kelsen, *General Theory of Law and State*, tr. Wedberg, pp. 13-14.

がより良いか悪いかについての議論が重要とされるために,それがそもそも1つの決定であるというさらに重要なことが見えにくくなってしまう。たとえば,干潟の一片が州と連邦のどちらの管轄におかれるべきかについての議論よりも重要なのは,この紛争を解決する政治プロセスがそもそも存在するかどうかである。解決策は,ある見地からすれば間違っているかもしれないし,ほかの見地からすると正しいかもしれない。しかし,ほんの少し考えてみれば,「任意の」決定がなされ強制されるのは,大半の場合,「何が正しく何が間違っているか」を武力によって解決するよりもずっと好ましいということがわかるだろう。カントの定言命令自体は,ここでは役立たない。カントの言は,どちらかの決定が正義の原則に合っており,受け入れられるので,それについて争うべきでないと言っているだけである。しかし,効果的な政策決定の権威が欠如するなかでは,争いこそまさに起こりうることなのである。平和に関する限り,定言命令ではなく,権威が重要な要因である。すべての場合ではないにせよ,たいていの場合,権威によって押し付けられる不完全な解決策は,それが全くないよりも大いに好ましい。

ところで,国際レベルではほとんどの場合,権威は存在しない。次の例を見ると,当事者すべてを拘束する決定システムが欠けているところで目的を達成する難しさがわかるだろう[3]。自国の国民の経済的繁栄をそれぞれ最大化しようとしている2つの国があると想定しよう。この目的は,それ自体は良いものである。それぞれの国が国民のあいだで分配すべき物質的財は,この2カ国間の資源と製品の自由な流れに基づく国際分業を通して増加する。すると,この2つの国は,国民が共通の目的を持っているという意味で「社会」を構成していると言えよう。しかし,B国に対して,A国側にごく一般的な需要の弾力性があるため,B国は関税を設けることによって自国をさらに繁栄させることができる[4]。すると,A国が賢いならば,自国の関税でもってB国の関税に対抗す

---

3 Scitovszky, "A Reconsideration of the Theory of Tariffs," in *Readings in the Theory of International Trade*; Robbins, *The Economic Basis of Class Conflict and Other Essays in Political Economy*, とくに pp. 108-17; および Robbins, *Economic Planning and International Order*, とくに pp. 311-16 に基づいてる。

4 B国が交易条件を改善するということである。

るだろう。次第に繁栄度は低下するが，B国が関税を上げるごとにA国は自国の関税をさらに引き上げて，いましがたの損失を取り戻すことになる。これは，おそらくすべての貿易が制限されるまえのある決定的な時点まで続き，それ以降は，これ以上関税を引き上げても，もはや相対的利得さえない。重要なのは，もともと両国は，それぞれ自国の経済的繁栄を促進しようとしただけであったという点である。正当な目標を「合理的に」追求する一方的行動が，両国の繁栄を全体として低下させることになったのである。

両国は，最初からこうした結果を予測してばかばかしい競争を抑えるべきだったのではないのか。不満足な結果に終わった競争をしたのち，両国は出発点に戻り，このままでいようと合意するのではないだろうか。もし2カ国だけを想定し続けるなら，これは2つとも良い質問である。しかし，実際は，多くの国がこの構図のなかに含まれているため，報復される危険は無視できると，そのうちのどれかが考えてもおかしくはない。問題は，保護主義の競争がいったん始まると，おのおのの国家は直接的利害のために，それに呼応するようになることである。ルソーの鹿狩りの寓話では，ある1人がウサギを捕まえるということが，たとえほかの者たちが鹿を捕りそこなうことを意味しても，その1人はウサギを捕まえようとするのである。ここでの例では，おのおのの国家は鹿（国際分業による利得）を失うことなく，ウサギ（隣国に対する優位）を捕まえようとしている。それでは，かかる結果は，それぞれの国家が合理的に自国の経済的利益を追求することから生れると述べたのは正しかったのであろうか。シトフスキーはこう答える。「これらの前提で関税の引き上げを不合理だと呼ぶのは，競争的行動を不合理と呼ぶのに似ている」[5]。

似たような分析に基づいて，ライオネル・ロビンズは保護主義を非合理的であるとしている[6]。すると，論理的には，彼は個人や集団が専売あるいは買い手独占の地位を得ようとするいかなる努力も非合理的と呼び，したがって利潤を最大化しようとする努力を非合理的と呼ぶことになる。しかしこれは明らかに彼が言おうとしたことではない。シトフスキーとロビンズが，分析と評価にお

---

[5] Scitovszky, "A Reconsideration of the Theory of Tariffs," in *Readings in the Theory of Internaitonal Trade*, pp. 375-76.
[6] Robbins, *The Economic Basis of Class Conflict*, p. 122.

いて一致しながらも，保護主義を導くような行動に対して使う表現が異なるのは，よくあるように「合理的」という言葉が，ここでも異なる意味で用いられているということから説明できる。(1) 行動は，長期的に良い結果が出れば，合理的である。たとえば，国際貿易の制限は，国の経済的繁栄を促すという目的で，実際それに成功したならば，合理的政策ということになる。(2) 他者の行動も含めて，諸々の要因を考慮に入れた行動は合理的である。この意味では，合理的とは知的な過程を意味する。ある行動は，非合理的でなくても，実際間違っている（目的を達成するために正しく計算されていない）ことがある。一定の法的構造のもとでは，利潤を最大化する個人による行動は，最初の意味において合理的であり，そのような行動の結果は一般的に良いと考えられている。しかし異なる法的構造のもとでは，「利潤を最大化する」おのおのの国家の努力は，合理的行動からくるものとしては想像できないような結果をもたらす。理性の命ずるところに従えば，すべての国家は「ばかばかしい競争」に巻き込まれないようにすべきである。しかし，一国がそれを始めると，他国も従いたくてたまらなくなる。重要な点は，利潤の追求は，国内的には望ましい結果をもたらすような方法で規制できるが，活動が国内のように規制されていない国際関係においては，明らかに望ましくない結果を生むということである。国内レベルではそのような活動を合理的と呼び，国際レベルでは非合理的であると呼ぶことができるが，そうすると，われわれは異なる場面で似たような問題を扱っているという事実が，また，両方の状況において，政策決定者はおそらく正確に計算しようとしているという事実が，わかりにくくなってしまう[7]。ある行動の環境を見逃せば，社会政治構造による説明のほうがより正確で有用である

---

7 ロビンズはこれに気づいている。たとえば，彼は以下のように述べている。「『神の見えざる手』が非集産的な秩序に存在するとすれば，それは，意図的に考案された法と秩序の枠組みのなかでのみ機能するものである」。さらに，彼は，紛争は客観的不調和の産物でありうるという点について，次のように指摘している。「需要と供給の状況が，寡占組織が存在しているために買い手と売り手に不利であるか，あるいは買い手か売り手自身が集団として行動できるならば，紛争の客観的な条件が存在していることになる」（Rbbins, *The Economic Basis of Class Conflict*, pp. 6, 14）。とすれば，ロビンズが分析の文脈のなかで用いる「非合理」という言葉は重要ではない。「合理的」および「非合理的」という言葉の意味を論じるなかで，われわれはロビンズを批判するのではなく，紛争の状況の根底にある問題を明らかにしたいと考えている。

第7章　第3イメージからの推論

にもかかわらず，人間のせいにして説明することになってしまうのである。

　また，国内問題と国際問題はある意味では融合するということも付け加えるべきである。鉄鋼業が国内で独占的地位を確立したとする。利他的な動機づけがないなかでは，鉄の生産量は減少し，それによって上がった価格が鉄鋼業の利潤を最大化するところまで，落ちる[8]。所有者の利益は，利潤の全体的増加額によって増える。同じことがさらにもっと多くの産業で起こったとする。次第に経済が締め付けられ，生活水準が全体的に低くなり，独占が起こるまえの状態よりも完全に悪い立場に皆が追い込まれるのを目に浮かべるのは難しくない。この仮定上の極端な状況は，利潤を最大化しようとする起業家すべての，全く普通の，そして特定の条件のもとでは賞賛すべき衝動から生まれるのである。個人の利潤追求には何ら非合理的なところはないが，国際貿易の場合と同じく，多くの個別の「合理的」計算の結果として起こったものとしては考えにくい状況が結果として生じてもおかしくはない。最終的結果は悪いが，このことが認知されても独占システムから遠ざかる動きは出ないかもしれない。なぜか。すべての事業が独占的慣行をやめれば，大半の事業は利益を得るが，他者が独占的地位をあきらめない場合には，大半の事業はそれをあきらめることで損失をこうむることになるからである。自発的でほぼ全員一致の合意がないところでは，政府の行動が必要になるのである。

　絶対的観点から言えば，国内貿易における私的独占は，国際貿易における保護主義と同じく，全体にとって望ましいことではない。しかし1人の，もしくは少数の起業家が，利潤を最大化する努力——その努力には独占的地位への衝動も含むが——を控えれば，直接的に不利益をこうむる。この点について，当時ゼネラル・モーターズの社長であったハーロー・カーティスが銀行業務と金融について上院で行った以下の証言は，明白であり，教訓になる。

> ゼネラル・モーターズのような会社が現在のようなかたちで競争力を持って居残ることができる唯一の方法は，その地位を高めるためにできる限り積極的に働くことである。少しでも緊張を緩めると地位を失ってしまうだけだ。1920年代初期の4年間は，1つの会社がアメリカ市場の全自動車の55～60パーセントを

8　競争がある場合と比べてである。

売っていた。その会社は、自動車産業界で最も価格の安い車を売っていたが、それでもほかの会社の競争意欲に持ちこたえることはできなかった。そのようなことはまた起こりうる。だから、完全で積極的な競争と、成功に安んじて何もしないために起こる競争的地位の損失とのあいだには妥協はありえないのである。

　ゼネラル・モーターズには保証された市場はない。われわれには競争に対する保護もない。またわれわれの資本に保証されている収益率もない[9]。

　ある企業が努力を抑制できるのは、ほかの企業もそうする場合の話である。すべての企業が手控えると考えるのはユートピア的である。国内経済においては、このことは一般的に認識されている。競争の力によって個人の活動を規制できないならば、法律がかわりにその役目を果たす。そしてそれもだめであっても、個々の起業家は「経済的本能」に従った廉(かど)でとがめられることはない。アダム・スミスはかつて、「公共の善のために商売をするふりをした者によって多くの善がなされた試しはない」と述べた[10]。しかしながら、説教によって経済政策が実施できると信じる人がつねにいるのである。そのため、起業家は時折、自主的に価格を下げるよう促される。これは国家経済のためであり、したがってすべての起業家の真の利益になると考えられている[11]。しかし、多くの起業家がいるなかでは、その論理の魅力は失われてしまう。多数派の協力は非協力的な少数派を富ませることに終わるからである。個々人の合理性は集団的非合理性を意味するものかもしれないが、ここで述べたような条件のもとで、個人がそれについて何ができるのかは見出しにくい。

　国際政治では、すべての国の利益にかなうような経済政策を、おのおのの国家が策定すると期待するのはユートピア的だということはそれほどよく理解さ

9　*Stock Market Study*. 1955年3月18日アメリカ第84回上院議会第1セッションにおける銀行・通貨についての委員会の公聴会、pp. 821-22。このカーティスの言葉は、似たような状況におかれたエカテリーナ2世の「何も勝ち取らない者は負ける」という言葉と比較できる。Martin, *The Rise of French Liberal Thought*, p. 262.

10　Smith, *The Wealth of Nations*, p. 399 (Book IV, ch. ii).

11　1957年2月6日の、アイゼンハワー大統領によるマスコミに対する以下の言葉を参照：「企業と労働者が彼らの責任を果たし、アメリカの必要に見合ったかたちで権威を行使すべきだと私が述べたとき、私はただ利他的になれと頼んだのでは決してない。彼ら自身にとって長期的にためになるからであり、啓蒙されたアメリカ人として行動するよう、私は単にお願いしているだけなのだ」。*New York Times*, February 7, 1957, p. 12. トルーマン前大統領も同紙の記事のなかで同じような指摘をした。*Ibid.*, May 28, 1957, p. 1.

れていない[12]。国家がそうしないのは，当の自国も含むすべての国家にとって不利益であるが，これが「正しい」政策であるとされたとしても，自発的に皆に採り入れられることはない。おのおのの国家の見地から合理的になされた個々の計算は，アナーキーの状況においては社会的調和を自動的にはもたらさないのである。調和らしき状態が生まれるかどうかは，行動そのものによると同時に，行動の枠組み次第である。

　関税の例は，油田の例と同じく，単純化されたものである。しかし，規制を促すような共通の衝動を加えても，この議論を強化するのみである。いくぶん不自然なかたちで国家に適用された推論は，同じ論理で，より自然なかたちで，関税や輸入割り当てが施行されている国内集団にも適用できる。ワイオミングとオレゴンの牧羊飼育業者は羊毛にかけられる保護関税から利益を得たが，アメリカ全体としては損害をこうむった。しかし，保護政策から直接的な利益を得られると期待する集団がそれを要求するのをとめられないのは，自動車産業が金を儲けることに対する関心を失うとは思えないのと同じである。より効率がよい外国の生産者と競争できない国内産業からの圧力のような，シトフスキーのモデルに含まれていたもの以外の理由によって，規制の方策の急激な増加も説明できることが多い。しかし，このために彼の分析の重要性があいまいになることがあってはならない。シトフスキーは，下位国家的集団の利益ではなく，自国の利益が国家政策の目標であると想定し，何が起こりうるかを問う。そのなかで，彼は問題を最も容易なかたちで出し，不完全性があれば一気に望ましくない結果をもたらすのに十分であることを明らかにした。ある国が保護政策を開始すれば，他国はそれにならう気になる。ある国が保護政策を採用するということは，経済的繁栄を最大化しようとする欲求によってかなりうまく説明できる。この政策が長期的には無益であることが見逃されているということは，人間の理性に限界があることによって，そしてさらに重要なことには，アナーキーという状況によって課される合理的行動の要請によって，かなりうまく説明できる。

12　たとえば，Strausz-Hupé, *The Balance of Tomorrow*, p. 226 は，自由貿易を，単にそうあるべきものとしてとらえている。

むろん規制を支持するもっともらしい議論もなかにはあり，その多くはアダム・スミス以来のどの時代よりも今日，経済学者のあいだで盛んである。しかしながら，専門的能力のある人で今日の規制群がある一国の利益にかなっていると主張する人はほとんどいない。たとえば，国内的計画に益する規制がなければならないならば，そういった規制は世界中の貿易規模を拡大するようなレベルの規制であるべきであると一般に合意されている[13]。問題は，おのおのの国家が自国に有利になるように努力しているかぎり，世界全体の貿易をどのようにして拡大できるのかである。規制緩和の方向で政策を改めようとするA国は，どうやってB国のほうが得しないようにするのか。両国がともに得する場合でも，B国のほうがより多く得するかもしれない。たとえほかに作用している要因が多くなくても，この懸念のためにシトフスキーのモデルに具体化されている問題点が影響してくる可能性が大きい。それはおのおのの国家が利己的であるからだけではなく，外国貿易における競争があまりに激しいからである。

　これはたしかに，不完全な解決策のほうが解決策が全くないよりもましであるケースである。国際貿易の障壁を減らすという決定によって，他国よりも利する国はあるだろう。しかし，長期的には，そして絶対的観点からは，すべての国家が利することになる。しかしながら，アナーキーの状況では，相対的利得のほうが絶対的利得よりも重要なのである！　この命題は，次節において，純粋に経済的な関心に政治的パワーについての考察を加えた場合，より明らかになる。

国際政治における勢力均衡

　勢力均衡という概念は，すべて「過去からわれわれに受け継がれた有害な妄想である」。勢力均衡は，永久運動と同じく不可能であり，イギリスがその追求のために何百億ポンドも使った，画に描いた餅である，と100年前にジョン・

---

[13] たとえば, Webb, "The Future of International Trade," *World Politics*, V (1953), とくに pp. 430-37; Keynes, "National Self-Sufficiency," *Yale Review*, XXII (1933) とくに pp. 761-63 を参照。

第7章　第3イメージからの推論

ブライトは言った[14]。それよりさらに100年ほどまえに，ヒュームは，いやいやそれは画に描いた餅でも妄想でもなく，政治の現実であり，現実を描いた科学的な法則であると述べていた。そしてモーゲンソーはブライトから約100年後にヒュームと同じことを述べた[15]。

勢力均衡がもし妄想だと言うのであれば，それは，ブライトが言うように，長いあいだ抱かれてきた妄想である。紀元前5世紀に，ツキジデスはペルシア王ティッサフェルネスの政策を，アテネとラケダイモンという「2つの競合する国家間の勢力の互角の均衡」を保つものであると説明した[16]。紀元前2世紀にポリビウスは，ヒエロン2世[17]の政策を説明するなかで，政治家の思考における勢力均衡についての懸念の影響を見事に明らかにした。ローマ軍がマメルティネスを助けるために最初シチリアに着いたとき，ローマの相対的強さを認識し，ローマのほうがカルタゴの将来よりも有望だと結論づけたヒエロン2世は，ローマに対する平和と同盟を提案し，ローマはそれを受け入れたのである。数年後ヒエロン2世は，まだローマの同盟国であったが，ローマのあまりの成功に恐怖を感じ，カルタゴに援助を送った。ポリビウスが説明するように，ヒエロン2世は以下のように確信していた。

> 自分のシチリア自治領とローマとの友好の両方を守るためには，カルタゴが保護され，より強力な国が何の努力もなしに究極的目的を達成したりすることがないようにすることが，彼の利益であった。これについて，彼は非常に賢く，分別ある仕方で判断した。そういった事態は無視できないし，自分たちに認められた権利を守るためにさえ，誰もあえて争おうとしないくらい優勢な1つの強国が生まれることに対しては，決して手を貸すべきでないからである[18]。

しかし，「勢力均衡」は，ときに恐怖を抱かせ，ときに当惑させるような言葉

14　Bright, *Speeches*, ed. Rogers, pp. 233, 460-61, 468-69.
15　Hume, "Of the Balance of Power," in *Essays Moral, Political, and Literary*, I, 348-56; および Morgenthau, *In Defense of the National Interest*, pp. 32-33.
16　Thucydides, *History of the Peloponnesian War*, tr. Jowett, Book VIII, par. 57; par. 87 も参照。
17　シラクサの王 (270-216 b.c.)。
18　Polybius, *The Histories*, tr. Paton, I, 41, 225 (Book I, secs. 16, 83). ヒエロン2世の例はヒュームが用いたものである。

である。それが良いのか悪いのか，誰がそれに賛成し，誰がしていないのか，そしてそれが存在しているのかどうかについてすら，人々の見解は異なる。たとえば，ウィリアム・グラハム・サムナーは，アメリカの建国の父と同調し，勢力均衡に反対である[19]。しかし，建国の父の1人としてつねに考えられてきたハミルトンは，いつもの明快な調子で，アメリカの安全はヨーロッパ諸国が互いに関与しあうことにかかっているとは言えないまでも，それによって度合いが増すのは確実であると認識し，そう述べた[20]。サムナーといくぶん似たかたちで，フランク・タンネンバウムは勢力均衡の原則を徹底してはねつけ，過去のアメリカの外交政策の成功は，アメリカが勢力均衡を放棄して，協調的国家の政策のほうを選んだことによるとしている。彼の意見では，勢力均衡政策はアメリカのありとあらゆる伝統や制度と正反対なので，それを採用することなどありえないという[21]。しかし，アルフレッド・ファークトは，ヨーロッパとアメリカの外交・軍事史を入念に研究した結果，アメリカの存続と繁栄は，ヨーロッパの均衡システムの機能とつねに密接な関係があったと結論づけている[22]。

　勢力均衡は幻想か，現実か。それは邪悪で愚かな者が追求し，純粋で賢い者が拒絶するものか。アメリカは，歴史を通して，勢力均衡の対外政策に依存しなくてよかったのか，あるいは依存していたといま言うことによって，われわれは，金は自分にとって何の意味もないと公言する金持ちのように振る舞っているのだろうか。これらの問いは，勢力均衡の論理，つまり国際関係の第3イメージと密接に関連する論理をより丹念に検討することによってのみ，答えることができる。

　目抜き通りで強盗を犯そうとしている者に攻撃された人は，警察がその強盗

19　建国の父によれば，「市民の生活と幸福を犠牲にするような勢力均衡や『国家理性』はありえない」とサムナーは述べている。Sumner, "The Conquest of the United States by Spain," in Sumner, "The Conquest of the United States by Spain," in *War and Other Essays*, p. 333.
20　Hamilton, "Americanus II," in *Works*, ed. Lodge, V, 88-94. *The Federalist*, Nos. 4-5 (Jay), 6-8 (Hamilton)を参照。
21　Tannenbaum, "The American Tradition in Foreign Relations," *Foreign Affairs*, XXX (1951), 31-50; および"The Balance of Power versus the Co-ordinate State," *Political Science Quarterly*, LXVII (1952), 173-97.
22　Vagts, "The United States and the Balance of Power," *Journal of Politics*, III (1941), 401-49.

第7章 第3イメージからの推論

をやめさせるか，略奪されたものを取り返してくれることを望んで当然である。そういった状況では犯罪行為が罰せられずまんまとやってのけられる可能性は十分低いので，そのような事件は，普通の市民が武器を持ち始める段階以前のずっと低いレベルにまで減少するだろう。しかし，国家は，自分で自分の安全を保とうと努力しない限り，不十分な安全さえ享受できないのである。もし，安全とは国家が欲するものであるとするなら，この安全への欲求とすべての国家がおかれている状況とは，合理的たらんとする外交政策に一定の必要条件を課する。すなわち合理的政策から逸脱すると国家の存続が危うくなるという自動的に作用する制裁によって，この必要条件が課されるのである[23]。国家間のアナーキーという状況によって課される政策の制約を理解する鍵は，「皆の戦略は，ほかの皆の戦略次第である」という箴言(しんげん)に込められている。これはジョン・フォン・ノイマンとオスカー・モルゲンシュテルンのゲーム理論をジョン・マクドナルドが社会に広めた際に使った言葉である[24]。単純なトランプのゲーム，いや2人以上のプレーヤーがいるどんなゲームの場合でも，勝ちたければ，相手のプレーヤーの戦略を考慮に入れた戦略をとらなくてはならない。そして3人以上のプレーヤーがいたならば，たとえ自分の最近の「敵」，つまり潜在的な敵となる者との協力を意味しても，ときには彼らと連合を形成しなくてはならない。そういった必要性が最も明確に生じるのは，ある者の敵が互いに助け

---

23 さまざまな理由から，「正しい」戦略を採用する圧力は，抵抗にあう可能性がある。ゲルマン人同士の戦争について語りながら，タキトゥスは以下のように述べた：「国家は，われわれへの愛情でないにしても，少なくとも互いに対する敵意を維持し続けよ！　なぜなら，帝国の運命が予断を許さない事態にあるなか，幸運が起こっても，それはわれわれの敵とのあいだの不和ほどわれわれに良い利益をもたらさないからだ」(*A Treatise on the Situation, Manners, and Inhabitants of Germany*, par. 33 in *Works*, Oxford tr., revised, Vol. II)。ここで用いられている言葉では，ゲルマン部族は，互いに行っているゲームをやめるほど，ローマとのパワー争いのゲームに勝つことには，十分な興味を抱いていない。

24 McDonald, *Strategy in Poker, Business and War*, p. 52. ゲーム理論に言及するということは，国際政治を数学的アプローチで研究する手法があることを意味するわけではない。しかし，勢力均衡の政治は，フォン・ノイマンとモルゲンシュテルンの概念を用いて有益なかたちで表現できる。この2人の考えに言及することなく説明できるものが何かは，おそらくゲームのプレーヤーと国際政治の参加者の行動を質的に比較することによってより明らかになるだろう。ゲーム理論における未解明の難しい問題については，以下の注28を参照。ゲーム理論を国際政治の戦略に応用しようとする試みについては，Kaplan, *System and Process in International Politics*, Part IV.

あわなくてはその者がまもなく勝ってしまう場合である。もちろん，連合の形成には何ら自動的なところはない。互いに助け合うと思われている 2 人がかたくなに非協力的であったり，互いを嫌うあまり，相互利益のためであっても協力できなかったり，協力できるほど十分に賢くなかったり，いろいろである。協力の適切なタイミングを認識しにくいゲームであったりして，連合が全く形成されないことがあるかもしれない。しかし，こういった諸条件のもとで連合する考えを却下したからといって，その人について何が言えるだろうか。単に，ゲームの要領を見落としていたか，もしくは，ゲームに勝つよりも，別のいこじな感情や道徳的原則といったほかのことのほうが価値があると思い込んでいたということに過ぎないだけなのかもしれない。

　国際政治における国家の行動は，この大まかに描かれたモデルの観点から考察できるだろうか。それには，フォン・ノイマンとモルゲンシュテルンの理論をジョン・マクドナルドが普及させたフレーズを超える相当な詳述が必要である。ポーカーのようなトランプのゲームは，ゼロサムのゲームである。自分や味方が勝った分は，敵の負けた分にきっかり相当する。ゼロサム・ゲームにおいては，問題になるのは配分であり，生産の問題ではない。しかし，人間や国家が行う活動がゼロサム・モデルに相当することはめったにない。問題は配分と同時に生産の問題でもありうる。フォン・ノイマンとモルゲンシュテルンの用語では，ゲームは一般的ゲームとなるのである。一般的ゲームでは，「一集団のプレーヤーの利得は，ほかのプレーヤーの不利益と同額であるとは限らない。そのようなゲームにおいては，両方の集団に有利な手――戦略の変更と言うべきか――があるかもしれない。言い換えると，社会のすべてのセクターで生産性を同時に本当に増加させる機会があるかもしれないのである」[25]。これは，切り分けるパイがあるだけでなく，どのくらいの大きさのパイをつくるかの問題もあるという状況である。こういった条件のもとでは，ゲームは以下の両極端のどちらかに行きがちである。(1) 単なる最大化の問題，つまり，すべてのプレーヤーができるだけ大きなパイをつくるよう協力するかもしれない[26]。国際

25　Von Neumann and Morgenstern, *Theory of Games and Economic Behavior*, p. 540.
26　*Ibid.*, p. 517.

政治においては，これは，すべての国家が仮に自然を敵として団結するような場合に相当する。(2) すべてのプレーヤーがすでにあるパイをどう分けるかに没頭しているため，より大きなパイをつくるよう協働することでそれぞれが得られるパイの量を増やす可能性については忘れているかもしれない。すると，単なる最大化の問題ではなく，ゲームはゼロサムあるいは総和が一定しているゲームに戻る[27]。国際政治においては，これが現在支配的な状況に相当する。2つのチームが形成され，一方の利得がもう一方の損失と考えられることが多いのである。もう1つ別の可能性もある。誰もパイが好きでないか，皆がほかのもののほうを好む場合もあるかもしれない。この場合，ゲームは全く行われないことになる。

　国家はこれら3つの選択肢のうちから1つを選ぶ裁量をどのくらい持っているのか。ゲームには目的がなければならない。ポーカーでは，それぞれのプレーヤーの目的は，できるだけ多くのお金を獲得することである。ところが，国家には多くの目的がある。世界征服をめざす国家もあれば，地域的覇権をねらう国家，覇権は全くねらわず，単に放っておいてもらいたいと思っている国家もある。すべての国家に共通の欲求は存続の望みである。世界を征服したい国家でも，最小限の望みとして，存在し続けたいと思っている。すべての国家が単に存続したいというだけならば，防衛であれ攻撃であれ使える軍事力を維持する必要がある国はないだろう。しかし，自国の政治的野望は存続するだけにとどまらないという印象を与える国家がいる場合は必ず，ほかの国々は，必然的に自分を防衛せざるをえなくなるのである。多くの国々は，すべての国家がパイの最大化の問題を解決しようと協力するゲームを好むかもしれないが，ゲームを全くしたくない国家もいる。しかしながら，ゲーム理論が示唆するところ，そして同時に第3イメージが示唆するところは，ある国家の選択の自由は，ほかのすべての国家の行動によって制限されるということである。そしてこの制限は，実際にゲームをプレイする場合と同様，どのゲームをするのかを決める過程にも当てはまるのである！

　競争的なゲームに携わっているプレーヤーが十分な数いる場合，フォン・ノ

---

[27] 戦略的にはこのことは同等である。*Ibid.*, p. 348.

イマンとモルゲンシュテルンは説得力に満ちた数学的な厳密性でもって，プレーヤーの連合が有利である可能性を示している[28]。賢いプレーヤーはほかのプレーヤーと協力して自分の利得を増やしたり，ほかと協力して自分の損失をなくす機会をねらっている。国際政治でも同じように，すべての国家が生産に集中し，どの国も配分について心配していないゲームのプレーヤーとして自国のことを考えない限り，連合を形成する者は形成しない者よりも有利であるという単純な理由のために，国家は必ず連合を形成する気になるのである。他国よりも有利な立場に立とうとする国があると，連合が形成される。また他国がこれに対抗したい場合も，同様に連合が形成される。求められている有利さが，他国を破壊したり他国に損害を与えるパワーの観点から測られるならば，脅威を受けている国家が自国の力を強化する努力を払わないのは，存続のリスクを冒す場合のみである。勢力均衡政策を追求するかどうかは選択の問題だが，ほぼ確実な自滅と，パワー・ポリティクスのゲームを積極的にプレイすることとのどちらを選ぶのかの選択である。国際政治をほかのゲームと区別する要因は，(1) ゲームのリスクが非常に重要と考えられていること，そして (2) 国際政治では，結果に影響する手段として，軍事力の使用が排除されていないことである。ゲームの基本的ルールは「勝つためにしなければならないことは何でもせよ」であると考えられていることが多い。このルールに則って行動する国家，もしくはそのように行動すると思われている国家があれば，他国はそれに従って自国の戦略を組み立てなければならない。軍事力使用の機会そしてときにその必要があることが，国際政治における勢力均衡と国内で形成される勢力均衡とを区別する。どちらの場合においても，ホッブズに従って，意図された結果をもたらす能力としてパワーを定義できるが，国内政治においては，可能な能力の1つである物理的パワーの行使は，通常，国家によって独占されているのに対し，国際政治においては，軍事力使用を禁止できる効果的な権威は存在し

---

28 必要な最小限の人数は，一般的ゲームの場合は2人以上であり，ゼロサム・ゲームのときは3人以上である。しかし，ゲーム理論は，連合している者同士のあいだの損得配分を具体的に示すことはできない。これについての見解およびゲーム理論のほかの限界については，以下を参照。McKinsey, *Introduction to the Theory of Games*, とくに chs. 15-18; Williams, *The Compleat Strategyst*, pp. 20-24, 30-34, 213-14.

第7章 第3イメージからの推論

ない。国家間の勢力均衡は，国家が目標を追求するうえで使うべく選ぶ，物理的パワーも含めたあらゆる能力の均衡になるのである。

　連合を形成する利点があるならば，プレーヤーは論理的には，全員が2つのブロックに分かれるまでその利点を追求するだろう。しかし，パワー・ポリティクスのゲームは対立し続け，互いを弱体化するために手に入る手段なら何でも用いる2つのブロックに終わらないことが多い。これも，やはりゲーム理論の観点から，すべての国家が1つ以上のゲームをしているという事実によって説明できる。ゲーム理論の目的は，「起こりうるあらゆる状況においてどう行動するかを，おのおのの参加者に教えるルールの束」である[29]。しかし，ゲームがいかに重要と考えられるべきかを詳しく述べるルールの束はない！　たとえば，存続がアメリカの唯一の目標だったならば，攻撃してくる可能性のあるものに対してわれわれを強化する手段を軽視するのは非合理的である。スパルタ式の規則を採用することによってわれわれが強くなるのならば，明らかにそれを採用すべきである。しかし，われわれは，存続が目標であり続けるかぎりはプレイせざるをえないパワー・ポリティクスのゲームをすると同時に，ほかの多くの目標をも追求している——ほかのゲームをするという意味において——。たとえば最大限の経済的繁栄や，最も一般的な言葉で言えば，生活様式の維持である。国家が行うほかのゲームの観点から言えば，国際政治における理想的な戦略はコストがかかりすぎるかもしれない。とすると，国際政治が，まさにプレーヤーの存在が危険にさらされ，一般的ルールが軽視されるゲームであるということは，すべての国家があらゆる努力を自国の存続を確保するためだけに向けるということを必ずしも意味しない。たとえば，クラウゼヴィッツは，軍事力を無慈悲に使う者は，対抗者が同じようにしないならば有利に立つが，パワーを求める競争の度合いや残忍さが社会制度によって緩和されるかもしれないとも述べた[30]。国家は競争すると同時に協力するかもしれない。また競争が協力より重要になっても，国内的目標が国家間の対外的競争を緩和するかもしれない。それにもかかわらず存続が国家の目標の1つであるならば，他国が勢

29　Von Neumann and Morgenstern, *Theory of Games and Economic Behavior*, p. 31.
30　Clausewitz, *On War*, tr. Jolles, p. 4.

力均衡の考え方を無視しないのにそれを無視する国家は，連合に参加するのを控えるゲームのプレーヤーに似ている。勢力均衡は，一時的に不利な者同士が，対抗する国家や連合の台頭を防止するために結束し，または再結束する一連の連合に過ぎないのだから。

　先の分析で示したのは，国家間の勢力均衡には確固たる現実的基礎があり，それは「錯覚」以上のものであるということである。また，勢力均衡政策を追求する政治家の行動は非道徳的であることが多いという，よく聞かれる根拠のない主張も，この分析によって客観視することができる。大半の人々にとっては，トランプのゲームには何ら非道徳的なものはないが，トランプでいかさまをすることには明らかに非道徳的なところがある。トランプでは，道徳的規則は習慣によってつくられ，ゲームをやめたい人は誰でもやめてよいという事実によってそれは強化される。国際政治では平時と戦時両方において国家を導く法の支配があるが，それを破る国家があっても，他国は単純にゲームをやめるわけにはいかない。国家は，行動規則を破るほうを好むか，あるいは規則に従って自国の存続を危険にさらすかどうかを考えなくてはならないのである。あるいはより正確には，国家の指導者は，国家の維持のために国際政治において非道徳的に行動するか，国際政治における好ましい行動様式に従うために国家の存続を保証する道徳的義務を放棄するかのどちらかを選ばなければならない。結論はどうなるか。道徳的行動とは，予測できる安全の量と種類を提供するシステムの場合と，そういった安全が欠如しているシステムの場合とでは，別個のものになる。非道徳的であると一度も呼ばれたことがない哲学者カントは，非道徳的であると呼ばれることが多いマキアヴェッリと同様，このことに気づいていた[31]。単にパワー・ポリティクスのゲームをするからという理由で「パワー志向の政治家」を非道徳的であると呼ぶ者は，非道徳の定義を1つの社会的境遇から別の境遇へと移したのである。そして，その別の境遇では，はじめの定義は相当の修正なしには適用できない。

31　カントが予防戦争を正当化していることに注意。「より弱小な国の危うさとは，より強力な隣国がいるときに何らかの行動を起こすまえの状況のことだと言えるのかもしれない。そして自然状態においては，そのような状況下で攻撃を仕掛けることは正当とされる」。*The Philosophy of Law*, tr. Hastie, sec. 56; sec. 60 も参照。

第7章　第3イメージからの推論

　勢力均衡は避けられないのだろうか。避けられないのは明らかだ。しかし，それが国際的なアナーキーという状況における国家存続への願いにかかっているならば，現在あるかたちの勢力均衡が消えてなくなるのは，その願いとその状況とがなくなったときだけである。その消滅をいかに切望したとしても，これら2つの要因の1つ，もしくは両方がまず変わらない限りは，勢力均衡はなくならない。

　勢力均衡は意識的にそれを自国の政策目標にする国家があるから存在するのかもしれないし，他国が優位に立とうとする衝動に対してなかば自動的に反応する国家があるために存在するのかもしれない。たとえ勢力均衡に反対する人々が国の政策を管理していても，均衡を永続させたり構築する方法で行動するようになる。だからといってこれはその人々が勢力均衡政策について口先で否定することや彼らの誠実さに影響するわけではない。先に引用したタンネンバウムの論文の1つの結論に，このことがよく表されている[32]。大西洋の安全保障条約〔NATO〕は，失敗した国連のパワーのかわりになるものなのか，と彼は問う。いやそうではない，なぜならそれは一時的で防衛的なものであって「勢力均衡の考えとは関係はないし，ましてやソ連とわれわれのあいだで世界を勢力圏に分割することとは関係がない」からである，と彼は答える。われわれの伝統に従って，アメリカは対等の国家を基礎として，世界のできるだけ多くの部分を組織するであろう。われわれがそうするのは勢力均衡のためではなく，自国の独立や威厳を犠牲にすることなく，参加したいと願うすべての国家のために集団安全保障システムを構築するためである。とすれば，もしわれわれが戦わねばならないならば，少なくとも防衛する価値があると信じるもののためであろう。他方で，勢力均衡追求は，他国を遠ざけるし，世界支配を企てるソ連に抵抗すべく組織された対等の国家同士の連合への唯一の望みを破壊することになる。

　われわれの政策についてのタンネンバウムのこの説明は高尚に聞こえるかもしれないが，西側の防衛共同体が大体においてソ連の勢力と意図に対する恐怖

---

[32] Tannenbaum, "The Balance of Power versus the Co-ordinate State," *Political Science Quarterly*, LXVII (1952), 195-97.

によって動機づけられ，侵略戦争においてソ連がそのパワーを用いるのを抑止するよう意図されつくられたものだという事実が不鮮明になるわけではない。敵対する可能性のある者たちが，将来の戦争の可能性を念頭において行動するのは，歴史に照らし合わせれば，野球チームが毎年春にトレーニングをすることと同じく，理解しがたいことではない。タンネンバウムがこれを勢力均衡の政治とはちがう別の名で呼びたいならば，それはもちろん彼の自由である。しかし，タンネンバウムは「現実主義者」たちが勧める外交政策そのものよりも，その言葉遣いに反対していることは明らかである。タンネンバウムが国務長官であったならば，彼の外交政策は明らかに，彼が重要な論敵とみなしているモーゲンソーやケナンのものと，ほとんど違わないものとなるであろう。

とすれば，要するに，勢力均衡は政治家によって事件に押し付けられるというよりも，事件によって政治家に対して押し付けられるといえる。勢力均衡がなくなることがあるとすれば，それは政治家が熱弁をふるうからではなく，それを生む状況の変化によってである。その状況とは，つまるところ独立を維持したいと願う独立国が複数存在することである。「独立」という言葉には自由も含まれるが，自恃の必要性も示唆されている。競争には多くのかたちがあるが，すべての競争システムにおいて，その単位は，好ましい立場のほうに引かれていく傾向がある。ある単位の攻勢が成功しそうに見えると，同じような動機にかられてそれに対抗しそれを追いかけるほかの単位によって邪魔される。法を強制する有効な権威が存在するところでは，均衡は軍事力以外の観点から測定できる[33]。しかし，競争の形式や結果を変える手段としての軍事力の使用を妨げるものが何もないところでは，軍事的能力が，勢力均衡を測定する指標になる傾向があるのである。いかなる均衡システムも自動的には機能しない。ある国家による覇権への衝動が，他国の抵抗にもかかわらず成功するかもしれないし，何らかの理由で他国は抵抗しないかもしれない。しかし，国際政治においてよくある一定の条件下では，均衡のシステムがたしかに生じる。均衡状態を国家が意識的にめざすならば，均衡のプロセスがより確実で精細なものに

---

[33] にもかかわらず，均衡は起こるのである。タンネンバウムがこのことに気づいているということを考えると，より最近の彼の勢力均衡についての論文は，さらに驚きである。Tannenbaum, "The Balance of Power in Society," *Political Science Quarterly*, LXI (1946), 481-504 を参照。

なることが期待される。ほぼ対等の国家が多く存在するなかでは，競争は激しく，均衡のプロセスは複雑になる。したがって古代ギリシャや中世イタリアの都市国家やヨーロッパの国民国家のあいだでは，パワーにおいて他国を出し抜こうと脅やかす国家があれば，それを抑制する試みが予期できたのである。そしてこれは，互いを抑制するプロセスを楽しむからではなく，おのおのの国家にとって，他国との比較における自国のパワーが，究極的には自国の存続の鍵であるからである。

第3イメージについての歴史的考察

第6章で理論的に構築した第3イメージは，歴史研究によって説得力を増す。多くの場所や時代から例を挙げることができるが，さきにあげた3つ——おもに，古代ギリシャ，中世イタリアそして近代国民国家——についてざっと見ることで満足することにしよう。『ペロポネソス戦史』のなかで，ツキジデスは，われわれの理論的構築の手引きとなり，それから導き出されるような多くの政策的考察を行っている。「隣国同士のあいだでは，敵対心はつねに独立の条件である」というのが，彼の意見である[34]。この意見の実質的な内容は，当時の政治や戦争のさまざまな参加者にツキジデスが語らせている言葉に表れている。話し手の名前を省いて抜き出したものを少し見れば，彼の歴史的著作に示唆されているものがルソーの国際政治観および第3イメージと密接な関係がある見方であることがわかる。以下はツキジデスが記録したいくつかのスピーチの要約と抜粋である。利益を求めてわれわれは戦争を行い，利益が平和を必要とするときに，平和を求める。「人間関係の議論で正義が問題になるのは，それを強制するに足る勢力が存在する場合である」ことをわれわれは皆知っているからである[35]。国家同士は「法律に従っていない」のだから，何が正義なのかを考慮に入れることができない。つまり彼らの目的は正しいものに報酬を与え，罪あるものを罰するということではない。われわれを不当に扱った国については，

---

34 Thucydides, *History of the Peloponnesian War*, tr. Jowett, Book IV, par. 92. Rousseau, *A Lasting Peace*, tr. Vaughan, pp. 47, 122 を参照。
35 Thucydides, *History of the Peloponnesian War*, tr. Jowett, Book V, par. 89.

「考慮されるべき問題は，彼らの犯罪は何か，ではなく，われわれの利益になるものは何か，である」[36]。同盟はそのすべてのメンバーの利益に根ざしていない限り，愚かな結果に終わる。実際，「互いに対する恐怖が同盟の唯一確固たる基礎である」[37]。おのおのの国家が安全と繁栄のために必要なことについて自国の解釈に基づいて行動するため，一国は他国の意図を予想しなければならない。そのため，「戦争すべきときに平和でいることは，非常に危険であることが多い」[38]。「なぜなら人間はより強力な国の攻撃を待つのではなく，それを予期して準備しているからである」[39]。要するに，国家の政策は，その目標および他国との関係によって決まるのである。

　マキアヴェッリは，ツキジデスのテーマをとりあげ，美しくはないが多くの複雑な変形を行っている。『君主論』が『ディスコルシ』の文脈で，また両著作ともイタリアの当時の状況の文脈で読まれなければならないとはよく言われるが，実際にそうなされることはあまりない。マキアヴェッリがレアルポリティーク〔現実主義〕の理論家であったことから，レアルポリティークを広く理解することが，マキアヴェッリ自身を十分に理解することそのものであるということは，容易に想定できる。偉大な政治哲学者は，何度も何度も読む価値があり，人は読み返すごとに，より広く深い理解がもたらされることを感じる。政治哲学者のなかでいちばん哲学的ではなかったマキアヴェッリについて，人は彼の思想全体を繰り返し考察することをせず，政治的著作を一寸覗いては箴言を取り出したがる。その箴言は人を啓蒙し，おののかせ，また，ルソーがかつて『君主論』を風刺と評したように，笑わせたりもする。

　「目的は手段を正当化する」。この箴言は，マキアヴェッリの政治思想の警句の要約として，いくぶん不当な評価をされることが多い。不当な評価が生じるのは，『ディスコルシ』の場合と同じく，『君主論』においてもマキアヴェッリが述べている二重の但し書きに言及しないためである。これらの目的は手段を

36　*Ibid.*, Book III, par. 44.
37　*Ibid.*, Book III, par. 11; Book I, pars, 32-35; Book V, par. 106 を参照。
38　*Ibid.*, Book I, par. 124.
39　*Ibid.*, Book VI, par. 18. Rousseau, *A Lasting Peace*, tr. Vaughan, pp. 78-79; Montesquieu, *The Spirit of the Laws*, tr. Nugent, Book X, ch. ii を参照。

第7章　第3イメージからの推論

正当化する，そして手段の適切さはその目的がどのような条件において追求されるのかにかかっていると彼は言っている。国家，とりわけ自分の国のパワーを保持したいならば，しばしば不実と呼ばれることをしても正当化されるかもしれない[40]。すべての目的ではなく，ある種の目的が手段を正当化するのである。「破壊の目的で暴力をふるうものは叱責されるべきだが，善行を行う目的で暴力を行使する場合はそうではない」[41]。建設的目的があれば，好ましくない手段を用いることが正当化されるかどうかは，さらに「その場合の必要性」次第である。人間はやり方が「状況に合っている」限り，うまくいくのである。マキアヴェッリによると，君主は「風向きに従い，また運の如何に従って，自己を適応させる知性を持っていなくてはならない。そして可能ならば，善きことから逸れてはいけないが，強いられた場合には，悪をなすことができなければならない」[42]。

　しかし，この二重の但し書きは，マキアヴェッリに対して最もよくなされる2つの批判を受けて立つ助けになるだろうか。第1の批判は以下のような質問である。「マキアヴェッリの勧める方法には成功の可能性が含まれていたのか。つまり，それに従えば，イタリアの再生がもたらされていたのだろうか，あるいはそれは，実際はイタリアを公国同士の暴力的対立の場にし，そのために外国の餌食になった行動そのものの公式だったのか」。これと密接に関係している第2の批判は以下のようなものである。「目的が手段を正当化するという指針のもとに行動する者は，実際には彼が採用する手段が目的を決めると気づくのではないか」。これらの質問に示唆されている主張がもっともだとしても，それは適切ではない。マキアヴェッリの裏をかくような方法でこれらに答えたところで，実際は議論に勝てないのである。そういった答えは，かわりの行動様式，つまり君主が従えるような，成功の見込みのある行動様式が存在することを示せないからである。マキアヴェッリが必要と考えた手段を進んで使って

40　パワーを増加させたい場合も同じである。
41　*The Discourses*, Book I, ch. ix; Book II, ch. xiii; Book III, ch. xli を参照。また，*The Prince*, chs. xix, xxvi も参照。ここでの引用はすべて，ヴィンセント（Vincent）の改訂版 *The Prince* のリッチ（Ricci）による翻訳，およびデトモルド（Detmold）の翻訳による *The Discourses* からである。
42　*The Prince*, chs. xv, xxv, xviii. *The Discourses*, Book III, ch. ix を参照。

も，ほんのわずかな成功の可能性しかもたらされなかったかもしれないが，では選択の幅はどのくらいあったのか。マキアヴェッリの洞察がほとんど悲劇的性格のものだったことを勘案すれば，君主への助言におけるマキアヴェッリ的特質なるものはどぎつさが弱まるだろう。「すべてにおいて善良な仕事をしたいと思っている人間は，非常に多くの善良でない者のなかで必然的に嘆くことになる」と，彼は書いている[43]。この言葉は，無節操な行動を魅力的にすることはないかもしれないが，他者が無節操に行動するかもしれないので，ときに人は同じように無節操なかたちで行動をしなければならないと論じることによって，その「無節操に」という副詞から不快な意味は剝ぎとられ，それゆえ，無節操と呼ぶのは不適切である。人間は法を用い，獣は力を使う。君主が後者〔力〕に訴えなくてはならないのは，後者のほうがより尊敬すべきだからではなく，前者がしばしば不十分だからである[44]。

ある人が，巧言で人をだますので，つぎの人間が，それに応じて騙しをはたらくのだという考えは決してマキアヴェッリの念頭から去ることがなかった。彼は，ローズベルトやスティムソンが好んでそうしたように，人を信用できるようにあらしめるには，まずこちらがその人を信用してやることだと考えることで，このジレンマから逃れようとは，しなかった。マキアヴェッリの時代のイタリアでは，そんな〔甘い〕考えは，とうてい通用しなかった。人は，悪をなさざるをえないように，状況によって強いられていたのだ。上品で正直な者が馬鹿を見て泣く例は，そこらじゅうにいくらでもあったのだから。そしてそれは邪悪で卑小な連中も同じだった。政治における「やむをえないこと」についてのマキアヴェッリの認識の深さを十分に理解するには，彼自身が言っているように，第3の但し書きを付け加える必要がある。成功の機会を高めるため

---

43 *The Prince*, ch. xv. ガレット・マッティングリーも「マキアヴェッリ自身，実際はマキアヴェッリ的ではなかった」と指摘している。Garret Mattingly, *Renaissance Diplomacy*, p. 40. また，J. S. ミルは，マキアヴェッリの時代についての考えを日記に書きとどめるなかで，当時支配的だった状況のもとでは，「たとえ善良な人間でも，目的のためには自分の良心を表に出さないようにしていた。……マキアヴェッリは本当の愛国心を持ち，自由を愛し，自国の利益を切実に願っていた。しかし，短剣で戦う者に対してフェンシング用の剣で戦う意味はないと思っていた」。Mill, *Letters*, ed. Elliot, II, 367.

44 *The Prince*, ch. xviii.

第7章　第3イメージからの推論

に，君主が何をしなくてはならないのかは，自らが掲げる目標と，いかなる状態においてそれを達成せんとするのか，そして，君主自身の資質次第で決まってくるのだと，彼は言っている。マキアヴェッリを読むとき，最も見逃しやすいのは，この第3の要件，すなわち，統治者の資質である。偉大さというものが，なくなってしまったとマキアヴェッリは見ていたが，その場合は卑小な人間でもできるような忠告を与えてやる必要があるのだ。しかし，以下の2つのタイプの君主のどちらかが成功するということについて彼は明確な判断を下している。いつでも，野獣のように行動できる君主か，または，真に人間らしく振る舞う君主かのどちらかである。マケドニアのフイリップ王は，疑いもなく，残酷で，文明的な暮らしのすべてについて破壊的であって，キリスト教的ではなく，人間的でさえなく，誰もが忌避すべき人物であった。実際，私的市民として生きられるならそのほうが，多数の人間を犠牲にする君主の人生より，好ましいだろう。しかしながら，第1の人間らしい暮らしを選びたくないならば，誰しも，自分のパワーを維持するためには，第2の邪悪な生き方をせざるをえないのである[45]。マキアヴェッリの君主に対する忠告は，この世界では邪悪な連中も成功しないのだから，善良な人間もしばしば失敗することがあるという事実，そして，われわれのあいだには，聖人などめったにいないという事実を見れば了解できよう。マキアヴェッリがいったい誰に向けて語りかけたのかはわからないが，彼はどちらのタイプにも反対していない。彼が，いちばん厳しく批判するのは，どっちつかずの途を行こうとする人間である[46]。

しかし，国内秩序の構築と外敵からの防衛における君主の成功が，なぜいかなる行動でも正当化される基準として考えられるのか。なぜ成功を，たとえば道徳的生活をするという観点からではなく，君主もしくは国家の利害の観点から定義するのだろうか。この問題は基本的要点を喚起するが，難しくはない。マキアヴェッリにとっては，のちのルソーやカントにとってと同じく，国内秩序と対外安全保障は，人間が何らかの自由と体裁が整った生活をする可能性が生まれる前ですら必要だったのである。だからこそ，政治研究がすべての研究

45　*The Discourses*, Book I, ch. xxvi; Book III, ch. xxii を参照。
46　とくに，*The Discourses*, Book III, ch. xxii を参照。

のなかで最も重要になり，政治手腕が最も価値あるものとされたのである。このためマキアヴェッリは，イタリアを，外国の襲撃から自国を守る「堤防も土手も全くない国」と表現し，「ドイツやスペインやフランスのように適切な手段で保護されていたならば，この洪水がもたらしたような大きな変化は起こらなかったか，あるいは洪水は全く起こらなかったはずである」と付け加える[47]。堤防や土手が残酷な君主によって築かれ，よく修理され，維持されたならば，残酷さは最も偉大な慈悲である。美徳を実践することでそれらが再び壊れたならば，美徳は最も大きな悪徳である。

レアルポリティークは緩やかに定義される方法であり，所与の目的が具体的条件のもとで追求されたときに必要であることと表現される。目的は個別の国家の安全保障であり，その条件は国家間のアナーキーである。その言葉はまた，しばしば勢力均衡モデルを思い起こさせる。マキアヴェッリはレアルポリティークの主唱者としてあまりに際立っているため，彼が勢力均衡の概念も発展させたと間違って思われがちである。しかし，勢力均衡という概念は，『君主論』や『ディスコルシ』よりも，ツキジデスの『ペロポネソス戦史』により明確に予示されている。レアルポリティークは方法であるが，勢力均衡の政治は，その中身であり，その働きを条件づける。昔と同様，今日でも，国際関係におけるレアルポリティークおよび勢力均衡の妥当性は疑われることが多い。フランク・タンネンバウムは，勢力均衡の政治は過去のものであると考え，今日の現実主義者は，近代ヨーロッパの例外的な経験が普通の国家行動を代表すると想定して間違った結論を出していると非難する多くの人々の一例である[48]。水素爆弾の時代では，頻繁に憎しみと恐怖を抱き，つねに疑いを持って互いを警戒している超大国によって世界は分裂している。断続的な紛争における複数の国家を観察して導いた教訓が妥当かどうかに疑問を持たれても無理はない。しかし，疑いの念を摘み取り，先のゲーム理論についての議論から抽象的に推定される教訓を具体的にするうえでは，過去のヨーロッパの経験が予示する議論が今日の国際関係の構成についての考察につながるのである。18世紀および

---

47 *The Prince*, ch. xxv. 国内秩序についての言及に関しては，ch. xvii を参照。
48 "The Balance of Power versus the Co-ordinate State," *Political Science Quarterly*, LXVII (1952), 175.

第7章 第3イメージからの推論

　19世紀のほとんどをつうじて，1つの集団から別の集団へと忠誠心を移す国家の能力と意図が関係する勢力均衡システムが機能していた。今日においても第一次世界大戦前と同じく，大きな結果をもたらす変化は容易には起こりえない。しかし伝統的モデルに沿った均衡がもはや起こらないからといって，勢力均衡が存在しないとは言えない。国際的手段による調整の可能性がより少ないなかで，産業と軍備を国内的に発展させることがより重要になる。そして競争が激しくなるにつれ，小さな動きがもたらす差も大きくなる。いずれにせよ，以下の議論は，勢力均衡の分析が今日，19世紀や18世紀に適用された分析とどう異なるかを示すものではなく，むしろ，パワー分布の変化や技術の変遷によってもたらされた多くの重要な変化にもかかわらず，持続している基本的な要点を示すものである[49]。

　1891年の5月，フランスとロシアの兵士たちは，軍事的慣習と同盟の指し示す方向に導かれ，パリで出会い，議論した。その結論は，フランスの参謀長代理ボアデフルによってツァーに報告された。そのなかでいわく，「動員は戦争の布告であった。動員するということは隣国に同じようにせざるをえなくさせることだった。自国の国境に沿って100万人の人間が動員されるのを許しながら，自分自身は何もしないということは，のちに手段を講じる可能性をすべて否定し，ピストルをポケットに持ちながら自分は引き金を引かずに，隣人が弾の入った銃を自分の額に押し付けるのを許す個人のような状況に身をおくことを意味した」。この主張にアレグザンダー3世は賛成した[50]。1879年にビスマルクが始めた同盟システムは，1890年以後は急速に2つの勢力圏によるシステムになっていた。第2の勢力圏が形成されたことによって，いったん動員が始まると，それは不可避的にシステム全体のものになり，動員は即戦争を意味することになった[51]。皆の戦略は明らかにほかの皆の戦略にかかっていると，参

---

49 「勢力均衡」という言葉の異なる使われ方については，Haas, "The Balance of Power: Prescription, Concept, or Propaganda?" *World Politics*, V (1953), 442-77.
50 Vagts, *Defense and Diplomacy*, p. 398 より引用。
51 たとえば，モルトケが1891年1月のコンラド・フォン・ヘツェンドルフとの往復書簡のなかで未来の可能性について予測したもの，およびロイド・ジョージ（Lloyd George）が *War Memoir* のなかで述べていることを参照：「1914年，動員は戦争に向かっており，それは戦争を意味した」。In Vagts, *Defense and Diplomacy*, pp. 97, 399.

加国は判断していた。これは第3イメージを裏付けるものである。第3イメージだけでは，なぜある国がそもそも動員するのかを説明できないので，戦争の発生を説明できないと反論されるかもしれない。その反論は妥当である。第一次世界大戦の発生を理解するには，関係国すべての脆弱性と強さ，野望と恐怖に目を向けなければならない。そして，これらの要因のいかなる説明も，第1イメージおよび第2イメージに焦点を当てなければならない。国家政策を管理していたのはどのような人々か。国家の経済的，人口的，社会的，政治的な支持基盤によって彼らにはどのくらいの裁量が許されていたのか。どんな国内的圧力と制約のもとで彼らは仕事していたのか。これらの要因は，いかなる歴史分析においても非常に重要である。しかし，それらの要因が影響を及ぼしえたかは，ヨーロッパのすべての国家がさらされていた対外的圧力の存在に絶えず注意することなしには測れない。オーストリアとドイツは東に注目しており，ロシアの経済はいまだ後進的だが多くの分野で急速に発達してきていること，自分たちの国の2倍近い速さで人口が増加していること，ツァーの地位が不安定なために危機が生じた場合につねに中庸の政策に従うことはできそうもないことなどを見ていた。フランスも東に注目していた。フランスが見たのは，組織的に軍国主義であり，衝動的に行動するカイザーがおり，フランスの人口と経済力を抜いて久しく，なお飛躍的に伸長している国，ドイツであった。イギリスは大陸ヨーロッパに注目し，ドイツ海軍が自国の鼻先の海域でイギリスの優位を揺るがせつつあり，フォン・ティルピッツの指導力のもとで，すでに北海をドイツの湖と呼び，これまで産業・商業でイギリスのリードを追い抜くことのなかった分野において，ドイツが経済的に挑戦しており，外交政策において，イギリスの安全を伝統的に支えていたヨーロッパの均衡を覆す脅威を与えているのを見た。

　この同盟システムを安全保障のシステムと公言する人々がいた[52]。実際，そ

52　たとえば，1890年5月に，ロシアの皇子の1人が，フレシネ首相に以下を約束した例を特筆できよう。ロシアの皇子は，言うべきことがあるとすれば，それは，「われわれ2カ国の軍隊は戦時に1つになるということだ。そしてその事実が周知されれば，戦争は避けられるだろう。フランスとロシアが軍事的に手を組んでいるのに，対抗しようと思う者などいるはずがないのだから」と述べた。*Ibid.*, p. 105.

のとおりであった。独墺同盟から英露協商までの同盟形成のそれぞれの段階は，危険にさらされた状態から各国が抜け出す試みという観点から，大部分，説明されねばならない。ヨーロッパ諸国は，危機が起こるごとに緊張を増していく国境で互いに顔を突き合わせるまで，同盟と同盟の組み替えを繰り返した。イタリアはそのなかでも最も頻繁に同盟の組み替えをした国であった。

　これは安全保障システムではあったが，それは誰かが揺り動かすまでの安全であった。ヨーロッパのパワー・ポリティクスのゲームは，プレーヤーが2人のゼロサム・ゲームとだいたい同じようなものになっていた。ある国家にとっての利得は，その陣営にとっての利得となり，したがって相手側の損失となった。1つの動きが二重の結果を生んだことになり，ほぼ均衡している2つの側はどちらも，自分の側の損失になるような相手の利得を許すことはできなかったのである。動員が戦争を意味すると考えていたためにそうなったのかもしれないが，ほかの要因も働いていた。その1つは均衡の緊密さであり，それはしばしば考えられているよりも操作可能な余地は狭く見えていたのである。1914年の6月に，小さく見えたセルビアの問題は，両側の威信のみならず安全にかかわることであった。ロシアはセルビアについて，オーストリアに好きにさせておく余裕はなかったので，それに反応して行動した。ドイツはオーストリアに身を引かせる余裕はなかったので，それに反応して行動した。それを意味のない悪循環と呼ぶ人もいるかもしれない。しかし，第6章の「特殊なもののなかで事件が起こるということは，偶然ではなく必然である」という，ヘーゲルの言葉を言い換えたものを思い出してみよう。アナーキーの状態に不完全な国家があるなかでは，危機が生じる。これは，第3イメージのなかで説明されているというよりもそこで想定されている事実である。これを出発点とすると，安全保障の利害の圧力のもとで，おのおのの国家が最小限，どのような計算を論理的にしなければならないかを抽象的に説明することが可能である。上記の例および，異なるかたちではあるが次に挙げる例を考えれば，国際政治がゼロサム・ゲームにならないようにするのがいかに難しいかが明らかになる。

　愚者は経験から学び，賢者は他人の経験から学ぶと，かつてビスマルクは言った。1930年代後半に，ネヴィル・チェンバレンは，まるでビスマルクの格言を肝に銘じていたかのように行動した。第一次大戦前の同盟システムにおいて，

ヨーロッパの国々は一時的な安全の感覚を，やがてほぼ確実に起こる戦争と取り換えたように見えていた。そこでチェンバレンは，イギリスは前世代が犯した誤りから学ぶことによって利益を得るべきであると考えた。フランスとロシアはイギリスの確実な支持がないままでは，中欧諸国に挑戦するには十分強いと思えなかったはずである。脅威を感じていなければ，かわりに，より紳士的に振る舞ったであろう。その場合は，イギリスは，ヨーロッパの南東の端の小さな領土をめぐって世界大戦にかかわることなどなかったであろう。チェンバレンが公言した宥和政策，すなわち紛争を平和的に解決するために進んで譲歩することによって，同盟の必要と，想定される戦争原因とは同時に除去されるはずであった。こうして1938年の3月，チェコスロヴァキアの危機が急速に進展するなか，チェンバレンは，ソ連が提案した，限られた数の国家が参加する会議を，「解決を視野に入れた相談というよりは，まだ生じていない不測の事態に対する協調行動をとろうとするもの」とコメントして却下した。そして，彼は以下のように付け加えた。「ソ連政府の提案になる行動の，間接的であるが，にもかかわらず不可避の結果は，排他的な国家集団を形成する傾向に拍車をかけるものであり，イギリス政府の見解では，ヨーロッパの平和の将来に有害となるに違いない」[53]。1914年のヨーロッパを念頭において，チェンバレンは，自国が包囲されているという感覚をドイツに持たせないように試みた。彼は，第一次大戦から学んだことを応用したために，宥和政策が，恩恵を受けた国の相対的力を増大させ，その国の目標が厳格に制限されていないならば，その力は宥和を行った国に対して将来に向けられるかもしれないということを考えなかったのである。

勢力均衡の政治は危険をともなうが，それを無視するのはもっと危険である。クラウゼヴィッツはかつてこれに関連する警告を発している。

> 血なまぐさい虐殺がひどい光景というのならば，それは，戦争をより尊敬の念でもって扱う理由になるべきである。われわれが持っている刀を，人間性の感情から，次第に切れないものにし，ついに再び誰かが鋭い刀を持ってやってきてわれわれの体から武器を奪い取ってしまうような理由になるべきではない[54]。

---

53 Chamberlain, *In Search of Peace*, pp. 85–86.

国家が平和を好むようになりすぎて，それによって破滅するのみではない。ある国が鈍感に見えることによって，平和愛好国がより攻撃的な姿勢を見せることで，避けられたはずの侵略戦争を招来するかもしれない。アメリカが二度の世界大戦で学んだこの教訓は，いまは国務省の公的な原則の一部になっている。「平和のためには，侵略国を誘惑するものが何かを予期し，侵略国が自制しないならば，苦しい戦い，そしておそらくは負ける戦いに直面する可能性があることをまえもって知らしめることが必要である」と，国務長官ジョン・フォスター・ダレスは述べた[55]。

　しかし，チェンバレンのもとでイギリスが悲しみとともに学んだように，第3イメージに同じように示唆されているのは，過去から学んだどんな教訓も間違って適用される可能性があるという警告である。将軍たちは過ぎた戦争で勝利を得たはずの仕方にのっとって戦略を立てるが，政治家は昔と同じような仕方で戦争を避けようとする。1946年3月5日に，チャーチルは，安全を追求する国家は，勢力バランスのわずかなマージンを得ようとしてもだめだと力説した[56]。均衡ではなく，優位が目的でなければならないというのである。しかしながら，上で述べたように，勢力均衡が起こるのは，大半の国家がそれを求めるためか，あるいは他国の優位に立とうとする衝動に反応する国家があるからである。勢力均衡が存在する場合には，安全と同時に平和を望む国家は強すぎたり弱すぎたりしないようにする必要がある。ある国家が攻撃的に見えることによって，より平和的な態勢ならすべて避けられたはずの予防戦争が起こるかもしれないという，先の段落の格言を付け加える必要がある。国際政治には，隣国と平和裏に生きる見込みを最大化するために，所与の国家がどのくらい好戦的にあるいは平和的に見えるよう努力すべきなのかを定める単純なルールはない。平和のために，国家は，武装もしくは非武装すべきだとか，あるいは妥協すべきか，いや非妥協的でなければならないとか，抽象的に言うことはでき

54　Clausewitz, *On War,* tr. Jolles, p. 210.
55　セントルイスにおけるアメリカ退役軍人会議でのダレスの演説。この文書は *New York Times,* September 3, 1953, p. 4 より引用。
56　ミズーリ州フルトンでのチャーチルの演説。Morgenthau and Thompson, *Principles and Problems of International Politics,* p. 416.

ない。そのような政策すべてに起こりうる結果が考慮されなければならないと言えるのみである。第3イメージがこのことを明確にする。どんな一国の平和戦略も，すべての他国の平和と戦争の戦略にかかっている。国際政治における競争がより激しくなるのは，主要な競争者の誰もが単独では避けられないプロセスであるが，それにつれて，平和愛好国は，少なすぎる力と多すぎる力のあいだで，また，潜在的な敵を強大にしてしまう多くの失敗と，敵を過度に脅す多くの成功とのあいだで均衡をとる必要性に直面するのである。部分的には，アメリカが宥和政策の陥穽に精通するようになったために，第三次世界大戦が起こるとすれば，その前史は今世紀〔20世紀〕の1940年代よりも，最初の10年間のようになる危険が高まった。一方の側が守りのレベルを下げ，他国に攻撃する気を起こさせる危険はたしかに考えられる。しかし，第二次世界大戦の教訓はわれわれの記憶に新しいため，この危険は，一方の側が愚かにも自国の強さを用いたことから，他国が軍事力で対抗する場合ほど危険ではない。すると，ダレスが公言した解放政策の悲劇は，それが不可能ということではなく，むしろそれが「うまく」実施されると，世界を戦争の瀬戸際まで追い込んでしまうことにあった。この考え方は，1956年秋のハンガリー動乱に対するダレス自身の反応に，悲痛なかたちでではあるが，よく示されている。三国同盟が三国協商に直面したときにそうだったように，主要な戦争当事国はどちらも，潜在的な敵が大きな成功を収めるのを黙って見ていられないのである。

　これは，そう聞いて失望する人がいるくらい複雑に見えたとしても，別の人にとっては，これが国際政治を魅力的な「ゲーム」にしているのである。それが決してつまらない意図を持ったものではないし，つまり深刻なゲームであることは，いま述べたコメントを，フォン・ノイマンとモルゲンシュテルンの，同じくらい失望的であると同時に魅力的な数学的推論に基づいたコメントと比べることで，明らかになるであろう。第3イメージ一般および，とりわけ勢力均衡の分析は，過去の多国家システムの歴史の場合と同じく，今日でも妥当なのである。

第 8 章

結　論

　今世紀前半を通して，ノーマン・エンジェルは，粘り強く，雄弁に，そして明快に，戦争は割に合わないと主張し続けた。次第に人々は，「恐怖の均衡」のもとで，エンジェルが 50 年前に最初に社会に広めた主張が近年の戦争テクノロジーの発達によって真実になったかのように話すようになった。しかし，エンジェルが意図した意味において，それはつねに真実であったのである。エンジェルは 19 世紀型の合理主義者であり，個人主義者であり，どの国家が相対的利得または損失をこうむるかよりも，戦争は大目に見ても生活の必需物資や快適さを生む仕事から人間を遠ざけ，最悪の場合にはすでに生産されたものを破壊するという，否定できない事実のほうに関心を持っていた。戦争は資源の再配分をもたらすかもしれないが，富を生むのは戦争ではなく，労働である。おそらく，国家とか部族の観点からではなく，人類の観点から見れば，戦争が「割に合った」ことはいまだかつてなかったのであろう。

　それでも戦争は繰り返して起こる。人間のなかの獣性は，殺戮を喜ぶのかもしれず，人間のなかの理性はそれに逆らう。戦争と戦争の脅威は，平和の条件についての思索を刺激する。しかし，戦争に対して批判的に見える思想も，直面する状況の直接的で印象深い側面に対する無批判の反応の表れなのかもしれない。平和のための企画は，平和的外交，武装した十字軍，道徳的説教，心理的・文化的な再建等，何によって効果を出そうとしても，少なくとも間接的には，戦争原因についてわれわれが抱いている考えに基づいたものである。第 1

章で述べたように，われわれの戦争原因の推定は，われわれのまわりで現実に起こっている事件によるのと同じくらい，われわれの思索の前提によっても決まる。そうすると，戦争の原因と考えられるものについての体系的研究が，平和の条件を推定する直接の方法となる。われわれの主な関心は，平和を促進する政策が引き出されるモデルを構築することではなく，そういったモデルのもととなっている諸前提を研究することであった。これによって，問題は学究的な視点におかれることになる。政治家の政策は，学者の関心や手法と同じく，彼らの気質や，経験，論理，事件などの結合の産物であるから，この研究の現実的問題との関連性は非常に大きい。政策の実践は，政治家が抱いているイメージによって大きく影響されるのである。

　国家の対外関係が国内の状況を決めるとランケが論じたとき，その議論にはかなりの説得力があった。19世紀ヨーロッパでは，外政の重要性が非常に大きく，そのように訓練を受けた政治家が非常に多かったため，国内統治の仕方さえ，国家間関係を処理するための技術と一致することがあった。メッテルニヒやビスマルクの例を挙げれば十分であろう。当時の外交は，これまでもよくあったように，チェスのゲームのような性質を多く持っていた。おそらくこれが大きなスケールで最後に示されたのは，1885年から1887年のバルカン半島の危機を処理したビスマルクの行動であろう。しかし，19世紀の幕開けまでには国家の内的要因が，国際関係において，すでにより重要なものになってきていた。そしてそれがより重要になるにつれ，国内状況の観点から国家間関係を説明する傾向が増えた。最も顕著なかたちでは，イギリスの自由主義者たちのあいだで，メッテルニヒの実践とランケの格言とが，ともに覆されたのである。司法的な解決や世論といった国内統治の方法や制裁と考えられるものを，国家間関係に適用しようとする試みがなされるようになった。

　イメージの流行は，時代や場所とともに変化するが，1つのイメージで十分であることはまずない。ロシアとの同盟の可能性についてのビスマルクの懐疑の念が，部分的には自国の国内的不安定さについての懸念に基づいていたのもそのためである。チェスをする者は，異なる駒の重要さと同時に，駒の可能な打ち方を考えなければならない。そして国際政治においては，その重要さは時とともに変化する。そのため，ジョン・スチュアート・ミルは，1859年6月に

第8章 結　論

　イタリア人に宛てた手紙のなかで，イタリアの国家的自由という大義に対するイギリスの同情を表しながらも，イギリスが自国の自由のために，フランスとロシアの連合に対抗して戦わなければならなくなった場合には，イギリスが頼れる同盟国はオーストリアだけであると述べて，イギリスがイタリアのためには何の行動もとらないことを正当化した[1]。ミルの思想とビスマルクの政策は，それぞれ第2イメージと第3イメージの観点から十分に説明されることが多いが，かわりに国家の政策の可能性を考慮する際には，彼らの計算には1つ以上のイメージの要素が含まれていた。それが一般的なのである。それでも，ある人が1つのイメージに堅く結びついているときには，ほかのイメージの解釈もそのことによって影響を受ける。ビスマルクは，ミルよりもヨーロッパの地図，すなわちチェスボードに注意を払う傾向があったし，ミルは，ビスマルクよりも大衆の資質や政府，すなわちチェスの駒のほうに多くの注意を向けていた。

　国際問題だけでなく国内問題についても外政家であったメッテルニヒやビスマルクとは対照的に，20世紀の政治家は，政党政治家の手法を対外政策に転用することがより多い。まえに挙げた例を使うと，ウッドロウ・ウィルソンは第3イメージの分析の最重要の要素の1つ，すなわち一国の政策はほかのすべての国家の政策にかかっているということをはっきりと理解していた。世界に数多くの権威主義国家が存在するなかでは，非権威主義国家でさえ，ときには自国の利益を守るために軍事力を行使する覚悟がなくてはならない，というのである。それでも民主主義国家の政府は大衆の望みを反映しているので平和的であると確信して，ウィルソンは，すべての国家の国内的条件によって戦争のたえざる可能性だけでなく，永久平和が保障されるような日がくると予見した。ウィルソンは第2イメージを強調する余り，第1・第3イメージを完全に無視はしないが，それに独特の解釈を加えたのである。

　第3イメージによれば，2カ国以上の国家がそれぞれの利益を伸ばそうと競合し，彼らの上位には保護してくれる主体がない世界においては，戦争の可能性はつねにある。しかし，自由主義者や修正社会主義者の多くは，政治的・社会的民主主義の世界において戦争が起こる可能性を否定したり，少なくともそ

1　J. S. Mill, *Letters*, ed. Elliot, I, 222.

れを最小化したりするのである。第3イメージを理解すれば，自己保存という国家の最小限の国益がすべての国家の最大の国益になり，かつおのおのの国家が，ほかのすべての国家もこの定義を固く守っていると完全に信じているときのみ，自由主義や修正社会主義の予測は正当化されることがわかる。また，この条件を述べることによって，自由主義者や社会主義者の抱く予測がいかにユートピア的であるかが明らかになる。第1イメージについての彼らの解釈を疑うことによってもこの批判をさらに拡大できる。しかしここでのポイント，すなわち，1つのイメージを強調することによって，ほかの2つのイメージが排除されることはないとしても，それがゆがめられることが多いということは，これでおそらく十分，明らかになった。第3イメージに集中することから起こる，似たような影響にしばらく注意を向けてみるのも有益かもしれない。

　社会学者の見方では，政府は単に多くの社会制度のなかの1つであるが，政府はまた同時に社会存立の前提条件でもある。第2イメージなしの第1イメージは，第3章においてある方法で示したように，また第4章において別の方法で示したように，誤解のもとになる。人間同士のあいだの自然状態は，途方もなく不愉快な状況である。そのため，アナーキー〔無政府状態〕の結果として人間のあいだに戦争が起こると，政府が平和の条件を構築するために要請されるというのである。国家間に広く行きわたっている自然状態は，不条理な行動をしばしば生むが，当面は生活そのものを不可能にはしない。スピノザ，ルソー，カントの非歴史的な分析は，市民社会の論理を明らかにするが，同時に，その論理によってなぜ，人間は，個々別々の国家の設立を超えて世界国家の構築へと前進しないのかが明らかになる。しかし，国内領域と同じように，国際領域においてもアナーキーが原因ならば，明らかな結論は，政府が解決策であるということである。そして，国際領域の場合の病気は致命的なものでなくてもこれは当てはまる。しかし，問題は実際的なものになる。社会をまとめあげるのに必要な軍事力の量は，社会の構成要素の異質性の度合いによって異なるのである。世界連邦主義者は，われわれの選択肢があたかも世界統一かさもなくば死であるかのように書く。「世界政府は必要であり，したがって，可能である」と，ロバート・メイナード・ハッチンズは断言した[2]。しかし，ある制度が必要だからといってそれが生まれるわけではない。そして世界政府を試みたとして

第8章 結　論

も，われわれは世界統一の試みのなかで死ぬかもしれないし，また統一しても死よりも悪い人生が待っているかもしれない。

　第3イメージは，最初の2つのイメージと同じく，ユートピア的な処方箋に直接行きつく。それぞれのイメージにおいて，それによってほかのすべての原因が理解されるような原因が特定される。第3イメージと世界政府の論理的連携は強いので，世界政府は利点があるというだけでなく，それを実現するのはやさしいと説く人が出てくるくらいである[3]。もちろん世界政府ができれば，国際戦争がもはやなくなるというのはそのとおりである。無能な世界政府ならば，疑いもなく内戦が起こるであろうが。最初の2つのイメージに戻ると，完全に合理的な人間や，完全なキリスト教的社会では暴力的紛争がないのと同じく，各国に欠陥がなければ戦争がないというのも真実である。しかし，残念ながら，これらの言葉は，真実であると同時にくだらないものである。ここには，疑いもなく，完全な同語反復が見られるからだ。それは，完全に良い国家や良い人間は悪いことをしない，効果的な組織においては高度な損害をもたらすような逸脱行動は許されない，というものである。単一の原因に注目して完璧に近い説明がなされると，さもなければ不思議に思える多くの事実が説明できる。アウグスティヌスの悲観主義，平和の処方箋を描いて見せる行動科学者の失敗，人間が意識的に向ける努力によって生じるとは考えられないような結果を生む歴史の力に依拠する多くの自由主義者，社会主義の行動に調和が見られないたびに腐敗的な要素を見つけ出す社会主義者の傾向，がその例である。この問題，もしくはほかのどんな問題に対しても完全に単一原因のアプローチをとる者がしばしば希望から絶望へとすばやく変わるのも，これによって説明できよう。世界を良くするには，正確に定められた領域内で作動している要因を変える必要があるという考え方は，変化というものは，たとえ可能であっても，ゆっくりと，不十分な影響力でもってしかやってこないことが明らかになるたび，絶望につながるのである。「必要な変化」がどのようにしてもたらされるかを示

2　Hutchings, "The Constitutional Foundations for World Order," in *Foundations for World Order*, p. 105.
3　Popper, *The Open Society and Its Enemies*, pp. 158-59, 574-79; Esslinger, *Politics and Science*, *passim* を参照。

すことと，必要とされる変化が所期の目的を達成するのに十分であるという主張を実証してみせることとの二重の問題に絶えず打ち負かされるのである。

　すべての原因が互いに関連しているかもしれないという逆の主張は，分析によって特定できる単一原因があり，賢明に策定された政策によってそれを制限もしくは管理できるという主張に対抗するものである。それはまた，すべての原因の相互関係を念頭におかずに，単数または複数の仮定に取り組むことに反対する主張でもある。1つのイメージから直接に引き出された処方箋は，部分的分析に基づくものなので，不完全である。おのおののイメージが部分的であることによって，ほかのイメージを含めようと人を駆り立てる緊張が生まれる。プラトンの見解と対比できるロックの見解によって代表されている第1イメージでは，変化の方向は，人から社会および国家である。第2イメージは両方の要素を取り入れている。人間が国家をつくり，そして，国家が人間をつくるのである。しかし，まだこれは限定された見方である。人間が国家および国際環境の両方によってかたちづくられるように，国家は国際環境によってかたちづくられるので，より包括的な諸原因の結合を人は求めることになる。これまでの章で考察の対象とした大半の人物は，1つのイメージだけで著作したのではない。異なる強調の仕方から生じた結果を扱ってきたために，これまでの章は複雑になった。しかしそうすることによって，イメージのどれをもゆがめることなく，それらが互いにどう関連するかを示す作業はいくぶんやさしくなった。

第1・第2イメージと第3イメージとの関係

　ソ連が今日，戦争の最も大きな脅威となっているというのは本当かもしれない。しかし，ソ連が消滅すれば残りの国家が楽に平和裏に生きられるというのは真実ではない。戦争は何世紀にもわたって存在してきたが，ソ連はほんの数十年しか存在していない。しかし，国家のなかには，あるいはあるタイプの国家のなかには，ほかに比べてより平和的傾向を持つものもある。平和的傾向の国家が増加することによって，少なくとも大戦争と大戦争のあいだの期間が長くなるという希望は保証されるのではないだろうか。行動の枠組みが問題だと

いうことを強調することによって，第3イメージは，そういった部分的分析とそれに基づく希望が誤っていることを明らかにする。個人の道徳的水準から見れば称賛に値する行動も，国家によって遂行されると，われわれが避けようとしている戦争を逆に招来することになるかもしれない。世界政府の理論としてではなく，国際システムそのものの働きについての理論としての第3イメージは，平和の可能性の増加に関する限り，それ自体で良い行動というようなものはないという事実にわれわれの注意を促す。フクバラハップの鎮圧は，フィリピン国家の平和と秩序にたしかに直接的に寄与したかもしれない。しかし，国際政治においては，ある主要国が平和的になるといった部分的「解決策」は，世界平和への本当の貢献になることもあるかもしれないが，それと同じくらい容易にまた別の大戦争の到来を早めるかもしれないのである。

　ルソーの著作に反映されている第3イメージは，国家行動の枠組みから生じる結果の分析に基づいている。国家間の戦争の起源についてのルソーの説明は，大きく見れば，われわれが国民国家システムのなかにいる限りにおいて最終的なものである。それが最終的な説明なのは，人間の非合理性とか国家の欠陥といった偶然の原因に頼らず，いかなる偶然の要因でも戦争をもたらすような枠組みについての理論に基づいているからである。戦争によってのみ得られる特定のものをある国が欲することで戦争が説明できるわけではない。そういった欲求は，戦争を導くこともあればそうならないこともある。私が100万ドル欲しいと思っていることは，それだけでは私が銀行強盗をする原因にはならないが，銀行強盗をやりやすい状況になれば，そうした欲求はより多くの銀行強盗を生むかもしれない。このことは，法の施行状況がいかなるものであれ，銀行強盗を企てる者も企てない者もいるという事実を変えはしない。個人の行動を説明するためには，やはり動機づけと状況とを調べなければならないのである。にもかかわらず，ほかの条件が同じであるならば，法を強制する機関が弱くなることによって，犯罪が増加すると予測することができる。この見解からすれば，社会構造，すなわち制度化された制約と制度化された利害関係の変更および調整の方法が重要なのである。そして，それは，「原因」という言葉で通常連想するのとは異なる意味で重要なのである。人が銀行強盗をする原因となるのは，金に対する欲求や，社会の礼儀作法に対する軽視や，ある種の大胆さといっ

たものなどである。しかし，これらの原因を実行に移すまでのあいだに障害が十分高く設定されているならば，銀行強盗を企てるかもしれない者の10人中9人は，無難な自分の商売に精を出して平和裏に生きることだろう。そのような枠組みを原因と呼ぶならば，それは戦争の間接原因，もしくは表面下の原因であるとはっきりと言ったほうがよいだろう。

　これが国際政治に応用されると，ルソーを要約するために先に使った言葉で言えば，戦争は，それを止めるものがないために起こるという命題になる。ルソーの分析は，どれか特定の戦争を説明するのでなく，戦争の繰り返しを説明する。彼は，戦争がいつでも起こりうること，そしてそれがなぜなのかを教えるのである。しかし，国際システムの構造がA国がB国を攻撃する直接の原因となるのではない。その攻撃が起こるかどうかは，両国の行動に影響するそれぞれの場所，国の大きさ，パワー，利害，政府の種類，過去の歴史や伝統といった多くの具体的状況による。両国が互いを相手にして戦うならば，それは，おのおのにその事件を説明する特別な理由があるためである。これら特別な理由は，直接的もしくは効果的な戦争原因となり，これら直接的な戦争原因は，第1および第2イメージに含まれている。国家は，国家のために政策を策定する比較的少数の者，およびその少数者に影響を与える多数の者の理由づけと情熱あるいはそのどちらかによって，互いを攻撃したり自分を守るよう動機づけられる。国家のなかには，国内状況のせいで戦争により熟達したり，またその熟達度を試したいと思っている国もある。第1および第2イメージに含まれる要因の多様性は，平和の時代を形成したり破壊したりするなかで，非常に重要である。すべての戦争の直接的原因は個人の行動か国家の行動であるからである。

　すべての戦争が，われわれが原因として特定できる（あるいは少なくとも特定を試みることができる）行動のあとで起こるならば，なぜ個人や国家の行動を修正することによって戦争を制限することができないのか。これは，「戦争をやめさせるためには人間を向上させよ」，あるいは，「戦争をやめさせるためには国家を向上させよ」という人々の考え方である。しかし，そのような処方箋においては，国際環境の役割が容易にゆがめられてしまう。ある行動主体は，他者が昔から頻繁に行う略奪的なやり方に従い続けるなかで，どうやって進歩

第8章 結 論

していくのか。歴史は絶え間なく千年王国に向かって進んでいくという多くの自由主義者の単純な想定は，国際環境によって，国家がより道徳的に向上するかたちで行動するのが不可能に近いくらい難しくなるならば，論破されてしまう。第1および第2イメージのもとで考察した処方箋からは，2つの点が見逃されているのである。(1) 2つ以上の原因によって結果が生まれるならば，その結果は原因の1つを取り除いたからといって永久に除去されるわけではない。人間が完全に合理的でなく，国家が完全に組織されていないために戦争が起こるのであれば，国家のみを改善しても，戦争の数と激しさは低減しないかもしれない。ここでの誤りは，2つ以上の原因が作動しているところで1つの原因だけを特定することにある。(2) ほかの原因を無視して1つの原因に対して向けられる努力は，状況をよくするどころか却って悪化させるかもしれない。たとえば，西欧の民主主義国がより平和志向になるにつれて，ヒトラーはより好戦的になった。国際政治の参加者のなかに平和志向を強くしたものがいることで，戦争の可能性は減るよりも増えるかもしれないのである。このことは，間接的原因である国際環境の役割を示している。関係する原因が人間と国家の2つしかないならば，より平和的志向の国家が登場すれば，最悪の場合でも，世界平和という目標を害することはないと確信できる。しかし，提案された救済策が本当に救済策なのか，実際はそれが全くないよりも悪いのかは，すべての国家の行動の内容とタイミングにかかっている。このことが第3イメージのなかで明らかになるのである。

　戦争が結果的に起こるのはB国が欲するものをA国が所有しているからかもしれない。この場合，直接的な戦争原因は，B国の欲求であり，間接的な原因はB国が戦争の危険を冒すのを妨げるものが何もないという事実である。異なる状況においては，直接原因と間接原因との相互関係はもっと密接になる。A国は，B国をいまやり込めなければ，10年後にはそうできないかもしれないと考えるかもしれない。A国は，B国が将来A国を侵略しうると恐れるために，現在の侵略国になるのである。そういった戦争の直接原因は，われわれが間接原因と呼ぶ原因から引き出される。直接原因の場合，紛争は具体的イシューから生まれた論争から生じる。水爆の時代においては，いかなる1つのイシューも全面戦争の危険を冒す価値はなさそうだ。条件が悪くても合意するほうが自

己破壊よりも好ましい。理性を用いるには「軍事力に訴えない」原則に則る必要があるように思える。理性によってこの道に導かれるものは，コブデンが先鞭をつけた道に従っている。1849年に彼は，「過去100年を振り返ってみると，どの戦争もそれが一体何だったのかを正確に言うのはほとんど不可能である」と指摘し，イギリス人はそれゆえ，そんな戦争にかかわるべきではなかったと示唆した[4]。彼が陥りそうになっている罠は，A. A. ミルンが，第一次大戦を，オーストリア＝ハンガリーが1人の皇太子の死の仇をとろうとして失敗したために1000万の人が死んだ戦争として説明したときに陥ってしまった罠と同じである[5]。また，30年前に書かれた回顧録のなかで，第一次大戦の恐ろしさによって，「国家間の紛争において，戦争は破滅をともなう解決法として排除されねばならないという確信的理解において合意する，少なくとも1つの共通の土台を国家が見出す」のを可能にするだろうと期待したエドワード・グレイ卿の幻想に，コブデンは屈しようとしているのである[6]。

多くの戦争の直接的原因が些細なことであるというのは本当である。それらに焦点を合わせると，軍事力なしの解決策に関係国が合意しないのは究極的な愚行に見える。しかし，直接的原因によって，起こった戦争についての十分な説明ができるというのは本当でないことが多い。そして戦争を生むものが単なる特定の紛争ではないならば，紛争の合理的解決策によって戦争を排除することはできない。ウィンストン・チャーチルが書いたように，「細事は危険な病気の兆候に過ぎず，その理由のためにのみ重要である。その背後には，人間の壮大な競争の情熱や運命が横たわっている。そして長期的な敵対心が些細なことに現れる」からである[7]。にもかかわらず，「恐怖の均衡」が生み出した不安感がもたらす恐怖心によって一時的な休戦が生まれるという希望をチャーチルが抱いたのは正当化されよう。技術の進歩は戦争をより恐ろしいものにし，平和への欲求を高めると予想される。進歩の速さそのものが皆の軍事計画に不確定性を生み出し，敵対勢力になりそうなものを正確に予測する可能性を破壊して

---

4 Cobden, *Speeches*, ed. Bright and Rogers, II. 165.
5 Milne, *Peace with Honour*, p. 11.
6 Grey, *Twenty-five Years*, II, 285.
7 Churchill, *The World Crisis, 1911-1914*, I, 52.

第8章 結　論

しまう。恐怖心をすなわち永久平和と見なすのは以前よりますます難しくなっている。戦争技術における主要な進歩がなされるたびに，予言者は，戦争はもはや可能ではないと公言しようとした。たとえば，アルフレッド・ノーベルのダイナマイト，ベンジャミン・フランクリンの空気より軽い気球などである。槍が発明されたときに部族間戦争の終焉を公言した予言者がいたとしてもおかしくはないし，槍の先に毒が付け加えられたときに似たような予測をする別の予言者がいたとしてもおかしくはない。残念ながら，これらの予言者たちは皆間違っていた。原子爆弾および水素爆弾の開発によって平和への願いを育む人もいれば，戦争感情を抱く人もいる。第二次世界大戦後のアメリカやほかの地域での外交政策論議において，ひそかに語られるテーマは，予防戦争の必要性，すなわち，将来の戦争において敵になりそうな相手が自前の爆弾をつくるまえに，いますぐ爆弾を落とすことの必要性であった。似たような兵器システムを持つ2カ国以上の国家が存在したとしても，恐怖の均衡がわずかでもシフトすれば，一国の側に一時的に決定的な軍事的優位を与えるため，その国は恐怖から逃れるためにその機に乗じる気になるかもしれない。そしてその誘惑は恐怖の大きさそのものに比例するのである。最終的には，大きな兵器に対する相互恐怖のせいで，平和ではなく多くの小規模戦争が生まれるかもしれない。

　近代兵器に対する恐怖，世界の文明を破壊する危険に対する恐怖は，国際関係の3つのイメージについての議論で述べた平和の条件を構築するには十分ではない。平和の望みがすべての国家に存在し，諸国の政策のなかにそろって表現された場合のみ，恐怖は世界平和を導く。しかし，平和を第一義的な目標としている人や国家はほとんどない。たとえ1カ国でもそれを第一義的目標にしている国があったとしても，その国が平和を手に入れられるのは，単に降伏することによってである。しかし，ジョン・フォスター・ダレスがしばしば警告しているように，「平和は，悪い連中が極悪非道の所業をし続けることを隠す逃げ場となりうる」[8]。所与の紛争の争点は，誰がそれから得をするかではなく，誰が世界を支配するかなのかもしれない。そのような状況では，道理をわきま

8　"Excerpts from Dulles Address on Peace" (Washington, April 11, 1955), in *New York Times*, April 12, 1955, p. 6.

えた人間でさえ最善のやり方を定めるのは難しいし，武力なしの解決策をつねに考案する能力を身につけることはまず考えられない。3つのイメージのどの観点からでもない解決策が現在そもそも可能だとすれば，理性が働くのは，第3イメージの観点から第1・第2イメージを考察することによって示される枠組みにおいてのみである。その展望は，『ザ・フェデラリスト』，なかでもハミルトンとジェイによって書かれたものに，うまく簡潔に説明されている。

13州が1つの国家として結合するかわりにいくつかの連邦を形成したらどうなるのか，とジェイは問い，以下のように答える。

> 「感情において結合」し，食い違う「利害」についてのいっさいの懸念から解放されることはなく，お互いのねたみや嫉妬によって，信頼と友愛はまもなく消えてしまうだろう。そして全アメリカの一般的利益ではなく，おのおのの連邦の部分的利益が，その政策と遂行の唯一の目的になってしまうだろう。よって，国境を接する大半の国家のように，絶えず，紛争や戦争にかかわるか，それについて懸念し続けながら生きるか，のどちらかである[9]。

国際的なアナーキーによって国際紛争は説明できると，ジェイはここで述べているのだ。しかし，あるのは国際的アナーキーだけではない。ハミルトンはこれに付け加えて，国家間に敵対的な動機がないと決めてかかるのは，人間とは「野心，復讐心，強欲の持ち主」であることを忘れているようなものだと述べている。君主制国家は，王の虚栄心のために軍事的勝利の栄光を求めて戦争をするかもしれない。共和国は，議会が愚かであるために，もしくは商業的利益のために戦争をするかもしれない。王がうぬぼれであったり，議会が愚かであったり，商業的利益が相容れなかったりするのは，いずれも不可避ではない。しかし，国家間の戦争の原因は非常に多く，また非常に多様なので，「同じ地域にある，多くの独立した，まとまりを欠く主権国家間の持続的調和を求めるのは，人間界の事件が一様にたどる道筋を無視し，時代を通じて蓄積されてきた経験に対して公然と挑戦することである」[10]。

ジェイとハミルトンは，独立した主権国家間にはつねに戦争の可能性がある

---

9 *The Federalist*, pp. 23-24 (No. 5).
10 *Ibid.*, pp. 27-28 (No. 6); p. 18 (No. 4, Jay), および pp. 34-40 (No. 7, Hamilton)を参照。

第8章 結　論

という結論を，西欧国家体系の歴史のなかで確認した。第6章で構築した第3イメージがこの同じ結論に理論的基礎を提供する。それは，第1および第2イメージに含まれる要因が大きく変化しないなかで，なぜ戦争が独立主権国家の存在と永久に関係しているかを明らかにするものである。第3イメージの分析の明らかな結論は，世界政府が世界戦争への救済策だということである。しかし，その解決策は，論理的には否定できないかもしれないが，実際には達成不可能である。第3イメージは，世界政治へのユートピア的アプローチを提供するかもしれない。また，現実主義的なアプローチも提供しうるが，その場合，国際政治につきものの反道徳性，あるいは非道徳性さえも生来の人間の邪悪な性質に帰するようなタイプの現実主義者の傾向には背を向けさせるだろう。皆の戦略はほかの皆の戦略にかかっている。とするならば，ヒトラーのような人間が存在することは，それだけで，価値ある目標と細心の手段で立ち向かおうとする人々の行動，あるいは反応の仕方を決定づける。政策決定者は，意図がいかに良かろうと，第3イメージの示唆するところを念頭におかなければならない。それは以下のように要約できる。おのおのの国家は，いかに定義されようと，自らが最善と判断する方法で自己利益を追求する。アナーキーな状態のもとでは，似通った単位のあいだで不可避的に生じる利害対立を和解させるような一貫性のある方法，頼りにできるプロセスが存在しないため，軍事力が国家の対外目標を達成する手段となる。国際関係のこのイメージに基づく外交政策は，道徳的でも非道徳的でもなく，単にわれわれを囲む世界に対する理にかなった反応の具体的表現なのである。第3イメージは，国際政治の枠組みを説明するが，第1および第2イメージなしには，政策を決定する影響力についての知識はありえない。また，第1および第2イメージは国際政治における影響力を説明するが，第3イメージなしには，その結果の重要性を測ったり予測することはできない。

訳者あとがき

　本書の著者の名ならびに本書の存在はすでにあまりに周知であるから，ここに改めて多くを語る必要はないだろう．とくに，国際関係の研究を志す人々にとっては，そう言えよう．したがって，直ちに本書の内容に進んでいただくことをお薦めしたい．
　本書の成り立ちとその内容については，著者自身の序文が簡にして要を得た解説となっている．本書が成立した1950年代から半世紀以上が経った現在，これを新たに読者に供するのはなぜか．著者自身が序文で指摘しているように，この半世紀のあいだに多くのそして重要な国際政治上の出来事があったにもかかわらず，国際政治の「構造」（著者が最も重視する要因）は，基本的には不変であり，したがって，本書の価値も依然，失われていないからである．学者になるまえ，若いころ兵役で日本や韓国にいた経験を有する著者の姿は，本書のなかにその痕跡さえ見出すことはできないが，そのことを知って読むと，日本流に言えば2012年に米寿を迎えたウォルツ教授が，昨今の東アジア国際政治についていかなる感想をお持ちなのか，お聞きしてみたいと思う読者は，かく言うわれわれを含めて少なくないのではないか．冷戦終焉後まもないころ，ウォルツ氏は，国際政治において積極的な役割を果たそうとしない日本は，大国の属性をすべて兼ね備えていながら孤立主義から抜け出そうとしなかった19世紀終わりのアメリカと似ていると述べておられた．国際政治システムの構造変化のもと，パワーを持った国は事態打開のための軍事力行使を辞さないという持論を東アジアの国際政治にも当てはめて考えていたウォルツ氏は，台頭する中国とそれに敏感に反応する日本，アメリカ，韓国の軍備増強，という勢力均衡の図式は依然として健全であると言われるのではないだろうか．
　本書は，初版以後半世紀近く経った2001年に版を重ねていることが示すように，いわば国際政治学の「古典」として，いまだに世界の研究者や学生に広く読まれている．ウォルツ氏には，1979年に出た『国際政治の理論』という著

書があり，それによって，ネオリアリストの指導者的存在として知られているので，そちらを主著と見ることもできるのかもしれない。しかしそのベースとなった考え方，とりわけ国際システムを国内政治や個人要因から独立した1つのレベルとしてとらえる見方はすでに本書に表されている。とくに，ウォルツ氏における学問の誕生の姿を見るには，本書は格好の対象であろう。ここには，生まれ出る思想のある種のみずみずしさが感じられる。

　本書の議論の流れを追うのはさほど難しくはないが，引用ないし言及されている著作家とその作品の数は膨大であり，読者がいわばその森のなかへ分け入っていこうと試みれば，それは決して簡単ではない。なかには邦訳された文献もあるが，本書に触発されてさらに究めてみようとする人の便宜を考えて，引用文献のタイトル等は，原則，原文のままとした。

　ウォルツ氏の文体は，余計な言葉をできるだけ省き，簡明なことを特徴とするが，それだけ訳出に苦労する場合も少なくない。たとえば，あるセンテンスと次のセンテンスのあいだをつなぐ，「だから」，「しかし」といった言葉はほとんど使われていない。できる限りその文体を尊重したが，ときには必要と思われるつなぎの言葉を補った。また，日本語としての自然な流れを出すよう心がけた。

　哲学書，文学書を含む，多数の，また多種の文献が本書の素材なので，そこまでさかのぼって見ないと正しく意味をとれない場合があるのではないかと危惧するが，大きな間違いは避けられたと思う。万一誤りがあれば，2人の共訳者の共同の責任である。なお，意味のとり方について，原著者に照会し，ご回答いただいた箇所もある。ウォルツ氏のご親切にこの場を借りてお礼を申し上げる。さまざまな意味で，知的刺激に富んだ本書の邦訳の仕事をする機会に恵まれたのは，幸いであった。訳者としては，この機会に1人でも多くの読者に本書を手にしていただき，それが縁で，国際政治学に，また，現実の国際政治に対する関心を深めていただければこのうえない幸いである。

2013年陽春

渡邉昭夫
岡垣知子

参考文献

Adams, Henry. *The Education of Henry Adams.* New York: The Book League of America, 1928.
Adams, Walter, and Horace M. Gray. *Monopoly in America.* New York: The Macmillan Co., 1955.
Almond, Gabriel A. *The American People and Foreign Policy.* New York: Harcourt, Brace and Co., 1950.
—— "Anthropology, Political Behavior, and International Relations," *World Politics*, II (1950), 277-84.
Angell, Norman. *The Great Illusion.* London: William Heinemann, 1914.
Approaches to World Peace. Fourth Symposium of the Conference on Science, Philosophy, and Religion. New York: Distributed by Harper & Brothers, 1944.
Aristotle. *Politics.* Translated by B. Jowett. New York: The Modern Library, 1943.
Aron, Raymond, and August Heckscher. *Diversity of Worlds.* New York: Reynal & Co., 1957.
Augustine, Saint, *The City of God.* Translated by Marcus Dods. 2 vols. New York: Hafner Publishing Co., 1948.
Bailey, Stephen K., et al. *Research Frontiers in Politics and Government.* Washington: The Brookings Institution, 1955.
Beard, Charles A. *A Foreign Policy for America.* New York: Alfred A. Knopf, 1940.
—— *Giddy Minds and Foreign Quarrels.* New York: The Macmillan Co., 1939.
Benedict, Ruth. *Patterns of Culture.* New York: Penguin Books, 1946.
Bentham, Jeremy. *Deontology.* Edited by John Bowring. 2 vols. London: Longman, Rees, Orme, Browne, Green, and Longman, 1834.
—— *The Works of Jeremy Bentham.* Edited by John Bowring. 11 vols. Edinburgh: William Tait, 1843. Vols. II, III, and IV.
Berlin, Isaiah. "Political Ideas in the Twentieth Century," *Foreign Affairs*, XXVIII (1950), 351-85.
Bernard, L. L. *War and Its Causes.* New York: Henry Holt and Co., 1944.
Bernstein, Eduard. *Evolutionary Socialism.* Translated by Edith C. Harvey. New York: B. W. Huebsch, 1909.
Blum, Léon. *Les Problèmes de la Paix.* Paris: Librairie Stock, 1931.
Bodin, Jean. *Six Books of the Commonwealth.* Abridged and translated by M. J. Tooley. Oxford: Basil Blackwell, n.d.

Borberg, William. "On Active Service for Peace," *Bulletin of the World Federation for Mental Health*, II (1950), 6-9.

Bright, John. *Speeches*. Edited by James E. Thorold Rogers. London: Macmillan & Co., 1869.

Buehrig, Edward H. *Woodrow Wilson and the Balance of Power*. Bloomington: Indiana University Press, 1955.

Callis, Helmut. "The Sociology of International Relations," *American Sociological Review*, XII (1947), 323-34.

Cantril, Hadley, ed. *Tensions That Cause Wars*. Urbana: University of Illinois Press, 1950.

Carver, Thomas Nixon. *Essays in Social Justice*. Cambridge, Mass.: Harvard University Press, 1915.

Casserley, J. V. Langmead. *Morals and Man in the Social Sciences*. London: Longmans, Green and Co., 1951.

Chamberlain, Neville. *In Search of Peace*. New York: G. P. Putnam's Sons, 1939.

Churchill, Winston S. *The World Crisis, 1911-1914*. 4 vols. New York: Charles Scribner's Sons, 1923-29. Vol. I.

Clausewitz, Karl von. *On War*. Translated by O. J. Matthijs Jolles. Washington: Infantry Journal Press, 1950.

Cobban, Alfred. *National Self-Determination*. Rev. ed. Chicago: University of Chicago Press, 1948.

Cobden, Richard. *Speeches on Peace, Financial Reform, Colonial Reform and Other Subjects Delivered during 1849*. London: James Gilbert, n.d.

────── *Speeches on Questions of Public Policy*. 2 vols. Edited by John Bright and James E. Thorold Rogers. London: Macmillan & Co., 1870.

Cole, G. D. H. *A History of Socialist Thought*. 3 vols. London: Macmillan & Co., 1953-56. Vol. III.

Collingwood, R. G. *The New Leviathan*. Oxford: Clarendon Press, 1942.

Commager, Henry Steele, ed. *Documents of American History*. 3d ed. New York: F. S. Crofts & Co., 1946.

Cook, Thomas I., and Malcolm Moos. *Power through Purpose: The Realism of Idealism as a Basis for Foreign Policy*. Baltimore: The John Hopkins Press, 1954.

Cottrell, W. Fred. "Research to Establish the Conditions for Peace," *Journal of Social Issues*, XI (1955), 13-20.

Dedijer, Vladimir. "Albania, Soviet Pawn," *Foreign Affairs*, XXX (1951), 103-11.

Dennis, Wayne, et al. *Current Trends in Social Psychology*. Pittsburgh: University of Pittsburgh Press, 1948.

Deutsch, Karl. "The Growth of Nations: Some Recurrent Patterns of Political and Social Integration," *World Politics*, V (1953), 168-95.

Dewey, John. *Reconstruction in Philosophy.* New York: The New American Library, 1950.
Dickinson, G. Lowes. *The European Anarchy.* New York: The Macmillan Co., 1917.
Diderot, Denis. *Oeuvres complètes de Diderot.* Edited by J. Assézat. 20 vols. Paris: Garnier Frères, 1875-77. Vol. XIV.
Dollard, John, et al. *Frustration and Aggression.* New Haven: Yale University Press, 1939.
Dostoievsky, F. M. *The Diary of a Writer.* Translated by Boris Brasol. 2 vols. New York: Charles Scribner's Sons, 1949.
Dunn, Frederick S. *Peaceful Change.* New York: Council on Foreign Relations, 1937.
—— *War and the Minds of Men.* New York: Council on Foreign Relations, 1950.
Durbin, E. F. M., and John Bowlby. *Personal Aggressiveness and War.* New York: Columbia University Press, 1939.
Durkheim, Emile. *The Rules of Sociological Method.* Translation of 8th edition by Sarah Solovay and John Mueller. Glencoe, Ill.: The Free Press, 1938.
Dymond, Jonathan. *An Inquiry into the Accordancy of War with the Principles of Christianity, and an Examination of the Philosophical Reasoning by Which It Is Defended.* 3d ed. Philadelphia, 1834.
Engels, Friedrich. *Herr Eugen Dühring's Revolution in Science* (Anti-Dühring). Translated by Emile Burns. New York: International Publishers, 1939.
—— *The Origin of the Family, Private Property and the State.* New York: International Publishers, 1942.
—— See also Marx, Karl.
Esslinger, William. *Politics and Science.* New York: The Philosophical Library, 1955.
Flynn, John T. *The Roosevelt Myth.* New York: The Devin-Adair Co., 1948.
For Socialism and Peace. London: Transport House, 1934.
Foundations for World Order. Denver: University of Denver Press, 1949.
Frank, Lawrence. *Society as the Patient.* New Brunswick: Rutgers University Press, 1949.
Freud, Sigmund. *Civilization, War and Death.* Edited by John Rickman. London: The Hogarth Press and the Institute of Psychoanalysis, 1953.
Friedrich, Carl J. *Inevitable Peace.* Cambridge, Mass.: Harvard University Press, 1948.
Galilei, Galileo. *Dialogues concerning Two New Sciences.* Translated by Henry Crew and Alfonso de Salvio. New York: The Macmillan Co., 1914.
Godwin, William. *Enquiry concerning Political Justice.* 3d ed., 2 vols. London, 1798.
Goldhamer, Herbert. "The Psychological Analysis of War," *Sociological Review* (London), XXVI (1934), 249-67.
Green, Thomas Hill. *Lectures on the Principles of Political Obligation.* London: Longmans, Green and Co., n.d.
Gregg, Richard B. *The Power of Non-Violence.* Philadelphia: J. B. Lippincott Co., 1934.
Grey, Edward. *Twenty-five Years.* 2 vols. New York: Frederick A. Stokes Co., 1925.

Haas, Ernest B. "The Balance of Power: Prescription, Concept, or Propaganda?" *World Politics*, V (1953), 442-77.

Hamilton, Alexander. *The Works of Alexander Hamilton*. Edited by Henry Cabot Lodge. 12 vols. New York: G. P. Putnam's Sons, 1904. Vol. V.

Hamilton, Alexander, John Jay, and James Madison. *The Federalist*. New York: The Modern Library, 1941.

Hayes, C. J. H. *Essays on Nationalism*. New York: The Macmillan Co., 1928.

—— *The Historical Evolution of Modern Nationalism*. New York: The Macmillan Co., 1950.

Hegel, G. W. F. *Philosophy of Right*. Translated by T. M. Knox. Oxford: Clarendon Press, 1942.

Helvétius, Claude Adrien. *A Treatise on Man: His Intellectual Faculties and His Education*. Translated by W. Hooper. 2 vols. London, 1810. Vol. II.

Henderson, Arthur. *The Aims of Labour*. London: Headley Bros., 1918.

Herodotus. *The History of Herodotus*. Translated by George Rawlinson. 2 vols. Everyman's Library Edition. London: J. M. Dent & Sons, Ltd., 1949.

Herz, John. *Political Realism and Political Idealism*. Chicago: University of Chicago Press, 1951.

Herzfeld, Hans. "Bismarck und die Skobelewepisode," *Historische Zeitschrift*, CXLII (1930), 279-302.

Hirst, Margaret E. *The Quakers in Peace and War*. London: The Swarthmore Press, 1923.

Hobson, John. *The Crisis of Liberalism*. London: P. S. King & Son, 1909.

—— *Democracy after the War*. London: George Allen & Unwin, 1917.

—— *Imperialism*. 3d ed. London: George Allen & Unwin, 1938.

—— *The New Protectionism*. London: T. Fisher Unwin, 1916.

—— *Notes on Law and Order*. London: The Hogarth Press, 1926.

—— *Problems of a New World*. London: George Allen & Unwin, 1921.

—— *The Recording Angel*. London: George Allen & Unwin, 1921.

—— *Richard Cobden, the International Man*. London: T. Fisher Unwin, 1919.

—— *Towards International Government*. London: George Allen & Unwin, 1915.

—— *The War in South Africa*. New York: The Macmillan Co., 1900.

Homo, Leon. *Roman Political Institutions*. Translated by M. R. Dobie. London: Kegan Paul, Trench, Trubner & Co., 1929.

Hume, David. *Essays Moral, Political, and Literary*. Edited by T. H. Green and T. H. Grose. 2 vols. London: Longmans, Green and Co., 1875. Vol. I.

Humphrey, A. W. *International Socialism and the War*. London: F. S. King & Co., 1915.

Hutchison, T. W. *A Review of Economic Doctrines, 1870-1929*. Oxford: Clarendon Press, 1953.

Hutt, W. H. "Pressure Groups and Laissez-Faire," *South African Journal of Economics*, VI (1938), 1-23.
Inge, William R. *Lay Thoughts of a Dean*. New York: Garden City Publishing Co., 1926.
James, William. *Memories and Studies*. New York: Longmans, Green and Co., 1912.
Joll, James. *The Second International*. London: Weidenfeld and Nicolson, 1955.
Kant, Immanuel. *Critique of Practical Reason and Other Works on the Theory of Ethics*. Translated by T. K. Abbott. London: Longmans, Green and Co., 1909.
―― *Eternal Peace and Other International Essays*. Translated by W. Hastie. Boston: The World Peace Foundation, 1914.
―― *The Philosophy of Law*. Translated by W. Hastie. Edinburgh: T. & T. Clark, 1887.
Kaplan, Morton A. *System and Process in International Politics*. New York: John Wiley & Sons, 1957.
Kautsky, Karl. "Der Imperialismus," *Die Neue Zeit*, 32d Year, II (1914), 908-22.
―― "Die Internationalität und der Krieg," *Die Neue Zeit*, 33d Year, I (1914), 225-50.
―― "Die Sozialdemocratie im Kriege," *Die Neue Zeit*, 33d Year, I (1914), 1-8.
Kegley, Charles W., and Robert W. Bretall, eds. *Reinhold Niebuhr, His Religious, Social, and Political Thought*. New York: The Macmillan Co., 1956.
Kelsen, Hans. *General Theory of Law and State*. Translated by Anders Wedberg. Cambridge, Mass.: Harvard University Press, 1946.
Kennan, George F. *Realities of American Foreign Policy*. Princeton: Princeton University Press, 1954.
Keynes, John Maynard. "National Self-Sufficiency," *Yale Review*, XXII (1933), 755-69.
Kirk, Grayson. "In Search of the National Interest," *World Politics*, V (1952), 110-15.
Kisker, George, ed. *World Tension*. New York: Prentice-Hall, 1951.
Klineberg, Otto. *Tensions Affecting International Understanding*. New York: Social Science Research Council, 1950.
Kluckhohn, Clyde. *Mirror for Man*. New York: McGraw-Hill Book Co., 1949.
Kohn, Hans. *The Idea of Nationalism*. New York: The Macmillan Co., 1944.
La Bruyère, Jean de. *Oeuvres complètes*. Edited by Julien Benda. (Bibliothèque de la Pléiade, Vol. 23.) Paris: Librairie Gallimard, 1951.
La Chesnais, P. G. *Le Groupe Socialiste du Reichstag et la Déclaration de Guerre*. Paris: Librairie Armand Colin, 1915.
Lair, Maurice. *Jaurès et l'Allemagne*. Paris: Librairie Académique Perrin, 1935.
Lasswell, Harold. *Psychopathology and Politics*. Chicago: University of Chicago Press, 1930.
―― *World Politics and Personal Insecurity*. New York: McGraw-Hill Book Co., 1935.
Leighton, Alexander H. "Dynamic Forces in International Relations," *Mental Hygiene*, XXXIII (1949), 17-24.

—— *Human Relations in a Changing World.* New York: E. P. Dutton & Co., 1949.

Leiserson, Avery. "Problems of Methodology in Political Research," *Political Science Quarterly,* LXVII (1953), 558-84.

Lenin, Vladimir Ilyich. *The Collapse of the Second International.* Translated by A. Sirnis. Glasgow: The Socialist Labour Press, n.d.

—— *Imperialism.* New York: International Publishers, 1939.

—— *"Left-Wing" Communism: An Infantile Disorder.* New York: International Publishers, 1934.

—— *What Is to Be Done?* New York: International Publishers, 1929.

Lerner, Daniel, and Harold Lasswell, eds. *The Policy Sciences.* Stanford: Stanford University Press, 1951.

Levinson, Salmon. *Outlawry of War.* Chicago: American Committee for the Outlawry of War, 1921.

Lewin, Kurt. *Resolving Social Conflicts.* New York: Harper & Brothers, 1948.

Liebknecht, Karl, Rosa Luxemburg, and Franz Mehring. *The Crisis in the Social-Democracy.* New York: The Co-operative Press, n.d.

Link, Arthur S. *Woodrow Wilson and the Progressive Era, 1910-1917.* New York: Harper & Brothers, 1954.

Linton, Ralph, ed. *The Science of Man in the World Crisis.* New York: Columbia University Press, 1945.

Liu Shao-chi. *Internationalism and Nationalism.* Peking: Foreign Language Press, n.d.

MacCurdy, J. T. *The Psychology of War.* Boston: John W. Luce and Co., n.d.

MacDonald, J. Ramsay. *Labour and the Empire.* London: George Allen, 1907.

McDonald, John. *Strategy in Poker, Business and War.* New York: W. W. Norton & Co., 1950.

Machiavelli, Niccolò. *The Prince and The Discourses.* Translated by Luigi Ricci and Christian E. Detmold. New York: The Modern Library, n.d.

McKinsey, J. C. C. *Introduction to the Theory of Games.* New York: McGraw-Hill Book Co., 1952.

Macridis, Roy. "Stalinism and the Meaning of Titoism," *World Politics,* IV (1952), 219-38.

Madariaga, Salvador de. *Disarmament.* New York: Coward-McCann, 1929.

Malthus, Thomas. *An Essay on the Principle of Population.* Parallel Chapters from the First and Second Editions. New York: Macmillan & Co., 1895.

Mandeville, Bernard. *The Fable of the Bees.* London, 1806.

Mao Tse-tung. *Strategic Problems of China's Revolutionary War.* Bombay: People's Publishing House, 1951.

Martin, Kingsley. *The Rise of French Liberal Thought.* Boston: Little, Brown and Co., 1929.

Martineau, Harriet. *Illustrations of Political Economy*, 9 vols. London: Charles Fox, 1834. Vol. III.

Marx, Karl. *Capital*. Translated by Samuel Moore and Edward Aveling. 3 vols Chicago: Charles H. Kerr & Co., 1909-10. Vol. I.

Marx, Karl, and Friedrich Engels. *Communist Manifesto*. Translated by Samuel Moore. Chicago: Charles H. Kerr & Co., 1946.

—— *The German Ideology*. Translated by R. Pascal. New York: International Publishers, 1939.

—— *Selected Correspondence, 1846-1895*. Translated by Dona Torr. New York: International Publishers, 1942.

Mattingly, Garrett. *Renaissance Diplomacy*. Boston: Houghton Mifflin Co., 1955.

May, Mark. *A Social Psychology of War and Peace*. New Haven: Yale University Press, 1943.

Mazzini, Giuseppe. *Selected Writings*. Edited by N. Gangulee. London: Lindsay Drummond, 1945.

Mead, Margaret. *And Keep Your Powder Dry*. New York: Wm. Morrow & Co., 1942.

—— *Coming of Age in Samoa*. New York: The New American Library, 1949.

—— "Warfare Is Only an Invention — Not a Biological Necessity," *Asia*, XL (1940), 402-5.

Mill, James. *Essays on Government, Jurisprudence, Liberty of the Press, Prisons and Prison Discipline, Colonies, Law of Nations, Education*. Reprinted, by Permission, from the Supplement to the Encyclopaedia Britannica. London, n.d.

Mill, John Stuart. *Dissertations and Discussions*. 5 vols. New York: Henry Holt and Co., 1874-82. Vols. III and V.

—— *The Letters of John Stuart Mill*. Edited by Hugh S. R. Elliot. 2 vols. London: Longmans, Green and Co., 1910.

—— *On Liberty, Representative Government, The Subjection of Women*. Oxford: The World's Classics, No. 170. London: Oxford University Press, 1946.

—— *Principles of Political Economy*. Edited by J. W. Ashley, from 7th edition of 1871. London: Longmans, Green and Co., 1909.

—— *Socialism*. Edited by W. D. P. Bliss. New York: The Humboldt Publishing Co., 1891.

Milne, A. A. *Peace with Honor*. New York: E. P. Dutton & Co., 1934.

Milton, John. *The Prose Works of John Milton*. 5 vols. London: Henry G. Bohn, 1848-81. Vol. III.

Montesquieu, Charles Louis de Secondat, Baron de la Brède et de. *The Spirit of the Laws*. Translated by Thomas Nugent. New York: Hafner Publishing Co., 1949.

Morellet, André. *Lettres de l'abbé Morellet a Lord Shelburne, 1772-1803*. Paris: Librairie Plon, 1898.

Morgenthau, Hans J. "Another 'Great Debate': The National Interest of the United

States," *American Political Science Review*, XLVI (1952), 961-88.
—— *In Defense of the National Interest.* New York: Alfred A. Knopf, 1951.
—— *Politics among Nations.* 2d ed. New York: Alfred A. Knopf, 1954.
—— *Scientific Man vs. Power Politics.* Chicago: University of Chicago Press, 1946.
Morgenthau, Hans J., and Kenneth W. Thompson. *Principles and Problems of International Politics*, Selected Readings. New York: Alfred A. Knopf, 1952.
Morley, John. *The Life of Richard Cobden.* Boston: Roberts Brothers, 1881.
—— *The Life of William Ewart Gladstone.* 3 vols. New York: The Macmillan Co., 1903.
Morrison, Charles Clayton. *The Outlawry of War.* Chicago: Willett, Clark & Colby, 1927.
Neumann, John von, and Oskar Morgenstern. *Theory of Games and Economic Behavior.* Princeton: Princeton University Press, 1944.
Newcomb, Theodore M., and Eugene L. Hartley, eds. *Readings in Social Psychology.* New York: Henry Holt & Co., 1947.
Nichols, Beverly. *Cry Havoc!* New York: Doubleday, Doran & Co., 1933.
Niebuhr, Reinhold. *Beyond Tragedy.* New York: Charles Scribner's Sons, 1938.
—— *The Children of Light and the Children of Darkness.* New York: Charles Scribner's Sons, 1945.
—— *Christianity and Power Politics.* New York: Charles Scribner's Sons, 1940.
—— *Christian Realism and Political Problems.* New York: Charles Scribner's Sons, 1953.
—— *Discerning the Signs of the Times.* New York: Charles Scribner's Sons, 1946.
—— *Does Civilization Need Religion?* New York: The Macmillan Co., 1928.
—— *Faith and History.* New York: Charles Scribner's Sons, 1949.
—— *An Interpretation of Christian Ethics.* New York: Harper & Brothers, 1935.
—— *The Irony of American History.* New York: Charles Scribner's Sons, 1952.
—— "Is Social Conflict Inevitable?" *Scribner's Magazine*, XCVIII (1935), 166-69.
—— *Leaves from the Notebook of a Tamed Cynic.* Hamden, Conn.: The Shoe String Press, 1956. Original copyright 1929.
—— *Moral Man and Immoral Society.* New York: Charles Scribner's Sons, 1941.
—— *The Nature and Destiny of Man.* 2 vols. New York: Charles Scribner's Sons, 1951.
—— *Reflections on the End of an Era.* New York: Charles Scribner's Sons, 1934.
—— *The Self and the Dramas of History.* New York: Charles Scribner's Sons, 1955.
Niebuhr, Reinhold, and Sherwood Eddy. *Doom and Dawn.* New York: Eddy and Page, 1936.
Oliver, F. S. *The Endless Adventure.* 3 vols. London: Macmillan & Co., 1930-35. Vol. III.
Paine, Thomas. *The Complete Writings of Thomas Paine.* Edited by Philip Foner. 2 vols. New York: The Citadel Press, 1945.
Partridge, Eric. *Here, There, and Everywhere.* 2d ed. London: Hamish Hamilton, 1950.
Pear, T. H., ed. *Psychological Factors of Peace and War.* New York: The Philosophical

Library, 1950.

Plato. *The Dialogues of Plato*. Translated by B. Jowett. 3d ed., 5 vols. London: Oxford University Press, 1892. Vol. V.

Polybius. *The Histories*. Translated by W. R. Paton. 6 vols. London: William Heinemann, 1922-27. Vol. I.

Popper, Karl. *The Open Society and Its Enemies*. Princeton: Princeton University Press, 1950.

Readings in the Theory of International Trade. Selected by a Committee of the American Economic Association. Philadelphia: The Blakiston Co., 1949.

Robbins, Lionel. *The Economic Basis of Class Conflict and Other Essays in Political Economy*. London: Macmillan & Co., 1939.

—— *Economic Planning and International Order*. London: Macmillan & Co., 1937.

Röpke, Wilhelm. *Civitas Humana*. Translated by Cyril Spencer Fox. London: William Hodge and Co., 1948.

—— *The Social Crisis of Our Time*. Translated by Annette and Peter Schiffer Jacobson. Chicago: University of Chicago Press, 1950.

Rousseau, Jean Jacques. *A Lasting Peace through the Federation of Europe and The State of War*. Translated by C. E. Vaughan. London: Constable and Co., 1917.

—— *Oeuvres complètes de J. J. Rousseau*. 13 vols. Paris: Librairie Hachette, 1871-77. Vols. IV and VIII.

—— *The Political Writings of Jean Jacques Rousseau*. Edited by C. E. Vaughan. 2 vols. Cambridge: University Press, 1915.

—— *The Social Contract and Discourses*. Translated by G. D. H. Cole. Everyman's Library Edition. New York: E. P. Dutton and Co., 1950.

Russell, Bertrand. *Political Ideals*. New York: The Century Co., 1917.

Schorske, Carl E. *German Social Democracy, 1905-1917*. Cambridge, Mass.: Harvard University Press, 1955.

Schuman, Frederick L. *International Politics*. 5th ed. New York: McGraw-Hill Book Co., 1953.

Sherwood, Robert E. *Roosevelt and Hopkins*. New York: Harper & Brothers, 1948.

Shotwell, James. *War as an Instrument of National Policy*. New York: Harcourt, Brace and Co., 1921.

Simonds, Frank H., and Brooks Emeny. *The Great Powers in World Politics*. New York: American Book Co., 1939.

Smith, Adam. *Adam Smith's Moral and Political Philosophy*. Edited by Herbert W. Schneider. New York: Hafner Publishing Co., 1948.

Snowden, Philip. *If Labour Rules*. London: The Labour Publishing Co., 1923.

Spencer, Herbert. *Social Statics, abridged and revised; together with The Man versus the*

State. New York: D. Appleton and Co., 1897.

Spinoza, Benedict de. *The Chief Works of Benedict de Spinoza.* Translated by R. H. M. Elwes. 2 vols. New York: Dover Publications, 1951.

Sprout, Harold, and Margaret Sprout. *Toward a New Order of Sea Power.* Princeton: Princeton University Press, 1940.

Stephen, Leslie. *The English Utilitarians.* 3 vols. London: Duckworth and Co., 1900. Vol. III.

Stock Market Study. Hearings before the Committee on Banking and Currency, United States Senate, Eighty-Fourth Congress, First Session, on Factors Affecting the Buying and Selling of Equity Securities. March, 1955. Washington: United States Government Printing Office, 1955.

Stourzh, Gerald. *Benjamin Franklin and American Foreign Policy.* Chicago: University of Chicago Press, 1954.

Strachey, John. *A Faith to Fight For.* London: Victor Gollancz, 1941.

Straight, Michael. *Make This the Last War.* New York: Harcourt, Brace and Co., 1943.

Strausz-Hupé, Robert. *The Balance of Tomorrow.* New York: G. P. Putnam's Sons, 1945.

Sumner, William Graham. *War and Other Essays.* Edited by Albert G. Keller. New Haven: Yale University Press, 1911.

Swanton, John. *Are Wars Inevitable?* Washington: Smithsonian Institute War Background Studies, No. 12, 1943.

Tacitus. *The Works of Tacitus.* Oxford translation, revised. 2 vols. New York: Harper & Brothers, 1858. Vol. II.

Taft, Robert A. *A Foreign Policy for Americans.* New York: Doubleday & Co., 1951.

Taft, William Howard. *The United States and Peace.* New York: Charles Scribner's Sons, 1914.

Tannenbaum, Frank. "The American Tradition in Foreign Relations," *Foreign Affairs,* XXX (1951), 31-50.

―――― "The Balance of Power in Society," *Political Science Quarterly,* LXI (1946), 481-504.

―――― "The Balance of Power versus the Co-ordinate State," *Political Science Quarterly,* LXVII (1952), 173-97.

Taylor, A. J. P. *Rumours of War.* London: Hamish Hamilton, 1952.

Thompson, Kenneth W. "Beyond National Interest: A Critical Evaluation of Reinhold Niebuhr's Theory of International Politics," *Review of Politics,* XVIII (1955), 167-88.

Thompson, W. S. *Danger Spots in World Population.* New York: Alfred A. Knopf, 1930.

Thucydides. *History of the Peloponnesian War.* Translated by B. Jowett. 2d ed. London: Oxford University Press, 1900.

Tolman, Edward. *Drives toward War.* New York: D. Appleton-Century Co., 1942.

Treitschke, Heinrich von. *Politics.* Translated by Blanche Dugdale and Torben de Bille. 2

vols. London: Constable and Co., 1916.

Trevelyan, Charles. *The Union of Democratic Control: Its History and Its Policy.* London: Simson & Co., 1919.

Tumulty, Joseph. *Woodrow Wilson as I Knew Him.* Printed Exclusively for the Literary Digest, 1921.

Vagts, Alfred. *Defense and Diplomacy.* New York: King's Crown Press, 1956.

—— "The United States and the Balance of Power," *Journal of Politics,* III (1941), 401-49.

Vattel, E. de. *The Law of Nations.* 3 vols. The 3d volume is a translation of the 1758 edition by Charles G. Fenwick Washington: The Carnegie Institution, 1916. Vol. III.

"Vigilantes," *Inquest on Peace.* London: Victor Gollancz, 1935.

Von Laue, Theodore H. *Leopold Ranke, the Formative Years.* Princeton: Princeton University Press, 1950.

Walling, William E. *The Socialists and the War.* New York: Henry Holt and Co., 1915.

Webb, Leicester. "The Future of International Trade," *World Politics,* V (1953), 423-41.

Weber, Max. *From Max Weber: Essays in Sociology.* Edited and translated by H. H. Gerth and C. Wright Mills. London: Kegan Paul, Trench, Trubner & Co., 1947.

Williams, J. D. *The Compleat Strategyst.* New York: McGraw-Hill Book Co., 1954.

Wilson, Woodrow. *Woodrow Wilson, Selections for Today.* Edited by Arthur Bernon Tourtellot. New York: Duell, Sloan and Pearce, 1945.

Wolfers, Arnold, and Laurence W. Martin, eds. *The Anglo-American Tradition in Foreign Affairs.* New Haven: Yale University Press, 1956.

Woolf, Leonard, ed. *The Intelligent Man's Way to Prevent War.* London: Victor Gollancz, 1933.

Wright, Quincy. "Realism and Idealism in International Politics," *World Politics,* V (1952), 116-28.

事項索引

ア 行

愛国主義　　104, 128, 150, 165
愛国心　　162-64, 196
アナーキー　　1, 2, 6, 7, 18, 24, 35, 39, 45, 46, 114, 150, 153, 157, 169, 172, 174, 181, 182, 185, 191, 198, 201, 208, 216, 217
アナーキズム　　32, 114
アメリカ　　6, 13, 19, 20, 45, 52, 54, 56, 59, 61, 66, 75, 81, 93, 97, 99, 103, 104, 106, 108, 111, 114, 120, 136, 147, 166, 167, 179-81, 184, 189, 191, 203, 204, 216
安全保障　　84, 94, 191, 197, 198, 200, 201
　──のジレンマ　　45
イギリス　　19, 20, 51, 57, 61, 63, 85, 86, 93, 97, 98, 101-7, 111, 114, 120, 123, 124, 126, 129, 135, 139, 140, 142, 144, 147, 162, 182, 200, 202, 203, 206, 207, 214
一般意思　　162, 163, 165, 168
一般的利益　　87, 157, 216
永久平和　　12, 25, 84, 107, 109, 146, 147, 154, 171, 207, 215
エリート　　60, 65, 75, 76
オーストリア=ハンガリー　　147, 214

カ 行

階級　　34, 89, 90, 121, 123, 131-35, 137
　──闘争　　121, 122
外交政策　　45, 81-83, 138, 142, 165, 166, 184, 192, 200, 215, 217
介入主義　　6, 101, 106, 109
　非──　　101, 103, 104, 109
関税　　23, 174, 176, 177, 181
間接原因　　212, 213
共産主義　　54, 108, 109, 116, 132, 133, 147
競争　　7, 35, 37, 42, 43, 55, 71, 72, 85, 86, 90, 91, 93, 96, 105, 106, 130, 132, 143, 159, 173, 177-82, 187, 189, 192, 193, 199, 204, 214
恐怖の均衡　　205, 214, 215
キリスト教　　31, 35, 41, 158, 197, 209
均衡システム　　184, 192, 199
均衡のプロセス　　192, 193
軍国主義　　20, 126, 140, 143, 144, 147, 200
軍事組織　　119, 150, 151
『君主論』　　194, 198
軍事力　　60, 63, 71, 73, 95, 103-5, 111-15, 119, 134, 141, 143, 145, 149, 150, 170, 171, 188, 189, 192, 204, 207, 208, 214, 217, 219
経験主義　　21, 23, 84
経済学者　　75, 79, 84, 93, 97, 182
啓蒙　　27, 46, 76, 90, 100, 112, 139, 180, 194
　──専制主義　　116
　──哲学者　　74
ゲーム理論　　185, 187-89, 198
権威主義　　19, 20, 207,
現実主義　　20, 23, 31, 43, 44, 52, 58, 76, 77, 101, 109, 194, 198, 217
　──者　　42-44, 84, 109, 192, 198, 217, 220
原子爆弾　　215
攻撃的衝動　　27, 52, 57
構造　　2, 5, 7, 22, 39, 76, 82, 84, 119, 141, 142, 171, 178, 211, 212, 219
　国内──　　18, 117, 119, 140, 142
　政治──　　47, 73, 74, 77, 119, 170, 178
行動科学　　14, 27, 49-54, 58, 60-63, 65, 66, 68-70, 74, 76-80, 209
功利主義　　87-90, 93, 95
合理主義　　62, 76, 116, 158, 205
国益　　43-45, 110, 208

233

国際環境　117, 167, 210, 212, 213
国際関係理論　22, 76, 79, 104, 167-69
国際システム　5, 21, 22, 83, 211, 212, 220
国際主義　139, 141, 143
国際組織　70, 112, 114, 115
国際貿易　→　貿易
国際連合　→　国連
国際連盟　23, 106, 141
国連　52, 65, 70, 191

サ 行

裁判所　73, 95, 99, 111, 112
『ザ・フェデラリスト』　216
鹿狩りの寓話　157, 158, 169, 177
自己保存　32, 33, 38, 73, 85, 159, 161, 171, 208
自己利益　31, 97, 139, 151, 159, 167, 170, 217
市場　87, 94, 119, 137, 179, 180
自然状態　16, 18, 85, 88, 152-56, 159-61, 170, 190, 208
資本主義　21, 34, 108, 115, 116, 120-23, 125, 126, 129, 130, 133, 137-39, 141-43, 145, 147
市民国家　152, 153, 160, 161
社会科学　9, 13, 21, 50, 52, 58, 67, 68, 74, 75
社会学　52, 69, 70, 75, 82, 208
『社会契約論』　12, 156, 160, 161
社会主義　76, 84, 93, 116, 120-48, 209
　　国際的――　122
　　――者　14, 21, 84, 103, 120-26, 128-30, 132-35, 139, 140, 144-46, 208, 209
　　――理論　120, 121, 130, 131
社会状態　155
社会民主主義　123
　　――者　130, 133, 141
自由　6, 22, 40, 41, 58, 85, 86, 88, 91-94, 97, 98, 101-3, 105-8, 113, 138, 142, 147, 153, 159, 160, 171, 192, 196, 197, 207
自由市場　86, 87, 89, 92
自由主義　6, 14, 18, 20, 21, 31, 46, 47, 76, 85-98, 100, 103-16, 135, 136, 139, 143-48,

206-9, 213
　　19世紀――　74, 75, 85, 116, 143
　　修正主義的――　115
修正社会主義　94, 120, 135, 137, 140-43, 208
　　――者　18, 134-42, 144-48, 207
自由放任　92-94, 104, 112, 114, 115, 137, 138
主権　98, 99, 128
　　国民――　100, 164
　　――国家　71, 149, 216, 217
　　――者　96, 161, 162, 165
所有権　84, 160
神学　16, 40
心理学　50-52, 54, 64-67, 71-73, 77, 78, 81, 82
心理的要因　37-39
侵略戦争　102, 128, 192, 203
水素爆弾　198, 215
正義　22, 41, 68, 88, 92, 94, 101, 106, 107, 109, 110, 114, 141, 157, 159, 160, 170, 175, 176, 193
政策科学　60, 64, 72
生産様式　121, 123, 159
政治哲学　14, 15, 22, 25, 45, 61, 151, 153, 194
政治理論　3, 9, 11, 14, 31, 37, 46, 79
精神医学　52, 65, 66, 76, 78
勢力均衡　6, 7, 18, 30, 42, 44, 98, 102, 106, 113-15, 174, 182-85, 188-92, 198, 199, 203, 204, 219
世界政府　25, 42, 60, 67, 69-71, 77, 115, 208, 209, 211, 217
世界連邦　18, 23, 54, 84, 142, 153, 208
絶対的利得　7, 182
ゼロサム　186-88, 201
世論　52, 99, 100, 103, 111-14, 141, 206
専制主義　19, 22, 25, 34, 39, 83, 100, 104-6, 108, 113, 125, 140, 153
戦争状態　18, 22, 155, 169, 170
戦争と平和　14, 38, 50, 52-54, 71, 78, 79, 82, 117, 120-22, 125, 136, 138, 141
相対的利得　7, 177, 182, 205

事項索引

タ 行——

対外行動　18, 83, 85, 119
対外的圧力　140, 200
第二インターナショナル　122-24, 127, 128, 137, 145
短期的利益　157
長期的利益　157
調和　29, 33, 46, 88, 100, 108, 114, 124, 129, 130, 132, 134, 137, 139, 143, 150, 151, 157-59, 169, 172, 178, 181, 209, 216
　自然——　86, 129
　利益——　90, 95, 97, 105, 130, 132, 146, 157, 170
直接原因　170, 171, 213
帝国主義　3, 12, 34, 128, 131, 137, 138, 144
『ディスコルシ』　194, 198
ドイツ　20, 57, 74, 105, 106, 113, 116, 119, 123-30, 135, 140, 141, 147, 162, 166, 198, 200-2
同盟　79, 104, 141, 146, 183, 194, 199-202, 204, 206, 207
特殊意思　168

ナ 行——

ナショナリズム　55, 139, 142, 144, 162, 164, 165
人間の本性　16, 27, 28, 30-32, 36-42, 44-47, 49, 56, 58, 59, 81, 85, 86, 152, 155

ハ 行——

パワー　1, 4, 34, 35, 37, 42-45, 70, 91, 93, 102, 104, 113, 120, 129, 149, 150, 165, 182, 185, 188-93, 195, 197, 212, 219
　相対的——　149
　——の均衡　113
　——分布　199
　——への衝動　43, 44
　——への闘争　42, 43
　——への欲求　42, 43
　——・ポリティクス　6, 188-90, 201
悲観主義　20, 23, 29, 30, 34-36, 38, 40, 42, 46, 47, 49, 50, 64, 77, 209

『不平等起源論』　156
フランス　16, 19, 57, 69, 70, 73, 74, 82, 97-99, 102, 103, 105, 106, 116, 119, 120, 123-28, 135, 136, 144, 147, 149, 158, 162, 164, 199, 200, 202, 207
ブルジョワ　39, 116, 121, 124, 128, 129, 131, 145
　——政府　116, 124, 129
プロレタリア革命　122, 134
プロレタリアート　121, 122, 127-35, 139, 144, 146
文化人類学　52, 54, 55, 57, 58, 72, 78
平和主義　27, 28, 30, 46, 49, 53, 58, 71, 74, 76, 77
『ペロポネソス戦史』　193, 198
防衛戦争　126-28
貿易　97, 102, 144, 174, 177-79, 182
　自由——　96, 97, 102, 103, 143, 144, 181
保護主義　143, 177-79, 181

マ 行——

マルクス主義　39, 121, 122, 127, 131, 133, 134, 136, 138
　修正——　→　修正社会主義
　——者　18, 21, 31, 74, 120, 122, 130, 134, 135
民主主義　5, 6, 19, 39, 41, 69, 84, 99, 100, 104, 105, 113, 115, 116, 129, 136, 138, 141-43, 207, 213
民族自決　84, 113, 136
無政府主義　→　アナーキズム
無政府状態　→　アナーキー

ヤ 行——

ユートピア　4, 39, 45, 57, 63, 78, 100, 171, 180, 208, 209, 217
予防戦争　18, 66, 190, 203, 215
世論（よろん）　→　世論（せろん）

ラ 行——

楽観主義　23, 29-32, 34, 35, 46, 49, 63, 64, 74, 114, 116, 143, 151
リアリスト　→　現実主義者

235

リアリズム　→　現実主義
利己主義　　28, 39, 138
理性　　15, 16, 32, 33, 35, 44, 47, 76, 100, 112, 113, 115, 142-45, 149, 151, 152, 157, 158, 160, 170, 178, 180, 181, 205, 214, 216
理想主義　　44, 67, 101, 110
　――者　　31, 44, 46, 84, 110
レアルポリティーク　→　現実主義

レッセ・フェール　→　自由放任
連合　　169-72, 185, 186, 188-91, 207
労働者　　89, 116, 123, 126, 129-35, 174, 175, 180
ロシア　　13, 19, 52, 57, 62, 82, 102, 107, 108, 120, 125-27, 129, 147, 199, 200-2, 206, 207

人名索引

ア 行——

アーモンド, ガブリエル　65, 78
アイゼンハワー, ドワイト　20, 57, 180
アウグスティヌス　14, 15, 22, 31-34, 36, 39-41, 47, 209
アダムズ, ジョン　149, 150
アリストファネス　28, 166
アレグザンダー3世　199
ウェーバー, マックス　116
ヴォルテール　14, 88
ウッドロウ, ウィルソン　18-20, 84, 99, 101, 105-7, 112-14, 120, 136, 207
エンゲルス, フリードリッヒ　115, 116, 121, 122, 131, 134
エンジェル, ノーマン　28, 75, 97, 205
オールポート, ゴードン　52, 53, 63, 67, 70, 75, 78

カ 行——

カーヴァー, トーマス・ニクソン　93
カウツキー, カール　127-30, 146
カエサル　39
カーク, グレイソン　9, 45
カスルリー, ラングミード　75
カーティス, ハーロー　179
カリス, ヘルムート　77
カール5世　173
カント, イマニュエル　14, 18, 84, 99-102, 105, 145, 151-54, 159-61, 168, 169, 171, 176, 190, 197, 208
カントリル, ハドレー　67-69
キスカー, ジョージ　64, 66, 77
クラインバーグ, オットー　12, 63
クラウゼヴィッツ, カール・フォン　189, 202

クラックホーン, クライド　52
グラッドストーン, ウィリアム　102, 106
グリーン, T. H.　110
グルヴィッチ, ジョルジュ　69
クルセ, エメリック　97
グレイ, エドワード　95, 120, 140, 214
ケナン, ジョージ　43, 109, 192
ケルゼン, ハンス　175
コーエン, J.　52, 53
コットレル, W. フレッド　75
コブデン, リチャード　19, 20, 101, 102, 104, 105, 109, 111, 143, 144, 147, 150, 151, 214
コリングウッド, R. G.　22
ゴールドハマー, ハーバート　50
コーン, ハンス　164

サ 行——

サン＝ピエール　18, 169
ジェイ, ジョン　216
ジェイムズ, ウィリアム　28
シトフスキー, ティボール　177, 181, 182
シュトゥルツ, ジェラルド　44
ショットウェル, ジェイムズ　96
ジョレス, ジャン　123
スウィフト, ジョナサン　15
スターリン, ヨシフ　116
ストレイト, マイケル　107
スノウデン, フィリップ　142
スピノザ　14, 15, 31-36, 38-40, 47, 82, 151, 152, 154-62, 168, 208
スペンサー, ハーバート　95
スミス, アダム　86-89, 91, 93-96, 180, 182
スワントン, ジョン　68
セシル, ロバート　99

タ 行——

ダービン, E. F. M. 72, 73, 77
タフト, ウィリアム・ハワード 111, 149
タフト, ロバート 19
ダレス, ジョン・フォスター 203, 215
タンネンバウム, フランク 184, 191, 192, 198
ダン, フレデリック 150
チェンバレン, ネヴィル 201
チャーチル, ウィンストン 203, 214
ツキジデス 18, 149, 183, 193, 194, 198
ディキンソン, G. ロウズ 20, 21
ディドロ, ドゥニ 75
ティルピッツ, フォン 200
デューイ, ジョン 51
デュルケーム, エミール 37-39, 51
ドイッチュ, カール 55
ドストエフスキー, ヒョードル 107, 109
トライチュケ, ハインリッヒ・フォン 94, 95
トルマン, エドワード 50
トレヴェリアン, チャールズ 142

ナ 行——

ナブファー, ジェネヴィーヴ 72
ニコルズ, ビバリー 28
ニーバー,ラインホルド 15, 31, 34-37, 39-43, 46, 47, 75
ノイマン, ジョン・フォン 185-87, 204

ハ 行——

ハッチンズ, ロバート・メイナード 208
ハーツ, ジョン 44, 45
ハーディ, ケア 123
パートリッジ, エリック 163
バーナード, L. L. 52
バーナード, チェスター 62
ハミルトン, アレグザンダー 18, 184, 216
バーリン, イザヤ 61
バルト, カール 41
ビアー, T. H. 62, 64
ビアード, チャールズ 81, 120

ヒエロン2世 183
ビスマルク, オットー・フォン 15, 66, 110, 199, 201, 206, 207
ヒューム, ディヴィド 75, 183
ファークト, アルフレッド 4, 10, 184
ブライト, ジョン 98, 101-3, 105, 109, 120, 182, 183
プラトン 16, 18, 51, 54, 66, 119, 160, 210
フランク, ローレンス 51, 54-56
フリン, ジョン 120
ペイン, トーマス 98-101, 105
ベネディクト, ルース 58, 59
ヘルベティウス, クロード・エイドリアン 75
ベルンシュタイン, エドゥアルド 135
ヘロドトス 163
ベンサム, ジェレミー 86, 87, 95, 97, 99, 111, 120
ボダン, ジャン 22, 82
ホッブズ, トーマス 18, 22, 41, 85, 94, 95, 154-56, 161, 188
ホブソン, ジョン 12, 129, 137-39, 141-45
ボラー, ウィリアム 111
ポリビウス 183
ボルバーグ, ウィリアム 65

マ 行——

マキアヴェッリ, ニッコロ 14, 18, 22, 190, 194-98
マクドナルド, ジョン 185, 186
マクドナルド, ラムゼイ 144
マクリディス, ロイ 116
マーシャル, アルフレッド 79
マッカーディー, J. T. 51
マッツィーニ, ジュゼッペ 75, 101, 104-6, 108, 136
マルクス, カール 18, 21, 31, 34, 39, 74, 76, 84, 93, 120-22, 127-31, 133-36, 138, 145, 147
マルサス, トーマス 15, 17, 29, 89, 90
マルティノー, ハリエット 89
マンデヴィル, バーナード 88
ミード, マーガレット 56-60, 62, 64

人名索引

ミラー，ジェイムズ　52-54, 62, 64
ミル，ジェイムズ　92, 97, 100, 137
ミル，ジョン・スチュワート　86, 88, 90-93, 95, 97, 102, 106, 196, 206, 207
ミルトン，ジョン　15-17, 20, 29
ミルン，A. A.　214
メイ，マーク　71, 77
メッテルニヒ，クレメンス・フォン　206, 207
毛沢東　108
モーゲンソー，ハンス　32, 34, 36, 39, 40, 42-47, 109, 183, 192
モルゲンシュテルン，オスカー　185, 186, 188, 204
モンテスキュー，シャルル・ド　154, 155, 157

ラ 行──

ライト，クィンシー　44
ライト，フランク・ロイド　61, 62
ラザースフェルド，ポール　72
ラズウェル，ハロルド　51, 60, 78
ラッセル，ジョン　66
ラッセル，バートランド　28, 83
ラ・ブリュイエール，ジャン・ド　96
ランケ，レオポルド　18, 206
リカード，ディヴィッド　89, 91
リートン，アレグザンダー　61, 63, 76, 78
ルウィン，カート　57-60
ルクセンブルク，ローザ　132
ルソー，ジャン゠ジャック　6, 12, 14, 16-18, 151, 154-72, 174, 177, 193, 194, 197, 208, 211, 212
ルター，マルティン　15, 22, 41
レーニン，ウラジミール　130, 131, 133, 134, 139, 146
ローズヴェルト，フランクリン　120
ロビンズ，ライオネル　177
ロングフェロー，ヘンリー・ワズワース　27

ワ 行──

ワシントン，ジョージ　120

著者紹介

ケネス・ウォルツ（Kenneth N. Waltz）
1924年ミシガン州アナーバー生まれ。オバーリン大学卒業後，1954年コロンビア大学でPh.D.を取得。スワースモア大学，ブランダイス大学などを経て，カリフォルニア大学バークレー校政治学部で長く教授を務めた。専門は国際政治学。2013年，逝去。
主著：『国際政治の理論』河野勝・岡垣知子 訳（勁草書房，2010年），
　　　Realism and International Politics, (Routledge, 2008),
　　　The Spread of Nuclear Weapons: A Debate Renewed, (coauthored, W. W. Norton, 2003),
　　　Foreign Policy and Democratic Politics: the American and British Experience, (Little, Brown, 1967) など。

訳者紹介

渡邉 昭夫（わたなべ あきお）
東京大学文学部を卒業。オーストラリア国立大学でPh.D.(国際関係論)を取得。東京大学教養学部教授，青山学院大学国際政治経済学部教授，帝京大学教授などを経て，
現在：東京大学名誉教授，青山学院大学名誉教授。専門は国際関係論，日本政治外交論。
主著：『大国日本の揺らぎ 1972〜（日本の近代8）』（中央公論新社，2000年），
　　　『戦後日本の宰相たち』（編著，中公文庫，2001年），
　　　『アジア・太平洋の国際関係と日本』（東京大学出版会，1992年），
　　　『国際関係論（第2版）』（共著，東京大学出版会，1989年）など。

岡垣 知子（おかがき ともこ）
上智大学法学部を卒業。ミシガン大学でPh.D.(政治学)を取得。
現在：獨協大学法学部教授。専門は国際政治学。
主著：『国際政治の理論』（ケネス・ウォルツ著；共訳，勁草書房，2010年），
　　　「ウォルツと日本と国際政治学――『国際政治の理論』を振り返って」『年報 戦略研究』第5号（2007年11月），
　　　The Logic of Conformity: Japan's Entry into International Society, (University of Toronto Press, 2013) など。

人間・国家・戦争
　国際政治の3つのイメージ

2013年5月20日　第1版第1刷発行
2024年5月20日　第1版第6刷発行

著　者　ケネス・ウォルツ
訳　者　渡邉昭夫
　　　　岡垣知子
発行者　井　村　寿　人

発行所　株式会社　勁　草　書　房
112-0005　東京都文京区水道2-1-1　振替 00150-2-175253
（編集）電話 03-3815-5277／FAX 03-3814-6968
（営業）電話 03-3814-6861／FAX 03-3814-6854
日本フィニッシュ・牧製本

©WATANABE Akio, OKAGAKI Tomoko　2013

ISBN978-4-326-30218-5　Printed in Japan

＜出版者著作権管理機構 委託出版物＞
本書の無断複製は著作権法上での例外を除き禁じられています。
複製される場合は、そのつど事前に、出版者著作権管理機構
（電話 03-5244-5088、FAX 03-5244-5089、e-mail: info@jcopy.or.jp）
の許諾を得てください。

＊落丁本・乱丁本はお取替いたします。
　ご感想・お問い合わせは小社ホームページから
　お願いいたします。

https://www.keisoshobo.co.jp

―――― 勁草書房の本 ――――

国際政治の理論
K.ウォルツ　河野勝・岡垣知子 訳

国際関係論におけるネオリアリズムの金字塔。政治家や国家体制ではなく無政府状態とパワー分布に戦争原因を求める。　4180円

「国家主権」という思想
国際立憲主義への軌跡
篠田英朗

2012年度サントリー学芸賞受賞！　あらゆる挑戦を受けてきた「至高の権威」の展開を追い，現在のその姿を照らし出す。　3630円

リベラルな秩序か帝国か（上・下）
アメリカと世界政治の行方
J.アイケンベリー　細谷雄一 監訳

アメリカがデザインした戦後世界秩序。その成り立ちと性質，そして今迎えている危機を，深く，鋭く，洞察する。　各巻3080円

国際レジーム
スティーヴン・D.クラズナー編　河野勝 監訳

大国をルールに従わせることはできるのか？　国際レジームという概念で国際関係論を革新した不朽の論集がついに翻訳刊行！　5720円

表示価格は2024年5月現在。
消費税が含まれております。